LE

BON MÉTIER DES TANNEURS

DE L'ANCIENNE CITÉ DE LIÉGE.

ARMOIRIES DES TANNEURS.

HUY.

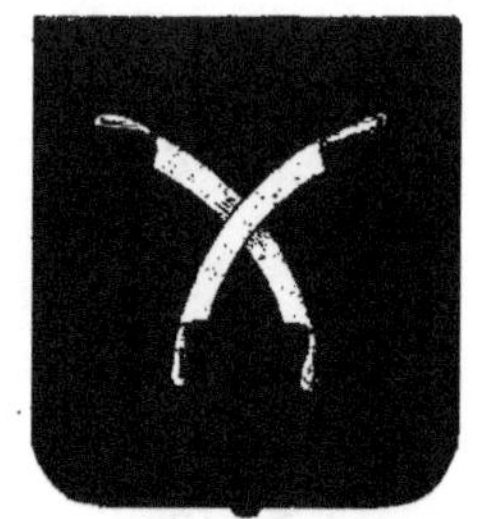

YPRES.

GAND.

BRUXELLES.

ANVERS.

GAND.

ARMOIRIES DES TANNEURS.

LIÉGE.

LE
BON MÉTIER DES TANNEURS

DE

L'ANCIENNE CITÉ DE LIÉGE

PAR

STANISLAS BORMANS

Docteur en philosophie et lettres, conservateur adjoint des archives de l'État à Liége, etc.

Mémoire couronné par la Société liégeoise de littérature wallonne;
précédé du rapport de M. AD. PICARD, rapporteur du jury;
accompagné de recherches historiques sur le corps des
32 bons métiers de la Cité, d'un glossaire des
mots wallons employés par les tanneurs
de Liége, de dix-neuf documents
inédits et de trois planches.

LIÉGE,

IMPRIMERIE DE J.-G. CARMANNE,

rue St-Adalbert, 40.

1863

RAPPORT DU JURY

SUR LES CONCOURS N°s 1 ET 3 (¹).

—

Messieurs,

Les études historiques ont pris de nos jours une direction toute nouvelle.

Depuis Aug. Thierry, on a cessé d'avoir une façon officielle d'envisager les grands événements de l'histoire ; on a accordé de l'importance à des faits qui passaient inaperçus autrefois, parce qu'ils ne paraissaient pas directement intéresser l'ordre politique, et qui, cependant, plus que d'autres, sont de nature à donner une juste idée des mœurs et des tendances d'une époque.

A ce point de vue, les romans de Walter Scott renferment plus de vérités que des écrits plus solennels et plus sérieux en apparence.

C'est ce que le plus grand historien, peut-être, des

(¹) Ce rapport ne concerne que le travail de M. S. Bormans, répondant au programme des deux concours indiqués. Le procès-verbal du jury, ci-annexé, fait connaître les décisions prises à l'égard des autres Mémoires. Par suite d'une indisposition du rapporteur, le compte rendu qu'on va lire n'a pu être rédigé qu'après l'ouverture du billet cacheté contenant le nom du lauréat

1

temps modernes, l'illustre Macaulay, se plaisait à proclamer.

« Rendre au passé la vie du présent, écrivait-il dans
« son Essai sur Hallam ; rapprocher ce qui est éloigné ;
« nous introduire dans la société d'un grand homme ;
« nous placer sur une éminence d'où l'on peut saisir
« d'un coup d'œil le vaste champ de bataille ; donner la
« réalité de la chair et du sang humain, à des êtres que
« nous n'étions que trop tentés de considérer comme des
« abstractions personnifiées dans une allégorie ; évoquer
« devant nos yeux nos ancêtres avec ce qu'il y avait
« de particulier dans leur langage, dans leurs mœurs,
« dans leur costume ; nous ouvrir leurs maisons ; nous
« faire asseoir à leur table ; nous étaler leur garde-
« robe surannée ; nous expliquer l'usage de leur pesant
« mobilier, voilà ce qui, à proprement parler, est du
« domaine de l'histoire, et ce que s'est adjugé le roman
« historique. »

Et quand Macaulay se mit lui-même à retracer les
annales de son pays, l'écrivain se garda bien d'oublier les
principes que la critique avait développés avec tant de
sagacité.

« Je m'efforcerai, dit-il, de faire l'histoire du peuple
« aussi bien que celle du Gouvernement ; de suivre les
« progrès des arts de toute espèce ; de signaler l'avéne-
« ment des sectes religieuses, les changements survenus
« dans le goût littéraire ; de peindre les mœurs des
« diverses générations qui se sont succédé, et de ne pas
« même négliger les révolutions qui se sont opérées dans
« le costume, dans l'ameublement, dans les repas, dans
« les divertissements publics. Je subirai, sans chagrin,
« le reproche d'être resté en-dessous de la dignité de

« l'histoire, si je parviens à mettre sous les yeux des
« Anglais du XIXe siècle un tableau fidèle de la vie de
« leurs ancêtres. «

On nous pardonnera — nous l'espérons du moins —
ces citations empruntées à des livres qui sont dans les
mains de tout le monde ; il nous semble qu'elles ne
sont pas tout-à-fait inutiles. Elles caractérisent bien , à
notre avis , la voie dans laquelle est entrée résolument la
Société de littérature wallonne, en instituant les concours
dont nous avons à rendre compte.

Si cette manière de comprendre l'histoire est la seule
vraie, la seule féconde , la seule admissible, n'aurons-
nous pas rendu des services signalés aux écrivains qui
veulent nous faire connaître notre passé politique et
social, en mettant à leur disposition des matériaux qu'ils
ne pourraient se procurer ailleurs sans de grandes recherches, sans d'immenses pertes de temps ?

La Société de littérature wallonne a pensé que le
moment était venu pour elle de ne plus s'occuper d'une
façon exclusive de travaux purement littéraires. Elle
a bien fait. Chaque fois qu'elle a pris à cet égard une
nouvelle initiative, elle a réussi au-delà de ses espérances.

Après avoir provoqué de nouveaux essais de compo-
sitions dramatiques et de chants populaires , après avoir
excité la verve des poëtes que vous avez applaudis et que
vous continuez à applaudir , elle s'avise un beau jour de
faire une excursion dans le domaine de la lexicographie
et de la parémiographie , et vous avez eu le *Dictionnaire
des spots* de MM. Dejardin, Defrecheux et Delarge.

L'année suivante, elle met au concours l'histoire d'une
de nos anciennes corporations de métiers, et, nous avons
la bonne chance de recevoir , sur le métier des tanneurs,

un Mémoire remarquable, qui donnera au Bulletin en voie de publication une valeur toute particulière , et qui fait honneur au jeune écrivain qui l'a conçu.

Il faut l'avouer : le sujet du concours était heureusement choisi.

Faire l'histoire du travail et de l'industrie , c'est , en réalité, nous retracer tout le passé de la société actuelle ; c'est nous faire assister à la naissance, au développement de ces classes moyennes, à qui les nations modernes sont redevables, de tout leur prestige, de ce Tiers-Etat qui, suivant un mot célèbre, n'était RIEN hier, et est TOUT aujourd'hui.

" Chez vous, dit le dieu Mercure, que George Sand
" introduit dans une de ses récentes productions ([1]) et
" qui s'adresse à un public français, " chez vous, peuple
" nouveau, mon nom est Industrie, et vous m'avez donné
" pour mission véritable d'appliquer la probité au génie
" de la vie pratique. C'est donc à présent que je suis
" réellement le maître, et non plus l'esclave des richesses;
" c'est aujourd'hui qu'au lieu de me maudire, la pauvreté
" intelligente me seconde et me bénit. "

Nous l'avons déjà dit : nos espérances ont été dépassées.

Vous l'avez appris par la décision du jury , que vous avez unanimement sanctionnée.

Nous avons tous été agréablement surpris en apprenant le nom du lauréat.

M. Stanislas Bormans est le fils de notre estimable collègue, du savant professeur à l'Université ; et nous avons le plaisir de constater ici que la science et le travail sont héréditaires dans certaines familles.

______

([1]) *Le Dieu Plutus. Revue des deux mondes*, 1863, t. 1, p. 8.

Le jeune écrivain avait une rude tâche à accomplir.

Nous n'avons pas de livre qui s'occupe de l'histoire générale de nos anciennes corporations de métiers (1). — Et cependant, comment s'occuper d'une seule d'entr'elles, sans toucher aux faits qui les concernent toutes ? Comment nous faire connaître les vicissitudes qu'a éprouvées une classe déterminée de travailleurs, si l'on n'a une idée complète, tant de l'organisation que de l'importance du travail et de l'industrie, dans les temps qui nous ont précédés ?

C'est ce que M. Bormans a parfaitement compris. Son Mémoire est précédé d'une introduction historique qui embrasse la généralité des bons métiers de la ville de Liége.

·Il divise cette histoire en quatre périodes.

La première finit en l'année 1297. Pendant cette période, il n'existe encore, selon lui, que de simples communautés d'artisans, réunis spontanément en société, et ne pouvant invoquer aucune espèce de privilége. Il signale une tentative d'organisation émanée de Henri de Dinant, mais elle échoue par l'apathie même de ceux qu'elle est destinée à protéger.

C'est Henri de Paire qui aurait donné enfin aux métiers la première organisation sérieuse ; cette organisation, essentiellement militaire, aurait eu pour effet naturel de mettre les corporations en état d'assurer leur prépondérance politique. Telle serait la seconde phase de l'existence des métiers de Liége.

Avec la paix de St Martin, en 1313, commence la 3e période. Les métiers sont investis de priviléges politiques;

(1) Le *Recueil des chartres et priviléges* est une collection précieuse, mais ce n'est pas un livre : ce sont des archives imprimées — et incomplètes.

ils sont solidaires les uns des autres ; ils se liguent entre eux et forment un faisceau compacte, le corps des bons métiers de Liége.

Enfin arrive en 1684 le règlement de Maximilien de Bavière qui établit les 16 chambres, enlève aux corporations tout pouvoir politique, et limite leur cercle d'action à la police et à l'exercice de leur profession.

C'est dans ce cadre que le jeune écrivain passe en revue tous les événements qui ont eu quelque influence sur le sort de notre pays, et nous signale, chaque fois, l'intervention active des corps de métiers.

Le récit est intéressant, ingénieux, instructif. Les assertions de l'auteur sont appuyées d'autorités religieusement citées dans les notes.

Plusieurs fois, M. Bormans avait fait des emprunts à des chroniques liégeoises manuscrites, sans les désigner autrement. Aujourd'hui, il nous apprend que ces manuscrits reposent aux archives, et il a soin de donner à cet égard toutes les indications désirables.

Quelque éloge que mérite cette partie de l'œuvre de M. Bormans, nous devons déclarer que nous laissons aux auteurs des ouvrages, même couronnés, la responsabilité des conjectures et des théories qui y sont exposées.

En ce qui nous concerne, nous aurons peine à nous rallier de l'avis qui semble attribuer à Henri de Paire les premières franchises des métiers, et qui considère l'institution comme s'étant organisée et développée à Liége, sans avoir subi l'influence et le contre-coup de l'œuvre des autres cités et des autres peuples.

L'existence des corporations des métiers est un fait trop universel pour qu'on puisse l'envisager à un point de vue purement local. — Même avant Henri de Paire, les mé-

tiers devaient être investis de certains priviléges et de
certaines immunités; ils devaient constituer des personnes
civiles, et comme tels, ne pouvaient manquer de posséder des droits et d'être astreints à des devoirs particuliers. Il nous semble que *le rendage de* 1288, que l'auteur
publie dans les documents inédits (2°), constate que c'est
à une personne civile que le moulin de Longdoz est donné
à perpétuité.

Les corporations de métiers existaient dans l'empire
romain ; — le code Théodosien, le code de Justinien s'occupent d'un grand nombre d'entr'elles ; elles se rattachent
au régime municipal établi dans les provinces.

Les historiens français se gardent bien, en ce qui concerne les Gaules, d'attribuer à St Louis la création et l'organisation des corporations de métiers, bien que ce soit
lui qui ait chargé Etienne Boileau, prévôt de Paris, de la
rédaction du *règlement* qui porte son nom, règlement qui
a été publié, pour la première fois en 1837, par M. Dep-
ping, dans les documents inédits de l'histoire de France.

« Les corporations existaient dans la Gaule long-temps
avant cette époque, » dit M. Dalloz dans son Répert. art.
Industrie, n° 5 (et l'on permettra, nous l'espérons, à un
magistrat de citer un jurisconsulte); » liées au régime mu-
» nicipal dont elles faisaient partie, elles passèrent et se
» conservèrent avec lui dans la plupart des villes. Nous
» en trouvons la preuve dans le code Théodosien qui régit
» longtemps les Gaules, et dans l'interprétation de son
» texte à l'usage des peuples soumis à la loi romaine.
» Cette interprétation d'Anien, qui par ordre d'Alaric
» appropria le code Théodosien aux Romains de son
» empire, porte : *collegiati si forte de civitatibus suis dis-*
» *cesserint, ad civitatis suæ officia, cum rebus suis, vel ad*

« *loca unde discesserint revocentur ; de quorum filiis hæc*
« *servanda conditio est, ut si de coloná vel ancillá nascun-*
« *tur, matrem sequitur agnatio ; si vero de ingenuá et de*
« *collegiato, collegiati nascuntur.* » V. pour la conservation
du régime municipal dans les Gaules, et l'autorité du
code Théodosien et de l'interprétation, Savigny, *Histoire
du droit romain au moyen-áge*.

D'après les écrivains français donc, c'est à l'organisation municipale qu'il faut rapporter l'existence des corporations de métiers.

En serait-il autrement de ces corporations chez les
peuples du Nord?

Les érudits qui se sont occupés de l'histoire des *Gildes*
reconnaissent aussi la liaison intime qui existe entre elles
et la commune. Dans beaucoup de cas, les franchises et
les immunités de la corporation ont une origine antérieure
à la création même de la commune, et ont donné à celle-ci
les bases de son organisation (¹). — Là, c'est le chef de la
corporation qui est de droit le bourgmestre de la ville ; —
ici, c'est en faveur de la ville même qu'est établie la défense d'exercer telle ou telle profession déterminée dans le
voisinage de la cité. Nous ne pouvons qu'indiquer à la
hâte ces détails, et nous renvoyons à cet égard au livre
de Wilda, *das Gildenwesen im Mittelalter*, pages 159 et s.

Il nous est donc difficile d'admettre que, dans le pays de
Liége, les métiers aient tout d'un coup reçu de Henri de
Paire une organisation dont les germes n'existaient pas
encore, et que, sur ce petit coin de terre seul, ils n'aient
pas une aussi haute antiquité que partout ailleurs.

(¹) V. Moke, *Histoire de la Belgique*, IIIᵉ édition, p. 61, etc. — Id. *La
Belgique ancienne*, Gand 1855, in-8º, p. 246 et suiv. — F. Devigne,
Recherches historiques sur les costumes civils et militaires des Gildes. etc.,
Gand, 1847, in-8, *passim*.

Peut-être avons-nous mal compris la pensée de l'auteur ; peut-être sa théorie n'est-elle pas aussi absolue qu'elle nous a paru l'être ; mais comme il est possible de s'y tromper, nous avons cru utile de faire à ce sujet nos réserves. Dans tous les cas, M. Bormans pourra, dans le cours de l'impression de son travail, s'expliquer à ce sujet d'une façon nette et catégorique.

Nous le répétons : nous n'avons, au surplus, que des félicitations à adresser à notre auteur au sujet de son Histoire des 32 métiers.

C'est là, en effet, le nombre des confréries populaires de la ville de Liége. Il n'a pas toujours été le même ; il n'y en avait d'abord que 12, puis il a été porté à 32, puis réduit encore à 17, puis enfin définitivement maintenu à 32. Ce chiffre n'a jamais été dépassé. Vlierden nous assure cependant qu'au 17e siècle, il y avait à Liége, 95 professions différentes. Nous le croyons sans peine. Au temps de St Louis, il y en avait déjà plus de cent dans la bonne ville de Paris. Quoi qu'il en soit, il était préférable que les professions ne fussent pas trop fractionnées ; —quelques-uns des inconvénients du système des corporations étaient en tous cas amoindris, et l'on avait moins de chance de se disputer le droit exclusif de fabriquer telle ou telle espèce de produits. Cependant on verra, par la lecture du Mémoire couronné, que ces luttes stériles et funestes se sont encore produites avec un degré d'acharnement et de persistance inouï.

L'introduction historique forme la 1re partie du Mémoire. L'auteur aborde ensuite l'objet spécial de ses recherches.

Il procède en général avec beaucoup d'ordre.

Dans sa seconde partie, il retrace les destinées successives de la corporation des tanneurs.

C'est ce que les Allemands ne manqueraient pas d'appeler l'histoire externe de la corporation.

Cette section contient des détails extrêmement intéressants sur le lieu où s'établirent d'abord les tanneurs, et sur celui où ils se sont définitivement fixés ; sur leur participation aux événements politiques du pays et spécialement à la conspiration d'Athin; sur les discussions provoquées à l'occasion de l'élection de leurs officiers; sur leurs querelles séculaires avec le métier des cordonniers et des corbesiers ; sur leurs acquisitions immobilières ; sur leur droit de se règlementer eux-mêmes , etc. A ce sujet , il nous fait connaître le préambule de l'ordonnance de 1493, préambule que les rédacteurs du Recueil des chartres et priviléges ont omis dans la publication qu'ils ont faite de ce document.

L'auteur du Mémoire nous apprend ce qu'est devenue la corporation des tanneurs après la révolution française et la suppression des jurandes et maîtrises.

Le moulin à tan de Longdoz a été pour elle l'occasion de se reconstituer et de substituer au régime du monopole, le régime fondé sur l'association libre des travailleurs. Ils ont acquis en commun le moulin dont il s'agit ; et sans contrainte aucune, guidés uniquement par leur intérêt, ils ont maintenu les anciens usages relatifs au droit qu'avait chacun des tanneurs d'y moudre à tour de rôle les écorces dont il avait besoin dans sa fabrication.

Ne serait-ce point encore là , s'il en était besoin, un nouvel argument en faveur de la liberté ?

Une troisième partie traite de l'organisation intérieure de la corporation des tanneurs.

C'est ce qu'on nommerait, d'après la terminologie allemande dont nous avons parlé tantôt, l'histoire interne de la corporation.

Cette partie du travail a été l'objet d'un soin tout particulier; pour en faire connaître l'étendue, il nous suffira de donner ici le sommaire des différents chapitres qui la composent.

Chapitre Ier. Des offices du métier. — Des gouverneurs. — Des jurés. — Des rewards. — Du rentier. — Du greffier. — Du varlet. — Du groumet. — Du trinay.

Chapitre II. Des compagnons du métier. — Des maîtres. — Des maîtres-ouvriers et des ouvriers. — Des apprentis. — Des varlets servants.

Chapitre III. Possession du métier. — Acquête. — Relief. — Usance et hantise. — Assemblées particulières, générales, militaires.

Chapitre IV. Des marchandises. — Des écorces. — Des peaux et des cuirs (achat, vente, confection). — Des récompenses.

Chapitre V. Propriétés du métier. — Halle.—Moulin.

Chapitre VI. Des bannières et des armoiries du métier.

Chapitre VII. Des archives du métier.

Nous ne pouvons guère analyser cette partie de l'ouvrage , qui contient des données curieuses et précieuses sur le mode d'élection des officiers, sur les luttes électorales qui se produisaient à cette occasion, sur l'habitude des fonctionnaires de procurer aux électeurs les moyens de faire des libations, sur les mesures prises pour réprimer les *fraudes électorales*, sur les droits et les obligations de l'étranger qui voulait se livrer au commerce des cuirs, sur les halles des tanneurs, sur leurs armoiries, sur les légendes qui s'y rapportent, etc., etc.

Nous avons parlé d'armoiries et de sceaux. L'auteur les a reproduits avec soin, et nous avons la satisfaction d'annoncer, que, grâce à la chromo-lithographie, la Société est en mesure d'offrir à chacun des souscripteurs du bulletin un fac-simile complet de ces planches.

Une quatrième partie de l'ouvrage comprend le glossaire technologique des mots wallons se rapportant au métier des tanneurs.

Dans le plan primitif, l'auteur avait décrit les opérations successives que subit le cuir dans les tanneries, et avait, chemin faisant, donné l'explication des termes wallons qui se présentaient sous sa plume à cette occasion.

Il a laissé subsister, comme introduction à son travail, les explications relatives à la préparation des peaux; mais il a, sur l'observation du jury, rétabli l'ordre alphabétique pour le glossaire proprement dit.

De cette façon, l'auteur a également l'honneur d'avoir dignement inauguré la série des glossaires technologiques dont la Société tient à provoquer la publication.

Le jury n'a donc fait qu'accomplir un acte de stricte justice en lui accordant, en outre, pour cette partie de son travail, le prix fixé pour le concours n° 3.

L'inventaire chronologique et analytique des chartres, priviléges et principaux documents qui formaient autrefois les archives de l'ancienne corporation des tanneurs, constitue la 5ᵉ partie de l'ouvrage.

Nous appelons l'attention toute particulière de la Société sur la 6ᵉ section.

Elle contient 19 documents inédits qui complètent le Recueil des chartres et priviléges, en ce qui concerne la corporation des tanneurs.

Il en est de très-importants : nous citerons, entre autres, l'acte de rendage du moulin aux écorces, en date du 4 mai 1388 (N° 1) ;

Le record des voirs jurés du cordeau, touchant les boutiques ou *staz*, qui se trouvent sous la halle des tanneurs, en date du 27 novembre 1406 (N° 5) ;

L'ordonnance du métier contre les brigues électorales, du 19 janvier 1421 (N° 6);

La lettre des offices du 25 juillet 1429 (N° 8), etc.

Ces documents exerceront autant la sagacité de nos linguistes que celle de nos historiens.

Enfin, l'auteur du Mémoire avait constaté que le Recueil des chartres et priviléges fourmille de fautes, et il regrettait que le temps lui manquât pour publier la liste des *errata* qui seraient nécessaires pour signaler ces erreurs.

Il a rempli aujourd'hui cette lacune, et c'est le résultat de son travail ardu qui forme la 7e et dernière partie du Mémoire.

Nous demandons pardon à la Société de ce que cette nomenclature a de sec et d'incomplet.

Nous nous sommes, pour ainsi dire, bornés à faire l'inventaire du Mémoire et des pièces adressées au jury. Quelque écourté, quelque insuffisant qu'aura été notre exposé, on aura pu se faire une idée, faible à la vérité, de ce qu'il a fallu de patience, de labeur et d'érudition pour mettre au jour le travail que nous avons eu à apprécier, et que le public applaudira, comme nous, des deux mains.

La Société n'aura pas à regretter d'avoir accueilli notre proposition de doubler le prix proposé.

Cette résolution est d'autant mieux motivée , que M. Bormans, en donnant à son étude un développement si considérable, a singulièrement facilité la tâche de ceux qui entreprendront, dans la suite, l'histoire de toute autre corporation de métier.

Tel qu'il nous a d'abord été présenté, le Mémoire laissait un peu à désirer sous le rapport du style. C'était inévitable. Il n'avait pas été possible à l'auteur de consacrer à son œuvre tout le temps qu'elle aurait exigé. — La forme a dû, en quelque sorte, être improvisée.

Depuis lors, l'auteur a remanié la première partie de son travail, et par cette nouvelle rédaction, elle a considérablement gagné. — Nul doute qu'en revoyant les épreuves, il ne donne au restant de l'ouvrage les mêmes soins et la même élégance.

Peut-être n'y sent-on pas assez ce souffle qui anime et vivifie certains récits qu'on se plaît toujours à relire.

Peut-être M. Bormans décrit-il un peu trop les choses en archéologue et en savant.

On a beau, comme M. de Barante, invoquer Quintilien, et s'écrier qu'il faut écrire pour raconter, non pour argumenter. Il nous semble qu'un écrivain ne doit pas faire entièrement abstraction de ses doctrines, et qu'il lui est permis de se passionner pour toutes les nobles et grandes causes.

Qu'on applaudisse, si l'on veut, au début des corporarations. " Les corporations du moyen-âge, dit M. Rossi, " s'entouraient de priviléges, parce que le privilége était " la seule forme sous laquelle pût alors subsister le droit. " L'apprentissage dans les corporations était une sorte " d'initiation politique. " — Nous l'accordons ; — mais lorsque les corporations ont perdu toute importance politique, qu'elles donnent le spectacle de luttes scandaleuses, entreprises, dans tous les cas, au préjudice des consommateurs, comme celles qui ont existé entre les tanneurs et les cordonniers, il me semble qu'une parcelle de l'indignation qui animait Turgot, faisant une guerre d'ex-

termination aux abus du monopole, ne déparerait pas
l'œuvre de l'historien, et qu'on ne s'étonnerait pas de
le voir s'écrier, lui aussi :

« Dieu, en donnant à l'homme des besoins, en lui ren-
« dant nécessaires les ressources du travail, a fait du
« droit de travailler la propriété de tout homme, et cette
« propriété est la première, la plus sacrée et la plus im-
« prescriptible de toutes. » (Préambule de l'édit de 1776).

Mais nous sommes injustes, et c'est trop exiger de l'é-
crivain. Les accents que nous aurions voulu entendre
n'auraient peut-être pas été à leur place dans un Mémoire. L'auteur nous pardonnera, au surplus, ces légères
critiques; il a trop de mérite pour s'en offenser, et il verra
dans le soin que nous avons pris de les formuler, une
preuve de l'intérêt que nous lui portons.

Au nom de ses collègues du jury,

MM. F. Bailleux,
U. Capitaine,
et Th. Fuss ([1]),

Le Rapporteur,
A. Picard.

([1]) M. Grandgagnage, retenu à Bruxelles par ses occupations, n'a pu
prendre part aux travaux du jury.

CONCLUSIONS DU JURY INSTITUÉ POUR JUGER LES CONCOURS N°s 1 ET 3.

Le Jury,

Après avoir mûrement délibéré sur l'ensemble et les détails des deux Mémoires envoyés en réponse à la première question du concours concernant les règlements, us et coutumes de l'une des principales corporations de métiers de la bonne Cité de Liége, savoir :

N° 1. Etude sur l'ancienne corporation des tanneurs , portant pour devise : Outre-Meuse, *cri des tanneurs de la Cité de Liége* ;

N° 2. Etude sur la corporation des drapiers , portant pour devise : *La pensée est la lampe de la nuit* ;

Décide :

A. Que le Mémoire N° 1 , ayant obtenu 76 points sur 100 , a mérité le prix ; que, de plus, l'auteur de ce Mémoire, s'étant livré à des recherches étendues, qui n'étaient pas dans les prévisions de la Société, et ayant joint à son travail, comme pièces justificatives, une série de documents inédits fort intéressants, a droit à une récompense spéciale ; qu'il y a lieu, par suite, de porter la valeur de la médaille de 100 à 200 francs ;

B. Que le Mémoire N° 2, n'ayant obtenu que 25 points sur 100, n'a droit à aucune distinction.

Le même jury, après avoir mûrement délibéré sur la valeur des deux Glossaires technologiques, wallon-français, envoyés en réponse à la question proposée pour le 3e concours, savoir :

1º Vocabulaire des mots techniques employés dans l'usage de la tannerie, annexé au Mémoire qui vient d'être couronné et portant la même devise ;

2º Glossaire technologique français-wallon, relatif au métier des tisserands, et portant pour devise : *Quo semel est imbuta recens servabit odorem testa diu.*

Décide :

Que le Mémoire Nº 1, ayant obtenu 65 points sur 100, a mérité le prix ; — que le Mémoire Nº 2, n'ayant obtenu que 15 points sur 100, n'a droit à aucune distinction.

Ainsi proposé à la Société, le 15 juillet 1862.

A. PICARD,
F. BAILLEUX,
ULYSSE CAPITAINE,
THÉOPHILE FUSS.

Adopté en séance du 15 juillet 1862.

Le Secrétaire,	*Le Vice-président,*
F. BAILLEUX.	THÉOPH. FUSS.

LE BON MÉTIER

DES

TANNEURS DE LA CITÉ DE LIÉGE.

INTRODUCTION.

LES BONS MÉTIERS DE LIÉGE.

Les anciennes corporations d'artisans de la cité de Liége portèrent d'abord le nom de *métiers*; on les appela *bons métiers*
lorsqu'elles commencèrent à avoir des priviléges. Celles de la
plupart des bonnes villes du pays portaient aussi le nom de
bons métiers. Dans les autres localités de la Belgique, on les
désignait ordinairement par les mots de *corporations, confréries,
gildes,* etc. A Liége, elles varièrent en nombre jusqu'en 1418;
mais depuis lors jusqu'au moment de leur suppression, on en
compta toujours trente-deux.

On ignore l'époque de l'origine des métiers (**1**). La plupart des
historiens du moyen-âge la fixent à l'année 1297. Mais selon toute
vraisemblance, et en raison même de leur nature, les premières
associations se formèrent peu de temps après la fondation de la
cité (**2**).

(**1**) Les métiers de Liége ne paraissent pas se rattacher à une institution
étrangère antérieure à la fondation de la cité. Les tribus romaines ou les
gildes scandinaves et germaniques avaient-elles laissé dans l'esprit des
peuplades éburonnes un souvenir assez vivace pour que l'imitation des
unes ou des autres pût être transplantée , longtemps après, dans une ville
nouvelle ? C'est d'autant moins probable que le caractère spécialement
politique des premières et le but presqu'exclusivement militaire des
secondes ne s'appliquent en aucune façon à l'idée primitive et purement
industrielle des associations liégeoises.

(**2**) On ne connait rien de la formation primitive des communautés
populaires liégeoises. Selon nous, c'est dans des causes toutes naturelles
qu'on doit chercher l'explication de leur naissance. Les premiers ouvriers

Cependant ce n'est qu'au XIIᵉ siècle que l'on rencontre les premières traces de leur existence dans notre histoire. Les compagnies de métiers apparaissent alors brusquement dans les annales liégeoises, à l'occasion du siége de Bouillon (1139). A cette époque, l'évêque de Liége, en vertu de ses prérogatives féodales, avait le droit d'exiger le service militaire des habitants des villes, lorsqu'il s'agissait de défendre les domaines de l'Église. Se voyant dans l'impossibilité de reprendre le château de Bouillon avec ses seuls vassaux, il requit l'assistance des bourgeois de la cité. Ce contingent était composé de nombreuses compagnies, marchant sous des chefs respectifs.

« Or, dit la chronique, il advint qu'une nuit il se fit une alarme,
« criant : *Armes! Armes!* dont les liégeois furent sus pieds et se
» mirent au champ. Il estoit sorti environ 200 barrois qui mar-
» choient droit pour aller trousser la fiètre (châsse) de S. Lam-
» bert. De quoy le doyen et tous les chanoines qui la gardoient
» eurent telle peur qu'ils l'abandonnèrent. Or les barrois com-
» mencèrent à couper les cordes des tentes. Mais là survint le
» mestier des mangons jusques au nombre de 130 hommes,
» entre lesquels estoient Oudaire d'Ougnée, Simon Laurent, André
» Pirotte et aultres plus apparents; lesquels à coups de haches et

qui, après la fondation de la cité, vinrent y exercer la même industrie, commencèrent par s'établir les uns près des autres dans le même voisinage, car alors la concurrence et la rivalité, nées de l'accroissement de la population, n'avaient pas encore eu le temps de mettre les individus en opposition les uns avec les autres. Hemricourt nous apprend qu'au XIVᵉ siècle encore, chaque commerce avait sa rue ou son quartier spécial, (les rues Féronstrée, Neuvice, des Tourneurs, etc., en sont encore aujourd'hui des preuves). Les rapports fréquents entre des hommes préoccupés des mêmes idées et poursuivant le même but, durent nécessairement aboutir, de très bonne heure, à la formation d'une espèce de société basée sur l'intérêt commun ou sur le plaisir. Il semble donc probable que les associations de métiers se formèrent peu à peu, l'une après l'autre, à mesure que différentes industries s'introduisaient à Liége, appelées les unes par des besoins réels, les autres par l'opulence et le luxe.

» de marteaux donnèrent sur eulx de telle force et courage, qu'ils
» en tuèrent 150, donnant la chasse au reste qu'ils poursuivirent.
» Cependant les chanoines et changeurs, qui est un office apparte-
» nant à la noblesse, qui sont les orphèvres, coururent pour gar-
» der la fiètre de S. Lambert, craindant nouvelle surprinse. De
» quoy l'évesque adverti, en fut joyeux et rendit grâce à Dieu,
» honnorant et grandement louant la vaillantise des mangons qui
» avaient si bien faict leur devoir. Alors un nommé Radoux des
» Prez dit de Feronstrey, maistre du mestier des changeurs, re-
» monstra à l'évesque que l'honneur appartenait mieux aux chan-
» geurs qu'aux vilains mangons, parce qu'ils avaient estés les pre-
» miers sus pied pour garder la fiètre. Ce que ayant esté entendu
» des mangons, Odaire d'Ougnée, en la présence de l'évesque lui
» dist : Y a il aucun de vous aultres changeurs qui ait jamais
» donné un coup d'espée sur les barrois nos ennemis? car en la déf-
» faicte n'a esté aucun changeur mais tout mangons. Pourquoi nos
» voulez vous oster l'honneur qui nous appartient ? — En sorte
» qu'il y eut grand débat entre les mangons et changeurs. Mais
» l'évesque fit la paix et ordonna que, aux processions qui se fe-
» roient au futur, les mangons porteroient la fiètre de S. Lambert,
» sy besoing estoit, et que l'on leur livreroit hors de l'église, pour
» mémoire perpétuelle qu'ils l'avoient reconquis par les armes
» avec grand victoire, et que les changeurs, pour ce qu'ils avaient
» estés des premiers en la tente, porteroient la fiètre de S. Théo-
» daire, mais que les mangons marcheroient toujours les pre-
» miers. » (¹)

On peut conclure de la fin de ce récit, qu'en 1139 les gens de
métiers avaient déjà l'habitude de se grouper en corps distincts,

---

(¹) *Chronicon leodiense* de 1571, aux archives de l'État à Liége.
On ne peut s'empêcher de remarquer dans ce fait, qui se passait au XIIe
siècle, le germe de l'antagonisme qui éclata plus tard entre la noblesse, représentée ici par les orfèvres, et le peuple représenté par les
bouchers.

non seulement lorsqu'ils étaient en campagne, mais encore lorsqu'ils assistaient aux cérémonies publiques.

C'est encore sous la forme de bandes guerrières que l'histoire nous a conservé le souvenir du courage déployé à la warde de Steppes par les tanneurs, les bouchers et les houilleurs. Rangés sous la bannière du comte de Looz, ils enfoncèrent, dès le commencement de l'action, les rangs des ennemis. Mais sur tous les autres points l'armée liégeoise plia. Deux fois renversé de cheval, foulé aux pieds par ses propres hommes, le comte parvint à se dégager et ramena dans la mélée les bouchers qui fuyaient déjà sur les pas du traître duc d'Ardennes. Ils chargèrent avec fureur les Brabançons, qui furent mis en déroute (1213) (¹).

Pour prix du courage dont ils firent preuve dans cette mémorable journée, les bouchers victorieux obtinrent divers priviléges honorifiques (²). Ils eurent, entre autres, le droit de sonner les cloches aux jours anniversaires de la bataille.

On voit par ces faits historiques que l'existence des compagnies de métiers avant l'année 1297, ne peut être mise en doute (³).

Le silence des historiens nous laisse ignorer complètement la nature de l'institution à cette époque ; c'est la preuve de son peu d'importance. On peut croire qu'alors les confréries populaires étaient fortuites, isolées, non obligatoires, dépourvues en temps de paix de chefs, de bannières (⁴), de statuts ; elles peuvent

---

(¹) Paucos quos ex eà (fugà) retraxerat, in hostem ducens, cum collegio lanionum leodiorum proelium novis animis instaurat. (Fisen, *Historia Leodiensis*, t. I, p. 297).

(²) Quandoquidem ob operam proelio Steppeano strenue navatam, laniones privilegiis ornati sunt (Fisen, *Hist. Leod.*, t. II, p. 35).

(³) Praeterea civium aliquas fuisse sodalitates necesse est, saltem ubi ad bellum educebantur et in aciem exibant (Fisen, *Hist. Leod.*, t. II, p. 2). Nemo tamen facile crediderit, tantam multitudinem ita vixisse confusam ut artifices mechanici nullas inirent sodalitates, nullis inter se legibus tenerentur ; sed armorum inter ipsos fuisse societatem nullo modo necesse est (Fisen, *Ibid.* p. 35).

(⁴) Ac tum quidem sine signis et vexillis (Fisen, *Ibid.* p. 3).

être considérées comme une simple coutume (¹). Ce n'étaient pas encore des *bons métiers*, uniformément organisés, faisant partie du système communal et reconnus par la loi.

Pour trouver une nouvelle mention des corporations liégeoises, il faut arriver à l'époque de Henri de Dinant.

Jusqu'au milieu du XIIIᵉ siècle, l'élément aristocratique, par une espèce de droit divin, avait dominé à Liége. Le tribunal des échevins, exclusivement composé de nobles, avait en mains tous les pouvoirs et le peuple, voué à l'exercice des arts mécaniques, dépouillé de toute espèce de droit, subissait patiemment le joug de ses caprices (²). Mais il vint un moment où, fatigué d'une domination devenue tyrannique, il désira un autre état de choses et commença à s'agiter. En 1253, il parvint avec l'appui du clergé, que s'étaient aliéné les nobles, à prendre part à l'élection de ses magistrats. Les historiens se demandent si le vote se rendit par tête ou par classe (³).

L'un des deux bourgmestres fut Henri de Dinant.

Quoique patricien, il prit parti pour le peuple et travailla à son affranchissement. Son premier soin fut d'introduire l'ordre et l'ensemble dans la multitude désordonnée des bourgeois. Selon lui la force du peuple et son salut résidaient dans l'unité. Pour y atteindre, il le distribua en un grand nombre de compagnies, soumises à des capitaines. Mais il multiplia trop ses divisions et enleva

(¹) « Chacun bourgeois faisoit quel mestier lui plaisoit et ny avoit règle ni séparation entre eulx (Ms. de Van den Berch, aux archives de l'État à Liége).

(²) Nec enim a plebeis rerum agendarum quidquam attingi patiebantur (patricii) ; nullum iis suffragii jus, collegium nullum, nullumque adeo sermonem de republica permittebant (ne facile consilia recuperandae libertatis agitarent). Sed intentos esse jubebant mercibus operibusque mechanicis... et quamquam opulentissimo nec usum vini quidam concederent, nisi adversa valetudine (Fisen, *Hist. Leod.*, t II, p. 2).

(³) Viritimne suffragia populus dederit, an descriptus in regiones et curias (artificum collegia tum nulla erant) nusquam colligere datur (Fisen, *Ibid.*, p. 5).

ainsi à la masse la promptitude que réclament les soulèvements. Il fut du reste trahi par le peuple même, qui subissait encore l'influence prépondérante des échevins. Plus soucieux de ses maux présents qu'inquiet de ses intérêts d'avenir, il ne fit rien pour soutenir son premier tribun et le laissa condamner à l'exil (¹).

Quoiqu'infructueuse, la tentative de Henri de Dinant ne fut pas inutile pour le peuple. Cet homme adroit avait indiqué la cause de sa faiblesse et le remède qu'il fallait y apporter. Son système de classification générale, plus ingénieusement appliqué quelques années après, donna naissance aux compagnies militaires permanentes des métiers. Mais avant qu'une organisation complète vint réunir en un corps compact les différentes confréries populaires, il fallait que des essais isolés de fédération vinssent préparer cet important résultat.

Une seconde tentative, faite en 1276, ne fut pas plus heureuse On ignore quel en fut le promoteur et sur quelles bases il tenta d'établir sa division. L'histoire nous apprend seulement que pour résister à une ligue formée entre le duc de Brabant, les comtes de Flandre, de Hainaut et de Luxembourg, on voulut de nouveau distribuer le peuple en un certain nombre de tribus, comme au temps de Henri de Gueldre (²).

Ce ne fut que 44 années après la révolution de 1253 que le plan de Henri de Dinant fut réalisé d'une façon complète et durable. Henri de Paire venait d'être élu bourgmestre de la cité. Les exi-

(¹) Sed in praesens potius malum, quam in futuri suspiciones intentus magis populus, obtinuit ut ad principem institueretur legatio... Dionantius proscriptique cæteri, principis arbitrio permittuntor ; vicenarii plebis antiquantor ; abrogantor nova plebiscita ; iisdem quibus ante bellum legibus vivito deinceps populus ; a suis tamen consulibus regi permittitor (Fisen, *Hist. Leod.*, t. II, p. 9).

(²) Leodii consultabatur. Sancitum ut creatis consulibus, populoque in certas classes descripto, in illum reipublicæ statum reduceretur, quem fuisse meminimus, Henrico Gueldro principe ; ita paratiores fuisse ad subitos casus (Fisen, *Ibid.*, p. 21).

gences toujours croissantes des nobles avaient porté à son comble la haine du peuple. D'un autre côté, le bien-être matériel avait développé chez lui les idées de liberté. Riches par leur industrie, nombreux par l'agrégation des étrangers, confiants en eux-mêmes par leurs succès dans les batailles, les bourgeois étaient moins patients que jamais à porter le joug. Un conflit était imminent.

Henri de Paire pressentant la lutte, songea tout d'abord au moyen de prévenir le désordre et la confusion au moment où il faudrait agir. Le système de son prédécesseur était seul applicable, mais il fallait éviter le vice qui l'avait fait échouer en 1253 [1].

Trouvant dans les douze associations d'artisans qui existaient alors une division toute faite, née d'elle-même, et par conséquent sympathique à tous, il ne s'occupa que de leur donner un caractère régulier et uniforme, et de les réunir par une même pensée pour poursuivre un but commun. Il leur donna des chefs, des armes et des bannières [2].

Ainsi distribuée en compagnies militaires, la masse plébéienne était prête à tout évènement et pouvait prétendre à revendiquer ses droits et à défendre ses intérêts. Aussi, lorsque Hugues de Châlons, quelque temps après, voulut faire passer un décret pour démonétiser l'or et de l'argent, Henri de Paire s'opposa ouvertement à cet abus de pouvoir. Le maitre de la cité fut démis de ses fonctions ; mais aussitôt le peuple s'insurgea, et les douze corporations de métiers, parfaitement organisées, vinrent se dé-

[1] Potiorem nullam videri rationem , quam si convenirent in sodalitates , quemadmodum olim constituerat Henricus Dionantius (Fisen , *Ibid.*, p. 34). Sibi quidpiam aliud ab instituto Dionantii occurrere , quo multitudo tot ante vicenariis confusa in pauciores classes aptius distribueretur... Porro artium omnium varietatem in classes duodecim primum colligi satis esse (Fisen, *Ibid.*).

[2] Quicumque mechanicam artem aliquam exercerent nova inter se societate unirentur ; quibus bini præficerentur , e toto numero delecti , qui ubi usus esset , cæteros ad arma convocarent ducerentque quo necessitas postularet (Fisen, *Ibid.*, p. 55).

ployer en face de la Violette, sous le commandement de leurs capitaines. Les nobles comprirent immédiatement quelle pourrait être un jour l'influence de cette institution, et s'efforcèrent de tout leur pouvoir de la dissoudre. (¹) Mais le prince se laissa gagner par l'or du tribun et sous un faux prétexte donna son approbation aux compagnies militaires de métiers (²).

Cette importante concession, qui livra au peuple l'instrument de son émancipation, fut bientôt après suivie de plusieurs autres. Comme l'avait prévu Henri de Paire, le nombre des métiers fut d'abord augmenté (³). Voici à quelle occasion.

(¹) De quoy les nobles et eschevins en furent moult courroucés car paravant ils avoient tousiours gouverné le peuple, le tenant assubjecti à leur volonté (Ms. de 1670). Coepere tunc populi vires invalescere, frendente nequicquam nobilitate (Fisen, *Hist. Leod.*, p. 35).

(²) Invictam esse video vestram multitudinem, si marte aperto justaque acie confligendum foret. Verum domi hostis erit occupabitque vi repentina imparatos ; ipsa tum sibi noxia erit indigesta multitudo ; quare ut casu quovis inexpectato suam quisque stationem sciat ordinemque in statione norit, et ducem quem sequatur, placet universum populum in classes manipulosque distribuere, describere curias, binis decuriis vicenarios præficere, qui consulum imperia deferant ad suos, ducantve quo res postulaverit ; consilium quam maxime comprobavit populus, statimque decuriæ suis vicenariis attributæ sunt (Fisen, *Ibid.*, p. 5.).. Probavit multitudo consilium ; descripta est in duodecim artificum sodalitates (Fisen, *Ibid.*, p. 35).

C'est à ce fait que beaucoup d'historiens rapportent l'origine des métiers. « L'an 1297 furent érigées à Liége douze confraternités de douze mestiers, où chaque mestier eult deux gouverneurs et sa bannière pour assembler ens mariages, morts, etc. ; et ce du consentement de l'evesque Hugues, qui en eut cent livres de gros. » (*Chronicon leod.* de 1670, *aux Archives de l'État de Liége*).

De son côté, Fisen fait l'observation suivante : Prima hæc incunabula, aut certe ut nonnullis placet, istam postliminio restitutionem feruntur hausisse artificum collegia, vel sodalitates, quæ hodie *ministeria* nuncupamus. Primam quippe illorum originem volunt altius in antiquitate repetitam (prælio steppeano scilicet)... quam (armorum societatem) hoc anno coeptam, aut fortasse restauratam diserte produnt scriptores (Fisen, *Ibid.*, p. 35).

(³) Collegia deinde plura condidisse quando e publica re videretur (Fisen, *Ibid.*, p. 34).

En 1301, les échevins voulurent proroger la taxe sur la cervoise, décrétée par la paix des clercs pour un espace de dix-huit années. Le peuple refusa de la payer. Les nobles, accompagnant eux-mêmes les percepteurs, employèrent la violence pour l'y forcer. Le jour de la Saint Barthélemy, ils entrèrent, la tête couverte de chaperons blancs, dans la halle des bouchers et, les armes à la main, exigèrent la maltôte. « Comme l'un d'eux voulait prendre l'argent » qu'un mangon, nommé Gilon Coutreille, avait mis dans une » savatte attachée au poteau de son estal, et avançait pour ce la » main sur le bloc où ledit mangon détaillait sa chair, il lui coupa » avec sa coignée le poing. » Il s'ensuivit une lutte où les nobles eurent le dessous ; l'impôt fut aboli, mais les troubles continuèrent et ne cessèrent l'année suivante qu'au détriment du parti aristocratique qui fut obligé de faire au peuple quatre concessions importantes. Mais il n'attendait qu'une occasion favorable pour les retirer.

« L'an 1304, la noblesse et les eschevins, se voyant un évesque » qui leur tiendroit la teste (Thibaut de Bar), prirent occasion de » se remuer, rompant la paix qu'ils avoient faite avec le commun : » croyant qu'ils ne s'estoient obligés que pour rien tenir quand » ils verroient le temps de se redresser, ils lui firent leurs plaintes » des violences que le peuple leur avait fait souffrir pendant la va- » cance du siége, en leur faisant signer des articles préjudiciables à » leurs droits et leur ronger les ailes de l'autorité qu'ils souloient » avoir au gouvernement de la cité ; et tellement l'informèrent qu'il » arrêta de faire quitter les armes à la bourgeoisie, qu'elle avoit » pris par force. L'évesque se retira avec les nobles et les esche- » vins à Maestricht et ordonna aux métiers de révoquer les quatre » articles, autrement qu'il casseroit leurs priviléges et leur décla- » rerait la guerre. Les métiers se sentant à couvert du chapitre » composé alors de beaucoup de chanoines de haute qualité et » puissants, respondirent qu'ils maintiendroient à la pointe de » l'espée et au prix de leur sang ce qui leur avoit esté accordé. »

Les échevins se réjouirent de cette réponse audacieuse qui ne permettait plus de songer à un accommodement. Thibaut de Bar se mit en route pour tenir un plaid de justice à Vottem, et déclarer ses sujets rebelles à leur suzerain. Mais on vint lui annoncer que l'armée bourgeoise occupait déjà ce village et l'attendait de pied ferme. « Alors il fut mis dans de grands et confus pen-
» semens et manda aux Liégeois que, ayant meurement examiné
» leur faict, il voyait avoir mal esté informé des eschevins ; qu'il
» vouloit les maintenir dans leurs droits et priviléges ; que, loin
» de vouloir leur faire casser les quatre articles accordés, que sans
» bannières ils ne le pouvoient servir en cas de besoing (¹). Dont
» il leur accorda de faire plusieurs maistres et mestiers, porter
» enseignes et avoir pailhes. De quoi il leur donna acte, qui fut le
» ciment d'une paix qui se fit (²), et d'autre part un crève-cœur
» indicible et un grand rabais de l'autorité des eschevins. » (³)

Par la paix de Seraing, le nombre des métiers fut augmenté, ou plutôt les différentes corporations qui s'étaient successivement formées depuis 1297, furent approuvées dans leur ensemble (⁴). Le texte de cette paix, malheureusement perdu, nous eût peut-être

(¹) Quæ in duodena duntaxat collegia, quasi totidem legiones descripta, non tam facile ductorum regeretur imperio ; faceret potestatem alia viginti collegia, pari cum prioribus prerogativa condendi ; ita futurum ut in meliori ordine quieteque majore, versatur in comitio populus, et principi non minus obstringatur quam clero. Annuit episcopus et ex illo duo et triginta populi collegia numerari cœpta sunt (Fisen, *Ibid.* p. 45).

(²) Paix de Seraing, conclue le 20 août 1307.

(³) De même qu'en 1297 la promesse d'une somme d'argent entraina, parait-il, la décision du prince : Nam pecuniæ vim magnam a civibus promittebant (Fisen, *Ibid.*, p. 45). V. aussi Rausin, *Leodium*, p. 341).

(⁴) Suivant Jean d'Outremeuse et Fisen (t. II, p. 45), il fut établi 32 métiers. Les chroniques disent 22 et 24. Louvrex, reproduisant une faute typographique de la première édition de Fisen, dit qu'il en existait déjà 32 en 1299. L'article suivant de la paix d'Angleur semble indiquer qu'il y en avait 25 : Et ne seront point... de conseilh del vilhe, se il ne voelent estre des mestiers ou de lour XXV.

appris d'une manière positive, quelle était à cette époque la nature
des métiers, sous le double point de vue des communautés d'artisans et des compagnies militaires. Ce qui parait certain, c'est qu'ils
ne jouissaient encore d'aucun droit civil, ni politique ; mais leur
influence grandit tous les jours et bientôt on les verra participer
activement à l'administration de la cité.

 Après la mort de Thibaut de Bar en 1313, il s'éleva, entre la
noblesse et le clergé , une violente contestation au sujet du choix
d'un mambour. La veille du jour où la question devait se décider
dans une assemblée générale du pays , le comte de Looz , l'un des
compétiteurs, doutant du succès de sa candidature à cause de
l'alliance du clergé avec le tiers-état, résolut de dissoudre ce parti
en écrasant les métiers.

 « Il tira à part les eschevins et les nobles , leur disant : vous
» savez que l'aultre fois (en 1304) nous avions conclu que nous
» assaillerions le commun peuple , qui est cause de vostre démis-
» sion et authorité ancienne. Or, il est temps maintenant , et
» partant, ceste nuict soyez touts prets et je vous secoureray telle-
» ment que nous aurons le toust à nostre volonté — A quoy ils
» s'accordèrent, et de là ils furent tenir leur conseilh au souper en
» la maison Goffin du Chaisnes , mayeur , demeurant près de
» Payenporte, alle chapelle des Vignes; où estoient principalle-
» ment les eschevins sire Jean Surlet, sire Jean de Coir, sire Jean de
» St-Martin, Jean de Pont le traistre, et autres principaux; où il fut
» conclu qu'ils s'armeroient secrètement et feroient tirer les
» chaynes par les rues, feroient abattre les balisons du Pont-des-
» Arches , pour empescher ceux d'Oultremeuse de passer vers le
» marché pendant qu'ils metteroient le feu à la boucherie ou
» maison des mangons. Mais Dieu y pourveut, car ils ne le surent
» faire si secrètement, qu'ils ne furent descouverts par une femme
» qui le rapporta au prévost: celui-ci envoya vers le maistre (à pré-
» sent bourgmaistre), Buchaire le Foullon, lui mandant qu'il fist
» armer secrètement le peuple et que les drappiers fussent sur leur

» halle, pareillement les tanneurs et les vignerons , et que, quand
» ils orraient sonner la cloche des drappiers, ils vinssent bien
» armés ; que le prévost les seconderoit , qui avoit avec luy en
» sa maison l'abbé de Pruime son frère, avec sire Gaulthier et
» Guillaume de Brunschoven , chanoines de Liége et plusieurs
» aultres bien armés. Ce qui fut observé. Les mangons tous armés
» allèrent garder la manghinece (halle des bouchers).

» La nuict venue , les nobles sortirent, accompagnés de grand
» nombre de gens; où tout premier le fils du mayeur tua un
» pauvre homme qui gardoit les harengs pour vendre le lende-
» main. De quoi le prévost fut adverty ; parquoy le sire Walthier
» (de Brunshoven) alla vers le marché, croiant de faire la paix entre
» eux ; où il fut tué par les nobles qui mirent le feu en la bou-
» cherie. Mais les mangons sortirent et se défendèrent vaillam-
» ment, spécialement Hannonceau de Metz, qui jecta un mortier
» sur la teste du mayeur Goffin , tellement qu'il convint le
» reporter en sa maison soub la conduicte et escorte de 400
» hommes armés. Mais en leur chemin ils rencontrèrent les tan-
» neurs, qui, au son de la cloche du tocsain, avaient passé la
» Meuse par batteaux , ayant trouvé les balisons du Pont-des-
» Arches abattus par les nobles ; vinrent aussy ceux de Vignis,
» qui leur coururent sus tous ensemble ; où ils furent tous occis
» ou mis en fuite. Puis marchèrent les tanneurs et les vignerons
» vers le marché au secours des mangons, envoyant vers le pont
» d'Amercœur, sur Avroy et jusqu'à Ans et Molins, crier :
» aux armes ! » Les gens de métiers accoururent en foule : les
nobles assaillis de tous les côtés à la fois parvinrent à se frayer un
passage jusqu'en Publemont et cherchèrent un refuge dans la col-
légiale de St-Martin. Mais la vengeance populaire, sacrilége et
barbare, approcha la torche incendiaire de l'antique édifice qui
ensevelit sous ses ruines six cents chevaliers liégeois.

Le lendemain, le peuple fut effrayé de sa victoire. Redoutant la
colère du prince, les Liégeois entrèrent dans une ligue formidable

avec toutes les bonnes villes du pays. Mais une paix fut négociée par l'entremise du comte de Looz lui-même, et conclue le 14 février 1313. Cette paix dite de St-Martin ou d'Angleur, anéantit l'ancienne puissance de la noblesse et proclama le triomphe des métiers , en décrétant que « nul ne pourrait faire partie du conseil de la cité s'il n'appartenait à un métier. »

Cette clause amène dans l'institution une transformation nouvelle et définitive : les métiers deviennent des collèges politiques. Désormais ils seront comptés comme un des éléments constitutifs de la cité et comme le principal ressort du système communal. Les gens du peuple, abandonnés jusqu'ici à la merci de l'aristocratie, pourront veiller eux-mêmes à leurs intérêts et exercer des droits de cité ; car les membres des métiers seuls pourront élire et être élus aux magistratures , décréter la paix ou la guerre, établir des impôts. On voit que la paix de St-Martin leur abandonne en une fois la souveraineté dans le gouvernement de la commune. Aussi peut-elle être considérée comme la charte de fondation des métiers en tant qu'institution municipale (¹).

Lorsqu'éclata cette brusque révolution dans le système politique de la cité, personne ne fut étonné : elle se préparait en effet depuis plus d'un demi siècle et les échevins eux-mêmes sentaient leur longue et exclusive domination s'échapper peu à peu de leurs mains. Cependant ils s'efforcèrent pendant un certain temps encore de lutter contre le courant démocratique et de ressaisir le pouvoir.

A son avénement au siège épiscopal de Liége, Adolphe de la Marck donna d'abord sa sanction au traité de paix signé sur les ruines fumantes de St-Martin (²). Mais bientôt l'influence des

(¹) A partir de cette date, on commence à donner à l'institution des appellations plus conformes à son nouveau caractère que celle de *métiers*. On lit indifféremment dans les historiens et même dans les lettres patentes des souverains les noms de *tribus, collèges, communes, décuries.*

(²) Et aussi li evesque donat al suplication de capitle de Liége lettres de franchises a cascon mestiers por li (Jean d'Outremeuse). Cette assertion parait inexacte, car les premiers priviléges écrits donnés à un métier datent de l'année 1531.

métiers, accrue encore par la paix de Fexhe, lui porta ombrage
et il s'appliqua à établir entre les deux partis un équilibre qui lui
laisserait en mains l'autorité suprème. Par les paix de Wihogne et
de Geneffe ou de Vottem, il enleva successivement aux colléges
électoraux leurs récents priviléges politiques. La magistrature fut
de nouveau partagée entre les nobles et les bourgeois ; le prince
se réserva la nomination des chefs de métiers ; ceux-ci durent se
borner dans leurs assemblées à la discussion de leurs affaires particulières ; enfin les nobles redevinrent électeurs et éligibles sans
être obligés de faire partie d'un métier.

Pour arrêter le développement trop rapide des corporations
populaires, Adolphe de la Marck, par l'article 5 de la paix
de Vottem, obligea chacune d'elles en particulier, à se faire
approuver par l'autorité pour recevoir une espèce d'investiture (1).
« Item avons ordineit que tous les mestiers delle cité, qui volrent
» avoir frairie, les facent approuver par le signeur ou sa justice
» dedains deux mois et que nuls ne puist avoir ny useir de frairie
» de dors en avant selle n'est approuvée par le signeur ou sa
» justice ; et ly signeur ou sa justice ne debveront esconduire de
» approuveir et de sceller ligement sans contredit ces frairies que
» ons volroit ainsi approveir, mains qu'elles soient raisonnables
» et ne soient faites et ordonnées contre le commun profit. »
On peut induire de ce texte qu'avant l'année 1531, les artisans de
la cité avaient le droit de se constituer en société et d'établir des
métiers sans l'autorisation du prince ou des échevins ; approuvées
en masse, ces associations existaient légalement sans avoir reçu
respectivement de sanction.

(1) « Déjà toutefois et peu à peu le pouvoir royal avait étendu
ses droits de surveillance et d'inspection à tous les métiers de la ville et
avait diminué d'autant l'importance de juridiction particulière, même en
leur permettant d'exercer leurs priviléges concurremment avec lui. Enfin
l'usage de donner une sanction aux métiers s'établit de plus en plus et
au XIV⁰ siècle il formait le droit général, et les communautés n'avaient
plus d'existence légale sans la concession du prince. »

(Moyen-âge et renaissance.)

Cette loi paraît avoir eu un effet rétroactif ; on peut du moins constater qu'elle fut appliquée à un métier existant depuis un temps immémorial dans la cité, celui des tanneurs.

La puissance politique des métiers, un instant affaiblie par la paix de Vottem, ne tarda pas à se relever. Dès l'année 1343, la paix de St-Jacques rendit aux confraternités populaires une partie de leurs priviléges.

Il convient de rappeler les circonstances qui amenèrent ce résultat.

La guerre venait d'éclater entre l'évêque de Liége et les Hutois, soutenus dans leur rébellion par le duc de Brabant. Adolphe de la Marck fit convoquer les États pour obtenir une levée de troupes. Le peuple s'y opposa, réclamant avant tout l'abolition de la loi du *murmure*, et le rétablissement des prérogatives que les paix de Wibogne et de Geneffe avaient enlevées aux métiers. Le prince dut céder, du moins en partie, à ces réclamations. Le pouvoir électif resta partagé entre les nobles et les métiers ; mais ceux-ci eurent de nouveau le droit de choisir eux-mêmes leurs gouverneurs, de tenir à leur gré des assemblées politiques, d'admettre dans leur sein et sans contrôle de nouveaux membres, enfin d'être représentés par leurs chefs dans le conseil de la cité. Ces concessions, qui remettaient les métiers en possession de leur entière indépendance comme communautés privées, leur rendaient aussi dans l'administration de la commune une assez grande influence.

Ils ne tardèrent pas à la récupérer entièrement et d'une façon décisive. Les empiétements successifs des métiers sur les prérogatives de la noblesse se faisant isolément et à de longs intervalles, n'étaient pas accompagnés de secousse ou de bruit ; il ne fallait plus, comme autrefois, de sanglantes révolutions pour accomplir la conquête de leurs droits. Aujourd'hui que le peuple l'emporte sur ses adversaires par le nombre, la richesse, la puissance et le courage, il s'empare de ses priviléges comme d'un bien légitime et prend possession d'un héritage que d'autres ne sont plus aptes à recueillir.

Les nobles, ruinés par une vie somptueuse, décimés par les querelles intestines, cherchent en vain à retenir encore quelques débris de leur ancienne puissance en recourant à l'intrigue ; ni la publication d'édits oppresseurs, ni la corruption ne peuvent arrêter le courant irrésistible qui entraîne la société vers les principes démocratiques. La noblesse, dominée et vaincue, abdique enfin d'elle-même toute autorité ; lorsqu'arrivèrent les élections de 1384, elle renonça à proposer une candidature, abandonnant ainsi, avec le principe électoral, les rênes du gouvernement aux mains des métiers. Seuls, les bourgeois inscrits sur leurs rôles restèrent électeurs et éligibles ; seuls ils exercèrent tous les pouvoirs dans la commune. Les métiers étaient au comble de leur puissance.

Il ne restait plus aux nobles qu'un seul moyen de participer encore au gouvernement de la cité ; c'était comme en 1313 de se faire recevoir membres d'un métier et de fondre ainsi dans une seule et même nation, sans distinction de personnes ni de castes, les deux puissances rivales.

Le nouveau mode d'élection introduit en l'année 1384, reçut une confirmation par l'article 17 de la paix de Tongres (1403).

Pendant 24 années consécutives, les métiers restèrent en possession du pouvoir absolu. Mais ils n'en étaient pas encore à la dernière phase de leur orageuse existence.

Jean de Bavière avait été élu évêque de Liége, en 1390. L'administration violente et capricieuse de ce mauvais prince ne tarda pas à soulever une faction qui eut pour adhérents tous les bons citoyens. En 1402, le parti des Haydroits était devenu tellement puissant que Jean sans Pitié fut obligé de se réfugier à Maestricht. Ayant obtenu l'alliance du duc de Bourgogne et du comte de Hainaut, il livra bataille à son peuple et remporta sur lui, le 23 septembre 1408, la sanglante victoire d'Othée. Sa vengeance fut terrible. Il abandonna la ville au pillage ; puis, le 24 octobre, porta une sentence qui détruisait d'un seul coup l'œuvre si laborieusement élevée des institutions populaires, et anéantissait en quelque sorte la nationalité liégeoise. Par un article de cet édit, il décrétait la suppression radicale des métiers (₁); le 17 décembre il fit enlever ou brûler publiquement sur la grande place du marché leurs bannières, leurs chartes et leurs priviléges (²).

En proclamant l'abolition des métiers, il n'entrait certes nullement dans la pensée de Jean de Bavière de proscrire l'exercice des arts mécaniques ; mais pour mieux annihiler les colléges électoraux, il décréta aussi la dissolution des communautés d'artisans qui leur avaient donné naissance.

La rigueur de ces mesures, l'importance que, dans la suite, les évêques attachent à restreindre ou à développer les priviléges des métiers suivant qu'ils sont contraires ou favorables au peuple, donnent la plus haute idée de l'influence de cette institution.

Dans les concessions insignifiantes accordées au mois d'août 1409 par Jean de Bavière et en 1411 par les alliés, des réserves expresses et formelles furent faites à l'égard des métiers (³).

Enfin, en 1416, pressé par des réclamations incessantes, le prince consentit au rétablissement de douze corporations ; il leur permit d'arborer des bannières représentant d'un côté le perron de Liége accompagné des armes de Bavière, et de l'autre les insignes de leur métier respectif ; il fit en même temps rédiger différents articles pour régler la pratique du métier, empêcher les fraudes et

(¹) Nullum magistratum ipse populus designato... Omnium populi collegiorum societas omnis tollitor tota provincia , quorum vexilla legatis principum traduntor (Fisen , *Hist. Leod.*, t. II, p. 175).

(²) Bavarus, Leodium reversus, omnium populi collegiorum signa militaria in palatium ad se deferri mandavit et subjecto palam igne comburi (Fisen, *Ibid.*).

(³) Sublatis omnium populi collegiorum tabulis publicis... Nonnullas remisere tabulas publicas quas e pluribus selegerant ; at civium collegiis , ut quæ abolita vellent , nullas omnino. (Fisen, *Ibid.*, p. 176). Illa ingens populi multitudo , nullo ordine nullisque legibus regebatur ; universas enim leges , non urbium modo , sed et populi collegiorum abstulerant victores. Fecerunt tamen facultatem episcopo novas condendi, modo consules, juratos , gubernatores ut suffragii jus populo non restitueret (Fisen, *Ibid.*, p. 178).

fixer les devoirs des officiers. Mais l'exercice de tout droit politique leur étant interdit, elles ne conservaient de l'ancien état de choses que leur caractère primitif de communautés industrielles ou marchandes.

Ce rétablissement ne suffit pas au peuple. Il regrettait toujours ses beaux priviléges perdus. Aussi lorsque le jour de Noël de cette même année l'empereur Sigismond passa par Liége, la bourgeoisie unie au clergé le supplia de rétablir les métiers tels qu'ils étaient avant 1408, et de les réintégrer dans tous leurs droits. L'empereur se laissa fléchir, et le 26 mars 1417, il révoqua par un diplôme la terrible sentence de Jean de Bourgogne. Celui-ci s'opposa d'abord à toute restauration; mais gagné par une somme de 6,000 florins d'or, il consentit à rendre aux liégeois quelques-unes de leurs libertés et leur permit de posséder 17 métiers, c'est-à-dire, de se distribuer en 17 colléges (¹). Le réglement du 30 avril 1407 qui amenait ces nouveaux changements, ordonnait que les gouverneurs des métiers fussent remplacés par des receveurs ou rentiers, dont la seule mission était d'administrer les affaires pécuniaires de chaque corporation. A cette fin ils avaient le droit de tenir des assemblées. Des conseillers étaient aussi substitués aux jurés et devaient siéger au conseil communal pour représenter chaque bon métier.

Ce nouvel ordre de choses ne dura pas même une année. En 1418, Jean de Bavière ayant abdiqué, toutes les anciennes institutions furent immédiatement rétablies et confirmées quelques jours après par le nouvel évêque Jean de Wallenrode. « Il rendit à la cité » et autres bonnes villes du pays leurs priviléges et franchises, » donnant licence aux bourgeois de rétablir les 24 confraternités » de métiers, en y ajoutant 8 qui furent 32 (²) ; lesquelles redres-

(¹) Ceterum delinitus hoc auro Bavarus, populo permisit ut in nova, septemdecim collegia distribueretur (Fisen, *Hist. Leod.*, t. II , p. 181).

(²) Le chiffre de 52 ne fut jamais dépassé. Cependant , dit Vlierden écrivain du XVIIe siècle (*Clericus de penna virens*, p. 24), si l'on voulait

» sèrent leurs bannières et enseignes, faisant toutes autres céré-
» monies à ce accoustumées, et les laissant jouir de tous autres
» droits dont ils étaient en usage avant la bataille d'Othée, soit
» pour le regard des assemblées ou compagnies, soit pour le regard
» de l'élection du magistrat et autres officiers de la cité (¹). »

Le régiment de Heinsberg, en date du 16 juillet 1424, modifia
profondément la forme des élections magistrales, mais n'apporta

ériger en confréries tous les arts qui s'exercent aujourd'hui dans la cité,
on en compterait plus de 95. Pour éviter une trop nombreuse division,
on agrégeait à un seul métier différentes industries de même nature.
C'est ainsi que le métier des fèvres comprenait les armoyers, les éperon-
niers, les serruriers, les pots de stainiers, les coutelliers, les chaudronniers-
mignons , les taillandiers, les épingliers , les fondeurs , les forgerons, les
cloutiers, les ferroniers, etc. C'étaient autant de *membres* du métier principal. Voici les 32 métiers de Liége au commencement du XVII siècle :
1° les fèbvres ; 2° les charliers ; 3" les cherwiers ; 4° les moulniers; 5 les
boulangers ; 6° les vignerons ; 7° les houilleurs ; 8° les poisseurs ; 9° les
couvreurs; 10° les porteurs aux sacs ; 11" les brasseurs; 12° les drapiers ;
13° les retondeurs ; 14° les entretailleurs ; 15° les vair-xhohiers ou pelletiers ; 16° les vieux-wariers ; 17" les naiveurs ; 18° les soyeurs : 19° les
mairniers ; 20° les charpentiers ; 21° les maçons ; 22° les couvreurs ; 23° les
corduaniers ; 24° les corbesiers ; 25° les texheurs ; 26° les cureurs et toil-
lers ; 27° les fruitiers et harengiers ; 28° les mangons ; 29° les tanneurs ;
30° les chandeillions et flockeniers; 31° les merciers: 32° les orfèvres. Outre
les compagnies militaires des arbalétriers et des arquebusiers, il y avait encore la compagnie des chapeliers, celle des chirurgiens et barbiers , celle
des cuisiniers, les colléges des médecins et des maîtres d'école, etc. Nous y
reviendrons ailleurs.

Les imprimeurs , les libraires et les pharmaciens formèrent aussi des
colléges spéciaux. Mais vers 1600 une sentence des échevins réunit les
libraires au métier des orfèvres : quæ licet ab ipsis revocata fuerit sententia triginta duumviris , tamen ab assumptis revisoribus... municipalium
confirmata judicum sententia. (Vlierden, p. 40).

(¹) Indulsit ergo perhumane populo priorem publicæ rei statum ; pri-
mumque quatuor et viginti permisit esse collegia cum signis militaribus ,
tentoriis et omni apparatu bellico... atque ita totius reipublicæ cura populo
restituta est. Denique ne quid ad pristinæ libertatis integritatem deesse videretur, post duos tresve menses, omnino duo et tringinta populi collegia
episcopus esse permisit. (Fisen, *Hist. Leod.* , t. II, p. 182).

aucun changement notable aux corporations de métiers. Jean de Heinsberg chercha au contraire à appliquer à la lettre les règles prescrites dans le diplôme de l'empereur Sigismond et à raffermir l'institution dans tous ses droits.

En 1468, date sinistre dans notre histoire nationale, les métiers furent compris dans le désastre qui frappa la cité de Liége. Ecrasé par les sanglantes défaites de Brustem et des 600 Franchimontois à Ste-Walburge, le peuple vit en un seul jour toutes les lois et les institutions du pays mises à néant. « Les trente deux mestiers de » la dicte cité seront abolis et mis jus à tousjours, en telz manières » qu'ils n'auront jamais corps ni communalté, droit ne faculté » d'eux assembler ne de faire livres, status ne ordonnances, eulx » mettre ne eslever en armes, avoir bannières ou biens communs » entre eulx ([1]). » Ces biens furent confisqués par Louis de Bourbon et servirent pendant huit années à payer les débauches et le luxe effrené de sa cour.

Mais, lorsque le 5 janvier 1477 la nouvelle de la fin tragique de Charles le Téméraire tué à Nancy se répandit dans la ville, le peuple fit entendre son cri de liberté et rétablit spontanément toutes ses institutions démocratiques ; les 32 métiers furent reconstitués avec tous leurs priviléges et remis en possession de leurs biens.

Pendant près de deux siècles après cette heureuse restauration, les métiers jouirent paisiblement des droits qu'ils avaient conquis au prix de tant de patience, d'énergie et de malheurs. Si quelques réformes furent de temps à autre apportées à leurs statuts, quant au mode d'élection des magistrats, par exemple, ils n'en conservèrent pas moins jusqu'en 1684 leurs caractères principaux.

Il convient néanmoins de signaler quelques-unes de ces modifications particulièrement relatives aux métiers.

Par l'article 24 de son réglement du 18 février 1507, Erard de la Marck ordonna que tous les habitants de la cité et de sa banlieue

---

([1]) *Sentence de Charles de Bourgogne*, publiée par M. Gachard dans la collection des documents inédits, t. II, p. 451.

se fissent inscrire sur les rôles d'un métier (¹). Toute la population liégeoise, répartie en 32 sections, prenait ainsi part aux élections magistrales.

En 1538, Corneille de Berg, pour empêcher les désordres occasionnés le jour de St-Jacques par les rassemblements tumultueux des bourgeois sous les bannières des métiers, publia un édit de police par lequel il divisait la ville en plusieurs quartiers; chacun d'eux eut un local spécial pour procéder au vote. Le prince ordonnait en même temps que quiconque voulait se faire recevoir dans un des 32 métiers devait se présenter d'abord au grand mayeur, aux échevins et aux bourgmestres, puis à son conseil privé, dans le but d'en exclure les *mutins* et les gens *malhonnêtes*.

L'édit ou réglement d'Ernest de Bavière, émané le 14 avril 1603 dans le but de faire cesser les brigues électorales, introduisit, en faveur des métiers, une réforme d'une importance extrême. Depuis la publication du régiment de Heinsberg en 1424, l'élection des magistrats de la cité était partagée entre le prince et les corporations; mais, à force d'intrigues et de corruptions, les nobles étaient parvenus à ressaisir quelqu'autorité et faisaient triompher leurs candidats. L'évêque mit un terme à ces abus en conférant aux métiers seuls le droit d'élection. Confirmant ensuite les prescriptions faites par Erard de la Marck, il défendit aux bourgeois de hanter plusieurs métiers à la fois: « Que tous bourgeois, chefs ou pères
» de famille, soient-ils de la cité, franchise et banlieue d'icelle, de
» quelle qualité, condition, prééminence ils puissent être, seront
» tenus dedans huit jours après la publication de cette, choisir
» un métier pour le hanter ; et que ceux qui font et exercent un

---

(¹) Et quant aux autres manants et habitants en la dite cité, franchise et banlieue de Liége, qui point ne sont bourgeois, iceux seront tenus acquérir la bourgeoisie d'aucun des 32 métiers et ce endedens la Pentecoste prochain venant, et ne poront les dits mestiers ou chascun d'eux refuser la petite rate de leur dit mestier à ceulx qui ainsy acquérir le voront, etc. (Louvrex, *Recueil des édits du pays de Liége,* vol. 1, p. 487).

» métier manuel, ne pourront choisir ni hanter que celui qu'ils
» exercent actuellement ; et cette leur élection seront tenus faire
» enregistrer dedans autres huit jours après. »

Cette ordonnance resta en vigueur jusqu'à l'avénement de Ferdinand de Bavière, qui obtint de l'empereur Mathias, en 1613, un édit impérial abrogeant cette nouvelle forme d'élection et decrétant la mise en vigueur des statuts de 1424.

Ce rétablissement souleva un mécontentement général : les exigences du prince ne firent que l'accroître, et bientôt le pays tout entier fut divisé en deux factions opposées, les *chiroux*, partisans de l'évêque, et les *grignoux*, partisans de la liberté.

L'effervescence fut un instant calmée en 1631, quand Ferdinand de Bavière vendit, pour une somme de 150,000 écus, sa sanction aux statuts de 1603 ; il stipulait seulement que pour prendre part au vote il fallait avoir atteint l'âge de 22 ans, ou bien être marié ou gradué ; aucun changement ne pouvait être fait à ces statuts sans l'aveu du conseil et des métiers. Mais l'audace et les violences des chiroux détruisirent bientôt les effets de cet accommodement et les querelles intestines recommencèrent de plus belle. Les hypocrites concessions faites par la paix de Tongres, dite *paix fourrée*, conclue le 24 avril 1640, n'appaisèrent que d'une façon apparente l'animosité des deux partis. La guerre civile éclata, et le prince, à la tête de troupes mercenaires, secondé par les chiroux et les Bavarois, se rendit maître de la cité (1649). A part l'effusion du sang, la conduite du prince rappella en cette circonstance, la date de 1408 rendue si tristement célèbre par l'implacable vengeance de Jean de Bourgogne. De même qu'alors, la sainteté du serment fut sacrifiée à la colère, et la bonté de l'évêque à l'injuste rigueur du prince. Sans respect pour les paix qu'il avait jurées, Ferdinand de Bavière renversa les coutumes et les institutions et bouleversa tout l'ordre social. Les métiers furent encore une fois supprimés comme colléges politiques et dépouillés de tous leurs priviléges. Ce ne seront plus eux qui éliront les magistrats de la cité, qui discuteront dans les assemblées les grands intérêts du pays ; ils n'auront plus

même le droit de nommer leurs propres gouverneurs dont l'élection est dévoulue aux bourgmestres et au conseil de la ville : « Les
» bourguemaistres et conseil... choisiront le jour suivant (25 juil-
» let) deux gouverneurs de chaque métier... Désormais ne se fera
» ni en procession publique ni autrement, pour quelle cause que
» ce soit, aucune assemblée des métiers de notre cité, mais seront
» iceux, en tout et partout, réprésentés par les bourguemaitres
« et conseil (¹). »

Ces nouvelles dispositions imposées par la violence et subies sous l'impression de la terreur, subsistèrent jusqu'en 1676, quand le peuple liégeois tenta un dernier effort pour reconquérir ses droits. Cette année, les Français auxquels, malgré le principe de la neutralité du pays, le prince Maximilien Henri de Bavière avait permis le passage sur notre territoire, ayant fait sauter la citadelle regardée depuis sa construction par le peuple comme le signe de sa servitude, les Liégeois se crurent libres et rétablirent aussitôt leurs institutions telles qu'elles étaient avant l'arrivée de Ferdinand de Bavière. Les 32 métiers, reconstitués sur les bases du réglement de 1603, se rendirent auprès du chancelier et du grand mayeur pour réclamer la restitution de leurs priviléges ; le 28 avril, rangés sous leurs bannières, ils firent cortége à la procession de la translation de S. Lambert, comme aux plus beaux jours de leur splendeur. Pour éviter le désordre dans les assemblées populaires, chaque métier donna pouvoir à ses gouverneurs de discuter ses intérêts et de le représenter dans le conseil de la cité pour veiller au maintien de ses franchises.

Mais cet heureux retour aux anciens usages fut de peu de durée, et l'insurrection du peuple eut pour les métiers les plus funestes conséquences. Tout accommodement étant devenu désormais impossible, Maximilien résolut de réduire ses sujets par la force, et le 26 août 1684, secouru par les troupes de l'empereur et du roi de France, il s'empara de la cité. Le 28 novembre suivant, il publia un

---

(¹) Louvrex, *Recueil des édits du pays de Liége*, vol. I, p. 83.

édit qui anéantit à tout jamais les corporations de métiers en tant que colléges politiques. Comme tels, ils furent remplacés par seize chambres, dont tous les habitants de Liége et de sa banlieue, sans exception, devaient faire partie. Comme communautés marchandes, les métiers furent conservés, mais enrôlés deux par deux, dans chacune des seize chambres. Les coutumes et les anciens réglements particuliers relatifs aux acquêtes, aux reliefs, etc., furent maintenus pour tous les artisans usant ou voulant user d'un métier; chaque métier eut un gouverneur élu tous les deux ans, pour veiller à l'observation des statuts et aux intérêts du commerce; un surintendant leur était adjoint pour les aider dans ces fonctions. L'administration même et l'organisation des métiers fut dévolue au conseil de la cité qui régla toūtes les affaires d'intérêt général (¹). Les chambres où ils tenaient leurs assemblées furent vendues aux enchères et leurs biens incorporés dans les fonds de la ville.

En un mot, des trois caractères qu'avaient revêtus les métiers à la plus belle époque de leur existence, à savoir politique, militaire et industriel, ils ne conservèrent absolument plus que ce dernier. Depuis longtemps les milices citoyennes et urbaines avaient été remplacées par des troupes mercenaires.

On pourrait entrer dans de plus amples détails au sujet des seize chambres, indiquer les modes d'élection et le rôle passif qu'y jouaient les métiers. Mais ces modifications influèrent trop peu sur la nature de l'institution, pour que j'aie à traiter ici cette matière longue et toute spéciale.

Disons seulement que ces nouvelles dispositions répondaient aux besoins du moment. On ne doit pas toujours et de parti pris incriminer les princes pour les transformations qu'ils apportent

(¹) Le conseil a la direction de ce qui concerne les métiers, voire sous révision à obtenir de nous ou de notre Conseil-Privé, ainsi qu'il est ordonné par la réforme de 1649. (Règlement de Maximilien Henri de Bavière, du 29 novembre 1684).

dans le gouvernement d'un pays. Les vieilles institutions du moyen âge, nées sous le régime de la société féodale, ne répondaient plus aux exigences de l'époque et avaient fait leur temps. Ce qui le prouve, c'est que le règlement de 1684 régit paisiblement pendant plus d'un siècle et sans aucun obstacle le pays de Liége ; il ne cessa d'être appliqué que lorsque la principauté elle-même fut conquise par les républicains français en 1792. Lois et tribunaux, conseils et magistrats, princes et états, chambres et métiers furent à tout jamais, après plus de sept siècles d'existence, engloutis dans la grande révolution (¹).

« Personne ne regretta... les métiers, qui faisaient du travail un
» monopole. Au moyen-âge, les métiers avaient été utiles et salu-
» taires en tant que colléges politiques et agrégations d'hommes
» ayant les mêmes intérêts sociaux; mais ils devinrent pernicieux
» et funestes au commerce et à l'industrie, lorsque le gouverne-
» ment fut parvenu à les transformer en corporations d'arts et mé-
» tiers rivaux les uns des autres (²). »

En analysant les détails historiques qu'on vient de lire, il semble qu'on peut distinguer dans l'histoire des bons métiers de Liége quatre époques bien tranchées, ayant chacune sa physionomie et son caractère particulier.

La première commence à l'origine des métiers et va jusqu'à l'année 1297. Pendant cette période, il n'existe encore que de simples communautés d'artisans réunis spontanément en société pour se faciliter l'exercice d'une profession manuelle ou célébrer en commun des fêtes. Ces associations d'ouvriers sont isolées, libres, indépendantes, régies par des coutumes, ne s'occupent point du gouvernement de la commune et ne sont pas reconnues par les lois. Leur histoire est celle d'une institution privée plus ou moins bien

---

(¹) Les seize Chambres sont supprimées et abolies à perpétuité. (*Plan de la municipalité pour la cité de Liége*, p. 14).

(²) Ferd. Henaux, *Histoire de Liége*, vol. II, p. 292, n.

organisée pour le but qu'elle se propose. Comme tels, les métiers n'ont pas laissé de traces dans les annales liégeoises ; ils n'y apparaissent que lorsqu'ils marchent sous les drapeaux ; leur vie intime et pacifique ne pouvait occuper de place dans les grands intérêts sociaux. Il faut rechercher les détails de leur histoire dans leurs registres particuliers, s'ils ont échappé à la destruction.

Avec Henri de Paire commence la seconde période; son caractère distinctif est la classification générale des artisans en compagnies fixes, militairement organisées et sanctionnées par l'état. Les métiers forment entre eux une fédération dans le but de défendre leurs intérêts et de conquérir leurs droits. Unis et disciplinés, ils discutent en commun les questions d'intérêt général, organisent des plans d'ensemble, et expriment leurs volontés à des chefs respectifs qui se concertent pour secouer le joug de la noblesse. C'est une forme de transition.

En 1313, la paix de St Martin amène les métiers au plus haut degré de développement que comportait l'institution ; ils deviennent des colléges politiques ; toute la population liégeoise distribuée en 32 sections exerce par eux ses droits de cité. Sous cette forme, les métiers ne peuvent être étudiés isolément ; ils sont solidaires les uns des autres et forment dans leur ensemble, le corps des 32 bons métiers de la cité.

Enfin arrive en 1684 le réglement de Maximilien-Henri de Bavière qui détermine la quatrième phase de l'existence des métiers. Par l'institution des seize chambres, le prince enlève aux métiers tout pouvoir politique et limite leur activité à l'exercice et à la police des arts mécaniques.

Dans ces différentes transformations, les métiers ont toujours conservé, dans leur vie privée, le caractère primitif purement industriel de l'institution. A travers toutes les révolutions communales, les corporations d'artisans ont continué à subsister, exerçant une certaine juridiction sur le commerce, jouissant de priviléges, possédant des statuts et des officiers, célébrant des fêtes, tenant des assemblées, pratiquant des coutumes. C'est à ce point de vue que nous examinerons le métier des tanneurs.

Mais, quoique restant en dehors de la vie publique, l'organisation intérieure de chaque métier se ressentit des changements politiques apportés dans l'état social : chaque communauté en particulier, recevait naturellement le contre-coup des secousses imprimées à l'institution tout entière. C'est pour ce motif que nous avons cru nécessaire d'exposer brièvement les fluctuations qu'a subies le corps des métiers dans son ensemble, avant de retracer le tableau de la vie intérieure de l'un d'entre eux.

LE

BON MÉTIER DES TANNEURS A LIÉGE.

RECHERCHES HISTORIQUES.

Le bon métier des tanneurs occupait le vingt-neuvième rang au catalogue des corporations, selon l'ordre traditionnel adopté depuis un temps immémorial dans la cité de Liége (¹).

Les corroyeurs, les selliers, les bourreliers (gorliers), les relieurs (²) les chamoiseurs, les maroquiniers, les mégissiers, les

(¹) Cet ordre fixe et constamment observé jusqu'en 1684, fut probablement établi lors de l'institution des 32 métiers par Jean de Wallenrode, en 1418. On le trouve du moins signalé, peu après, dans un document de 1426, avec très peu de différences. Ce fut sans doute le sort qui décida le rang, car l'ancienneté et l'importance n'y sont aucunement prises en considération.

(²) Vlierden s'exprime comme suit à propos des relieurs : Bibliopeci coriariorum recognoscant tribum, quod corio libros obvestiant : erunt et bibliopecis molesti molitores aut pistores ; farinâ enim bibliopecus ad pultem utitur. Nec tacebunt ærarii aut ferrarii quod claustra librorum sint ærea et claviculi vel ærei vel ferrei quibus claviendis opus est malleo. Materiarii bibliopecum contribulem vindicabunt quod asseribus plurimi obligentur libri ; a quibus si prætereantur, præsto erunt carpentarii quorum in manus incident vel ob id quod utantur ascia, circino, serra, securiculis, lima, terebris et similibus lignariorum instrumentis. Adhibet plurimis sarcinandis bibliopecus libris restes, adhibet pene omnibus adglutinan-

parcheminiers, en faisaient partie et en formaient ce qu'on appelait les *membres*. Les vairains-scohiers ou waire-xhohiers dits pelletiers furent aussi d'abord compris dans le métier des tanneurs; mais ils s'en séparèrent au XIV⁰ siècle pour former une corporation spéciale. Il en fut de même des corduaniers et des corbesiers, qui, en 1461, ne figurent pas encore au nombre des 32 bons métiers de Liége. Comme les *membres* observaient en tous points les statuts de la corporation mère et qu'on ne trouve sur eux aucun renseignement particulier, nous n'avons pas à nous en occuper spécialement.

L'introduction de la tannerie à Liége doit remonter aux premières années de la fondation de la cité. Les produits de cette industrie sont indispensables à toute agrégation civilisée; il est naturel d'admettre qu'elle s'implanta dans le pays de très bonne heure, sans doute peu après la translation du corps de saint Lambert de Maestricht à Liége (¹). La nécessité où se trouvaient les ouvriers tanneurs de posséder en commun un moulin, les réunit immédiatement en société.

La place qu'ils devaient occuper dans la cité, était presque désignée d'avance par la nature même de leurs travaux. Le lavage

dis et stipandis codicibus collam et albumen ovi ut tenacius inhereat auratio; acu et filo utitur quo nomine insurgent in ipsum flocularii et proximæ tribus sodales jucundissimi. Ergo ne tot tribuum bibliopecus adscribetur necessario collegiis et tot collegiorum sacris initiabitur ? Magis est ut non credam (p. 40). Après ces considérations de rhéteur, il conclut en faveur du métier des corroyeurs.

(¹) Un manuscrit du IX⁰ siécle mentionne les corroyeurs comme existant à Gand depuis un temps immémorial (V. Coomans, *Les communes belges*, p. 34, n.). Quant aux tanneurs de Liége, voici ce qu'ils disent eux-mêmes dans un document de 1579 : Que ledit mestier des tanneurs est un des plus anciens dowé et armé de statuts et priviléges (V. le *Recueil des chartes et priviléges*, t. II, p. 257). Les tanneurs ne se trouvent pas dans le livre des métiers de Paris d'Etienne Boileau, formé en 1258; on y voit cependant 4 corporations différentes de patenotriers et 6 de chapeliers.

étant une des opérations essentielles de la préparation des cuirs,
ils s'établirent nécessairement au bord d'un cours d'eau.

La tradition répandue à Liége au XVIIe siècle et recueillie par
Vlierden, rapporte qu'ils s'installèrent primitivement dans le quartier de la Sauvenière, le long du rivage qui s'étendait depuis la
porte des Béguards jusqu'à la Mâsi-ruelle. On ne doit pas s'attendre, de la part des écrivains de cette époque, à une critique historique bien sévère. Mais Vlierden ne devait pas ignorer le récit,
légendaire suivant quelques-uns, et cependant assez bien prouvé
aujourd'hui, qui attribue à Notger les excavations de la Sauvenière,
où l'on fit passer plus tard un bras de la Meuse. Il est donc peu
probable que les tanneurs se soient établis là avant l'an mil. Où
étaient-ils antérieurement? On l'ignore. Ce qui parait certain, c'est
qu'au XIe siècle ils habitaient la Basse-Sauvenière. Mais, ajoute notre
auteur, les odeurs infectes qui empoisonnaient, par une conséquence
naturelle de leurs travaux, l'air d'une des parties les plus populeuses
et les plus agréables de la ville, les amas de tan qui corrompaient
l'eau limpide du fleuve, rendirent bientôt leur séjour intolérable en
cet endroit : on leur assigna, sur la rive opposée de la Meuse, à l'extrémité de la cité, un emplacement éloigné du reste de la population, et qu'il ne leur fut plus plus permis de quitter (¹).

Cette assertion parait encore manquer d'exactitude. Nous sommes
plus disposés à croire que ce fut le manque d'espace qui engagea
les tanneurs à quitter la Sauvenière. La population s'étant accrue
et le nombre des artisans ayant augmenté dans la même proportion,
ceux-ci se trouvèrent trop resserrés entre la montagne et le fleuve.
Ce qui donne du poids à notre hypothèse, c'est qu'avant d'aller
Outre-Meuse, les tanneurs ou du moins une bonne partie d'entre
eux, s'établirent en Lulay, sur les bords du cours d'eau qui passait

---

(¹) Coriarii... quibus, quod olim, ut audio, Sabinam humiliorem viam
(la Basse Sauvenière) et Rolandi gurgitem, occuparent..., datus est, etc.
(Vlierden, *Tractatus de numero et ordine 32 tribuum inclytæ civitatis
leodiensis*, p. 14.

encore là au commencement de ce siècle. Ils y firent même construire un moulin dont ils se servirent jusqu'en 1288 , et qui était
peut-être le moulin Winand. Cette circonstance explique la restric-
tion faite en faveur des habitants de l'île des fèvres , quand furent
fixées les limites ou *clawirs* du métier (¹).

A quelle époque les tanneurs se transportèrent-ils définitivement
sur la rive droite du fleuve? C'est ce qu'il est impossible de déterminer, même d'une manière approximative. Avant le XIIᵉ siécle, le
quartier d'Outre Meuse n'était pasp raticable. Nous voyons en effet,
en 1038 , l'évêque Réginard entreprendre de gigantesques travaux
pour y construire une simple route de Richeron-Fontaine à Cornillon, et l'on peut croire qu'il fallut encore bien des années avant
que l'immense marais qui couvrait alors cette partie de la cité, fût
rendu habitable. D'un autre côté, le plus ancien et probablement le
premier document relatif aux tanneurs , les montre établis dans
leur quartier actuel en 1288 (²). Le contenu de cette pièce nous
dispose à croire que ce fut vers le milieu du XIIIᵉ siècle que s'opéra
leur émigration générale; il est certain, en effet, que dès qu'ils se
virent définitivement installés dans un endroit propice à leur industrie, le premier soin des tanneurs fut de chercher à s'entourer
de tout ce qui pouvait leur en faciliter l'exercice et en assurer la
prospérité. Un moulin pour faire préparer les écorces qu'ils employaient dans leurs opérations, était pour eux de première nécessité. Or, le document de 1288 nous montre précisément les ouvriers
qui pratiquaient l'art des tanneurs s'unissant, pour louer au profit
de tous, un moulin situé en amont de Longdoz , joignant au fief
des Henrotte dits Bernimollin.

C'est dans ce même rendage que nous trouvons la plus ancienne

---

(¹) V. *Usance du métier.*

(²) Le quartier d'Outre-Meuse était du temps de Hemricourt le quartier
aristocratique de la ville, à l'exception des deux rivages qui en étaient
séparés au pied du Pont des Arches par deux portes : en amont habitaient les pêcheurs, en aval les tanneurs.

trace de l'association commerciale des tanneurs de Liége. Il n'en faudrait cependant pas conclure qu'antérieurement à cette époque ils vécussent isolés les uns des autres. Les mêmes besoins qui les réunissaient forcément dans un même lieu, ont dû, dès le principe, établir entre eux des relations qui, devenant encore plus fréquentes à cause de leur isolement du reste de la population, aboutirent à la formation d'une espèce de société. Sans doute, aucun règlement écrit ne leur donnait des droits ni ne leur imposait des devoirs ; ils restaient libres les uns à l'égard des autres et n'obéissaient qu'à une loi tacite et conventionnelle de se venir mutuellement en aide, loi dictée à la fois par l'intérêt et par l'humanité, modifiée suivant les individus et les circonstances.

Il est certain que dès le XIIe siècle ils formaient déjà un corps spécial distinct des autres habitants de la cité. Mais ce caractère ne se dessine nettement que lorsqu'ils font partie de l'armée liégeoise ; c'est comme tels que l'histoire les mentionne pour la première fois en 1213, à l'occasion de la warde de Steppes, où ils luttèrent à côté des bouchers et des houilleurs, sous la bannière du comte de Looz.

A mesure que la compagnie croît en nombre, une certaine organisation s'y introduit. Le rendage de 1288 fixe les premières obligations auxquelles doivent se soumettre les membres de l'association, s'ils veulent partager certains priviléges et ne pas encourir certaines pénalités. A partir du jour où ils possédèrent un document écrit, tous les tanneurs de Liége formèrent une société régulièrement constituée, une communauté marchande qui porte déjà le nom de *métier*, dont les membres s'appellent *compagnons*, qui choisit dans son sein des chefs nommés *souverains* pour la représenter dans les actes publics et pour régler en son nom tous ses intérêts. Cette société est exclusive ; elle ne reçoit de nouveaux membres et ne leur permet de se servir de son moulin qu'à certaines conditions, par exemple, de contribuer aux dépenses qu'exige l'entretien de ce moulin, dépenses qui sont également supportées par tous.

L'intimité et les rapports journaliers établis entre des hommes liés par les mêmes intérêts, les habituèrent peu à peu et de bonne heure à former des alliances, à se réunir pour célébrer des fêtes, pour assister en corps aux processions et aux funérailles des compagnons décédés, pour se réjouir à l'occasion de mariages ou de naissances, etc.

Toutefois cette société toute privée ne jouissait d'aucun privilége de la part des princes ou des magistrats ; elle n'avait pas même le caractère de la légalité ; simplement tolérée par les administrateurs de la cité, elle n'avait reçu aucune espèce de sanction.

A côté d'elle se sont insensiblement formées, aussi d'elles-mêmes, d'autres sociétés semblables, composées d'artisans, fèvres, bouchers, drapiers, etc., que la nécessité (¹), l'intérêt, l'exemple ou le plaisir ont également réunis.

Dans le principe, les nobles, ennemis naturels du peuple, maîtres absolus du pouvoir et tout à la fois juges et législateurs, ne s'inquiétèrent pas de ces associations inoffensives ; voyant en elles une source de prospérité et par conséquent de revenus, ils leur permirent de devenir peu à peu redoutables par l'accroissement du nombre de leurs membres et par suite de leurs richesses, de telle sorte qu'en 1297 il existait douze communautés renfermant dans leur sein la plus grande partie de la population plébéienne de la cité. Celle-ci finit par avoir conscience de sa force. Alors elle se crut en droit de prétendre à participer au gouvernement de la commune; une lutte terrible s'engagea entre elle et la noblesse. Des tribuns organisèrent d'abord les métiers en compagnies militaires, qui furent confirmées par Adolphe de Waldeck ; puis, à la faveur de leur nombre, elles ne tardèrent pas à se transformer en colléges

---

(¹) La formation du métier des boulangers tient aux mêmes causes que celle du métier des tanneurs ; ils se sont réunis pour bâtir à frais communs un moulin dont la dépense eût été trop considérable pour pouvoir être supportée par un seul.

politiques. La paix de S[t]. Martin ou d'Angleur vint consacrer leur triomphe ([1]).

En 1331 , la paix de Geneffe ou de Vottem inaugura pour les métiers, comme corporations marchandes, une vie toute nouvelle. Jusqu'ici ils avaient été approuvés en masse ; la paix d'Angleur décréta que chacun d'eux , séparément , devait être soumis à la confirmation des échevins et recevoir de ce tribunal une espèce d'investiture. Cet article donnait à l'existence de chaque métier en particulier un caractère légal, le mettait sous la protection des lois, lui donnait des garanties pour l'observation de ses statuts dorénavant sacrés et obligatoires par devant l'autorité de la justice souveraine du pays.

Six mois après la publication de cet édit , les tanneurs réclament et obtiennent une charte constitutive de leur bon métier ([2]). Ils demandent en même temps la confirmation du réglement conventionnel observé antérieurement par les compagnons, formé peu à peu par eux selon les exigences et depuis longtemps consacré par l'usage. C'est ce qui résulte des termes mêmes du diplôme d'Adolphe de la Marck ordonnant aux tanneurs de *continuer* à vendre sur *leur halle* , de faire examiner les marchandises par les wardans *ainsi que accoustumeit est*, etc. Par cette charte, le prince introduit aussi quelques dispositions nouvelles concordant avec les décisions de la paix de Geneffe , également obligatoires pour toutes les autres corporations.

Les indications éparpillées dans les documents sont insuffisantes pour faire connaître l'organisation du métier à cette époque. On peut cependant y voir qu'il était administré par deux chefs appelés *wardans*, élus par les échevins entre trois candidats présentés par les compagnons ([3]); ces *wardans* prêtaient serment entre les mains

([1]) 14 février 1313. Voir l'introduction.
([2]) V. *Charles et priviléges*, vol. II, p. 217.
([3]) Cette forme d'élection se ressent des circonstances dans lesquelles fut rédigée la charte de 1331. Le peuple venait de subir une défaite ; les nobles en profitaient pour restreindre autant que possible les pouvoirs des métiers.

de ces mêmes échevins et juraient de maintenir le métier en *droiture, paix et honneur*; les devoirs de leur charge consistaient à contrôler toutes les marchandises qui, quatre fois par semaine, étaient exposées en vente à la halle, afin de prévenir les abus et les fraudes. A cet effet, ils avaient aussi le droit de faire des visites domiciliaires pour *rewarder* (examiner) les cuirs conservés en magasin ou étalés aux boutiques, et pouvaient frapper les contrevenants d'une amende proportionnée au délit.

C'est aussi à cette époque que remonte le premier privilége accordé au métier; il consiste dans la défense faite aux tanneurs étrangers de vendre leurs produits dans la cité, si ce n'est aux jours de marché et dans le local spécialement affecté à l'exhibition des cuirs.

Pendant les 87 années qui suivirent, on ne trouve absolument aucune donnée quant à l'administration intérieure du métier. La société n'en était pas encore arrivée à un point de développement assez avancé pour posséder des statuts. D'ailleurs, entièrement absorbée par les affaires de la vie publique à laquelle tous les métiers prenaient une part active, elle n'avait ni le droit ni le temps de s'occuper de sa propre organisation. Entraînée dans la grande lutte du peuple contre les nobles, elle subit les fluctuations de la politique. Dans l'histoire de la Male St. Martin, les tanneurs figurent au premier rang par leur ardeur patriotique.

On a vu se dérouler la longue série de succès et de revers des corporations liégeoises; tantôt victorieuses, tantôt vaincues, elles finissent, en 1343, par s'affranchir complètement de l'autorité du prince et obtiennent le droit de choisir elles-mêmes leurs gouverneurs, de tenir des assemblées, de discuter leurs intérêts. En 1384, elles exerçaient tous leurs droits politiques.

Peu après, Jean sans Pitié anéantit momentanément toute espèce d'association : la bannière des tanneurs alimenta, avec celles des autres métiers, le feu de joie du triomphe de la tyrannie.

Lorsqu'en 1417 ce même prince vendit au peuple le rétablissement de dix-sept métiers, il n'est pas douteux que celui des tanneurs, un des plus importants de la cité, ne fût du nombre. L'année suivante, du reste, immédiatement après l'abdication de Jean de Bavière, toutes les corporations populaires se reconstituèrent spontanément sur les bases de 1384, et rentrèrent dans la possession complète de leur autonomie.

Cependant le métier des tanneurs, comme association commerciale, avait prospéré et s'était successivement enrichi de plusieurs propriétés. En 1333, il avait acquis en rendage du prince et de la cité, les deux places de Gravioule (1); en 1347, il était devenu propriétaire de la halle sur le marché, que probablement il louait auparavant; en 1386, il avait transformé en un grand établissement le petit moulin aux écorces de Pilchoule dont il s'était servi jusqu'alors.

Lorsque le calme eut succédé à l'agitation dans laquelle le règne d'un mauvais prince avait maintenu le pays, le métier des tanneurs, paralysé jusqu'ici quant à l'administration de ses propres affaires, songea à établir sur des bases solides la police intérieure de la société. Profitant du moment où toute liberté lui était accordée, il libelle lui même, à sa guise, les statuts qui devaient le régir. A partir de cette époque, nous pouvons considérer le métier des tanneurs comme une institution fixe, régulièrement organisée. Nous n'avons encore eu à constater jusqu'ici, dans les faits posés par ses fondés de pouvoir, que des actes de propriété; nous aurons maintenant à signaler des mesures administratives.

L'année même de l'avénement de Jean de Wallenrode qui approuva les métiers et en porta le nombre à 52, on trouve une ordonnance émanée de la propre autorité des tanneurs, réglant les statuts et fixant par 13 articles tous les points relatifs à l'usance et surtout à la pratique du métier.

Ce réglement est, croyons nous, le premier qui, depuis le diplôme d'Adolphe de la Marck, vint statuer sur les devoirs des com-

____

(1) Documents inédits, n° III.

pagnons tanneurs. C'est ce que semblent prouver l'absence actuelle
des statuts antérieurs (¹) et le texte même du document qui, par
les termes du préambule, par le peu d'ordre et de netteté de ses
différents articles, accuse plutôt un premier projet qu'un réglement
basé sur l'expérience.

Quoiqu'il en soit, et malgré son imperfection, le réglement de
1418 était considéré comme très important et appelé la *principaule
lettre* (²). Elle est donnée au nom de la généralité du bon métier,
sans indication de gouverneurs ni de jurés, qui n'existaient peut-
être pas encore, et déclaré immuable dans toutes ses parties, sauf
les droits du prince et de l'église, les paix, les lois du pays, les
statuts et priviléges de la cité et des autres métiers. Elle contient
les *franchises, droitures, libertés, conditions, modérations, res-
trainctions, devises et ordinanches* du métier, c'est-à-dire tous les
droits et devoirs des compagnons ; elle fixe les prix des reliefs,
la position des personnes étrangères entrant dans le métier par
mariage ou par acquête, les limites ou *clawirs* du quartier; elle
défend aux compagnons d'acheter des cuirs dans le but de les revendre, des peaux d'animaux encore en vie, des cuirs salés ; enfin
elle inflige des amendes à ceux qui ne se rendent pas aux assemblées (³).

En 1421, de violentes contestations s'élèverent parmi les tan-

(¹) Quelques historiens rapportent que les chartes des métiers furent
brûlées en 1408. Cependant il existe encore aujourd'hui, pour celui des
tanneurs, onze documents antérieurs à cette époque, et il est peu probable
qu'une pièce aussi importante qu'un réglement eût été seule détruite. La
déclaration que les statuts de 1418 furent fait, *ensuivant les anchiennes
lettres et chartes de nostre mestier*, ne peut infirmer notre opinion ; on
sait, en effet, que le mot *lettres*, au pluriel, indiquait toujours anciennement, un seul document; or, celui auquel les tanneurs faisaient allusion ici pouvait très bien être la charte de 1331, qui, comme on l'a vu,
contient quelques dispositions réglementaires.

(²) Documents inédits, n° IX.

(³) Voir, pour les détails, les chapitres particuliers de l'organisation du
métier.

neurs à propos des élections magistrales, tant de la cité que de la corporation même ; il se forma au sein de celle-ci deux partis , *ce qui estoit mal convenable... veyut et considereit que la plus grande partye d'entre nous sumes proismes (proches parents), amis et conjoins ly unk al autre* (¹). Les offices, à cette époque, étaient fort ambitionnés ; ils n'étaient pas seulement des charges honorifiques, mais aussi des emplois très lucratifs. Pour faire cesser ces divisions, le métier publia une ordonnance, (en tête de laquelle apparaissent, pour la première fois, les gouverneurs et les jurés) contre les brigues électorales. Il y fut stipulé qu'aucun compagnon ne pouvait accepter plusieurs charges, soit de la cité soit du métier, qu'après quatre années d'intervalle ; qu'un certain nombre seulement se rendraient à l'assemblée pour élire aux emplois communaux ; enfin, des peines étaient comminées contre les corrupteurs et contre ceux qui brigueraient des suffrages.

Ces décrets furent insuffisants pour réprimer les abus : chaque année, aux jours qui précédaient la St Jacques, les luttes électorales recommençaient plus vives , divisant pour le reste de l'année le métier en plusieurs camps hostiles. En 1427 , les compagnons ne pouvant s'entendre, firent un compromis et s'en rapportèrent à l'arbitrage du curé de St Pholien (²); celui-ci élabora un projet qui fut approuvé par le métier dans une séance générale (³),le 25 juillet 1427. Cette ordonnance, appelée *lettres des offices* , réglait le mode à suivre pour l'élection des officiers et pour les rénumérations auxquelles ils avaient droit.

Des troubles ayant encore surgi l'année suivante à la même occasion, on fut obligé de rédiger quelques articles additionnels,

(¹) V. *Inventaire des archives du métier*, 19 janvier 1421. La parenté des familles des tanneurs entre eux se comprend aisément ; au XVIIIᵉ siècle encore presque tous les habitants du côté gauche d'Outre Meuse se traitaient de cousins.

(²) C'était toujours l'abbé du Val-des-Écoliers qui desservait cette paroisse.

(³) Documents inédits, nᵒ VIII.

précisant encore plus nettement les points concernant les gratifi-
cations et la livrée des officiers. Enfin, en 1439, un paragraphe
complémentaire indiqua le procédé à suivre en cas de décès d'un
officier en charge.

L'ordonnance de 1418 formait un réglement assez complet pour
une société naissante ; mais avec le développement de l'industrie et
l'affluence des richesses, s'accroissaient le nombre des compagnons
et l'importance du métier. L'administration générale devenait
chaque jour plus difficile et plus compliquée; mille cas nouveaux
et imprévus se présentaient; le réglement se trouva bientôt tout
à fait insuffisant. Aussi voyons-nous paraître successivement, à de
courts intervalles, plusieurs recès qui en éclaircissent et en déve-
loppent certains articles ou statuent sur des points entièrement
nouveaux.

En 1431 et 1433, les ruses employées pour exercer le métier
sans en faire l'acquête, nécessitèrent deux ordonnances touchant
la possession et l'usance du métier accordée aux étrangers qui
entraient dans la corporation par des alliances (1). Les questions
relatives aux mariages avaient déjà été en partie résolues par les
deux premiers articles du réglement de 1418. Mais les dispositions
prises à cette époque ne suffisaient plus; le 29 janvier 1431, parut
une lettre spécialement consacrée à ce sujet et examinant, dans
leurs plus menus détails, les nombreux cas qui pouvaient se présenter. On y trouve même des différences si subtiles, qu'il est
quelquefois difficile de les saisir; on dirait presque qu'une certaine obscurité a été jetée à dessein dans ce document et que
l'intention des législateurs était, tout en prenant des mesures pour
éloigner la masse, de ménager quelques entrées au favoritisme.
La réserve faite de pouvoir interpréter les articles, s'il surgissait

(1) Les nombreux priviléges dont jouissaient les bourgeois de Liége,
titre aussi ambitionné que dans l'antiquité celui de citoyen romain, ex-
pliquent l'ardeur avec laquelle on briguait la faveur de faire partie d'un
métier.

quelque doute quant à leur signification , semble confirmer ces suppositions.

La *lettre de bâtardise* suivit de près cette ordonnance comme corollaire, et toujours dans le but d'exclure du métier des éléments étrangers, que la dignité des compagnons et l'orgueil de caste rejetaient également.

Pour procéder chronologiquement, nous avons à enregistrer ici un fait qui interrompt l'exposé du développement progressif de la corporation. Ce fait , qui excita au plus haut point l'enthousiasme patriotique des métiers, fut, pour ceux des tanneurs et des houilleurs, l'occasion d'un moment d'erreur ; cependant, moins coupables que ces derniers , qui se laissèrent acheter par l'or des conspirateurs , on ne peut reprocher aux tanneurs qu'une obéissance trop aveugle à leurs chefs ; et si , entraînés par les passions d'un seul homme, ils furent un moment traîtres à la patrie, ils ne tardèrent pas à reconnaître leur faute et tournèrent leurs armes contre leurs vrais ennemis. Nous voulons parler de la conspiration de Walhieu d'Athin.

Cet épisode fameux de nos annales est trop connu pour qu'il soit nécessaire de l'exposer dans tous ses détails. Nous n'en rappellerons que les points essentiels ou particulièrement relatifs au métier des tanneurs.

Ennemi des grands par politique , Wathieu d'Athin , à force d'intrigues , était parvenu au faîte du pouvoir et possédait sans partage la faveur populaire. Mais sa puissance presque souveraine lui donna l'imprudence de l'orgueil et il prépara sa chute de ses propres mains. Dévoré par deux passions terribles, l'ambition et l'amour des richesses , il n'usa bientôt plus d'aucun ménagement pour les satisfaire , et, s'attirant par ses violences la haine de son propre parti, il fut enfin frappé d'exil (1428).

Trois ans après, à la faveur des troubles suscités à Liége à l'occasion du Réglement de Heinsberg, Guillaume d'Athin, son frère, qui était à la tête des factieux de la cité, parvint à se faire nommer bourgmestre. Profitant de son influence , il médite le rétablissement du banni ; mais les négociations marchent trop lentement au gré des deux tribuns : ils forment le projet d'envahir la cité et d'écraser les métiers dans une attaque nocturne. Les houilleurs , gagnés par la corruption, entrent dans le complot; des intelligences sont ménagées parmi les tanneurs par l'intermédiaire d'André de Laire-Dieu, l'un des membres les plus influents du métier et grand partisan des d'Athin. La nuit du 5 janvier, veille du jour des Rois de l'année 1433 , les conjurés sont secrètement introduits dans la ville et vont occuper le Marché , le Pont-d'Ile et d'autres postes avantageux ; une partie des tanneurs, André de Laire-Dieu à leur tête, gardent les abords du pont de bois du côté de Neuvice. A la pointe du jour, les d'Athin avec leurs hommes plantent le grand drapeau devant la chambre (la halle) des tanneurs « pour manifester la justice de leurs armes »(1) et se jettent sur le quartier des fèvres, qu'ils surprennent à l'improviste; aussitôt ceux-ci s'assemblent et font sonner la banclocke. L'alarme se répand dans la cité ; les corroyeurs , les pêcheurs et les autres habitants d'Outre-Meuse passent le fleuve , renversant sur leur passage les tanneurs qui tentent en vain de rompre le pont et de défendre la rive gauche. Alors les fèvres, secourus par les gens de métiers qui accourent de toutes parts, recommencent une lutte qui leur avait d'abord été désavantageuse et parviennent enfin à écraser les conspirateurs. Eux et leurs adhérents furent bannis de la cité; leurs biens confisqués furent partagés entre les colléges des métiers, qui eurent chacun pour leur part 50 muids de blé de rente , plus différentes propriétés parmi lesquelles la voucrie de Grâce, qui échut en partage aux tanneurs (2).

Pour prévenir dans la suite tout complot de ce genre, on créa la compagnie de dix hommes, formée des gens de métiers, obligée sous serment à se tenir en tout temps à la disposition des bourgmestres

(1) Bouille, vol. II, p. 19.
(2) V. de Gerlache, *Histoire du pays de Liége* ; Polain, *Esquisses historiques* ; Jean de Stavelot.

pour défendre leurs personnes et servir la république. Cette garde tenait ses séances dans la halle des tanneurs, d'où lui vint le nom de *dix hommes delle halle* (¹).

Le premier soin des tanneurs avait été de s'entourer autant que possible de priviléges, de prémunir le métier contre l'envahissement des étrangers et d'empêcher la concurrence extérieure. Ils songèrent ensuite à organiser d'une manière complète l'administration intérieure de leur société, commencée par la lettre des offices et à détruire la concurrence entre eux.

Après avoir satisfait aux réclamations des bourgeois et soigné la réputation de leur commerce en défendant aux compagnons de vendre des cuirs trop mous appelés *anteneuses,* le métier prend les mesures les plus étranges pour faire régner entre ses membres une certaine égalité et empêcher que les plus riches ou les plus industrieux, par une trop grande extension de leurs affaires, n'exercent une espèce de monopole en accaparant de trop fortes quantités de peaux au détriment de leurs confrères pauvres. Un article du réglement de 1418, défendant aux tanneurs de travailler d'autres peaux que celles qui leur appartenaient, semble déjà avoir été dicté dans le même but ; une ordonnance du 16 mars 1434 présenta une nouvelle garantie, en fixant la quantité d'écorces que chaque compagnon aurait le droit de faire moudre en une année sans pouvoir la dépasser : *affin ainssi que li petis soy puissent chevir et governier deleis li grans et lunc deleis lautre.* On verra dans le chapitre des écorces quelle importance le métier attachait à l'observation de cette loi, par les amendes dont il frappait les contrevenants et par les édits successifs qui commentent, modifient et renouvellent la force obligatoire du décret de 1438.

Après tous ces actes, promulgués à la faveur des règnes pacifiques de Jean de Wallenrode et de Jean de Heinsberg, le métier, pendant l'espace de plus d'un demi siècle, est frappé d'une atonie complète;

<hr>

(¹) V. *Bulletins de l'Institut archéologique liégeois,* T. V, p. 51, article de M. Ferd. Henaux.

des procès, quelques actes concernant des propriétés, sont les seuls signes de vie que donne la communauté. Arrêtés dans le développement de leur organisation par l'administration écrasante de Louis de Bourbon, les tanneurs n'osent améliorer leur constitution, dans la crainte de porter ombrage au tyran, et doivent se contenter de leurs vieux réglements. Ils ne montrent un instant d'énergie qu'au moment où le prince ayant transféré sa résidence à Huy et frappé la ville d'interdit, les Etats décrétèrent sa déchéance et élurent Marc de Bade mambour du pays. Pour résister à la fois à leur évêque qui leur avait déclaré la guerre et au duc de Bourgogne dont le puissant voisinage était une menace perpétuelle pour le territoire, les tanneurs sentirent la nécessité de resserrer les liens qui les unissaient aux autres métiers, et de prendre des mesures pour pouvoir à l'occasion leur prêter leur concours d'une manière prompte et efficace. Le 1er février 1464, ils publièrent un réglement militaire, où sont détaillés les devoirs du métier et du compagnon lorsqu'ils feraient partie active de la milice urbaine (1). Aussitôt que les bannières des 31 autres métiers flotteraient sur les degrés de Saint-Lambert, soit pour aller au combat, soit pour assiéger une ville, soit pour défendre la cité, les tanneurs s'obligeaient à déployer la leur ; les compagnons en état de porter les armes, sauf ceux désignés pour garder la ville, devaient jurer de l'accompagner. Une fois sous les drapeaux, le bourgeois devait se sacrifier entièrement au service de la patrie.

Cette union fut malheureusement impuissante pour résister aux redoutables alliés et les cruautés par lesquelles Louis de Bourbon assouvit sa vengeance furent la seule récompense de patriotisme des métiers ; leurs biens furent confisqués pour satisfaire les passions

---

(1) « Nous at sembleit et semble y estre nécessité delle faire encore aultres ordinanches et astraintions touchant delle y estre obéissant à cheaus qui en aront le authoriteit de par nous, pour adez y estre troveis quant le cas le requirat par dessous la bannière ou paingnicheal de nostre dit bon mestier ». (*Chartes et Priviléges*, vol. II, p. 228).

effrénées du prince ; le métier même resta entièrement supprimé jusqu'à la mort de Louis.

Pendant toute cette période, de 1468 à 1477, on ne trouve pas un seul document concernant les tanneurs.

Sous Jean de Hornes, le métier semble se réveiller ; on signale quelques actes touchant ses possessions ; les luttes que le prince eut à soutenir contre la famille de Marck tenaient encore le pays dans l'agitation et dans la souffrance ; mais enfin les deux partis ayant signé la paix de Donchéry en 1491, les Liégeois fatigués éprouvèrent le besoin du repos. Considérant avec effroi combien de désastres les guerres étrangères avaient attirés sur la patrie, les trois États cherchèrent à faire accepter aux puissances voisines la neutralité du pays de Liége ; les tanneurs en particulier avancèrent à la cité, pour en garantir l'observation, une somme de cent florins du Rhin.

Aussitôt, toutes les anciennes institutions ébranlées sur leurs bases éprouvèrent le besoin de se consolider.

La corporation des tanneurs se hâta de profiter des circonstances pour réviser sa législation et combattre les abus qui, à la faveur des troubles, s'étaient introduits dans la pratique et dans l'usance du métier. Chaque jour les lois étaient éludées, les statuts transgressés ; des réclamations surgissaient de tous côtés de la part des petits commerçants ([1]). Les officiers et tous les compagnons ne

([1]) Comme ainsy soit que pour les guerres et divisions qui ont été et régnés en la cité et pays de Liége, plusieurs grands et innumérables maux, désobéissance et rebellion ont été faites et se font journellement au moyen desquels le bon métier des tanneurs et autres soy trouvent foullez et amenrys et sont en train d'aller del tout a ruine et perdition si il n'est sur ce pourveu de remède raisonnable et de justice, pour ce est-il que nous, la généralité du bon métier des tanneurs, pour ce ensemblés en nostre lieu accoustumé, et là même nous fut démostré par les governeurs d'iceluy métier plusieurs défaultes et ordonnances anciennes mal tenues et observées ; les quelles sy elles se doivent ainsi continuer, serait totallement la folle et destruction d'iceluy métier. (*Chartes et priviléges*, vol. II, p. 259).

voyaient que trop la nécessité d'une réformation ; aussi avait-elle été décidée dès l'année 1492 dans une assemblée générale. Mais les moyens à employer pour porter remède au mal, donnèrent lieu à des discussions interminables et souvent violentes. Enfin la généralité des compagnons ne pouvant se mettre d'accord, on décida, à la majorité des voix, que l'examen de la question serait soumis à dix personnes des plus compétentes que l'on pourrait trouver dans le métier. Ces dix arbitres se réunirent plusieurs fois, lurent les anciennes chartes, les discutèrent et présentèrent enfin dans une séance du métier, un projet réunissant en un seul faisceau tous les vieux réglements et récès particuliers qui avaient été portés jusque là, relativement à la pratique du métier. Ce projet fut unanimement adopté par tous les compagnons, qui jurèrent séance tenante de l'observer dans tous ses points, sous peine de payer un marc d'argent d'amende, et d'être privés pendant quatre années consécutives du droit de revêtir une charge. Ce réglement est composé de 39 articles ; il fixe, comme nous venons de le dire, tous les points relatifs à la pratique du métier, c'est-à-dire au commerce, à l'achat et à la vente des cuirs et des écorces, à la quantité d'écorces qu'il était permis de moudre, à l'acquète du métier par les personnes étrangères, au mariage des compagnons contracté en vue d'établir leur droit à l'exercice de leur industrie, etc.

Cependant le métier n'avait accompli que la moitié de sa tâche ; il avait, par le réglement de 1493, relevé le commerce de l'état de souffrance où il était tombé ; il fallait songer encore à assurer l'exécution des nouveaux statuts, par des mesures d'ordre intérieur relatives à l'administration de la société, aux offices, aux assemblées, etc., en un mot, à l'usance du métier ; car tous les vieux usages négligés pendant la tourmente étaient tombés dans l'oubli. C'est ce qu'exprime naïvement le préambule d'un second réglement publié la même année que le précédent. Nous ne pouvons résister à l'envie de l'insérer ici en entier, parce qu'il expose, mieux que nous ne pourrions le faire, la situation du métier à cette époque, et ensuite parce qu'il a été, nous ne savons pourquoi,

omis dans le livre des Chartes et priviléges : « In nomine Domini,
» amen. A tous ceulx qui ces présentes lettres voiront et oiront,
» nous, les gouverneurs, jurez et toute la généralité du boin mes-
» tier des tanneurs de la cité de Liége, salut. Scavoir faisons que,
» pour observer unité, concorde et amityé entre nous les bourgeoix
» et compaignons de nostre dit mestier, et comme les discordes,
» discentions et tumultes s'engendrent pour la non observance des
» bonnes reigles, statuts et ordonnances d'une comunaulté uzans
» d'un mesme labeur, pratique et mestier, nous ayant par plu-
» sieurs exemplaires, papiers, documens et exploix, veus et enten-
» dus nos prédicesseurs dudit mestier des tanneurs avoir eu au-
» cunne bonnes reigles, ordonnances et status, selon lesquels pour
» aucun temps soy seroint honestement et à leur soulagement
» et d'un chacun gouverneiz ; néantmoins que par succession de
» temps les dites ordonnances et bonnes reigles seroient dépra-
» vées et anéantyes et mieses en arrier, désirant par nous ensuyvre
» les vestiges et bons ensengnements de nos dis prédicesseurs,
» remettre en lumière que cy devant seroit occulte; et que suivant
» les aultres boins mestiers de ladite cité, reigle, police et unyon
» soyent observeis entre nous et que chacun scache comment soy
» debverat au faict de œuvre, maniement et uzance de nostre dit
» mestier gouverner et user pour le soulagement et entretenance
» de la chose publicque et de nostre dit mestier, avons conclud,
» arresté et devisé les poincts et ordonnances subnarrées soub le
» bon plaisir de nostre révérendissime seigneur et prince monsei-
» gneur de Liége, de sa haulte et souveraine justice et des bour-
» maistres, conseil et XXXI mestiers de la dite cité. » Suit l'ordonnance en 42 articles, publiée dans le recueil des *Chartes et
Priviléges*, p. 231. On y trouve toutes les règles à suivre relativement aux acquétes, aux reliefs, aux mariages, aux assemblées, aux
élections, aux offices, aux salaires, aux fêtes publiques, aux limites
du quartier. Jointe à la précédente, elle forme un code complet des
droits et des obligations de tous les membres ; aussi ce réglement,
appelé *la Lettre des statuts*, servit-il dans les temps posterieurs de

guide principal pour le gouvernement du métier. Chaque année,
au jour de la St.-Jacques, il était lu d'un bout à l'autre et à haute
voix par le greffier en assemblée générale , afin que chaque compagnon en eût connaissance. Tout nouvel acquérant et tout bourgeois relevant le métier devait en jurer l'observation (¹). Il fut
renouvelé et approuvé intégralement le 23 mars 1551, sous le nom
de *Réglements modernes* ; amplifié le 9 juillet 1560, il reçut encore
quelques articles additionnels le 15 janvier 1686.

Le métier des tanneurs une fois régulièrement organisé, possédant des priviléges qui favorisent son commerce, des lois qui pro-
tégent ses coutumes et lui assurent la tranquillité intérieure , des
réglements qui prévoient tous les cas de contestations possibles,
marche silencieusement pendant trois siècles, et sa vie, monotone
comme celles de toutes les sociétés sous les règnes pacifiques , ne
présente aucun fait saillant. Plusieurs fois il subit, mais sans altérer ses réglements organiques, des transformations que le caprice
des princes apporte à l'institution entière des 32 métiers. A partir
de cette époque, toute son histoire se réduit à des actes peu importants et peut se résumer dans un inventaire analytique de ses
documents ; malheureusement, comme partout ailleurs, cette liste
présente de nombreuses lacunes ; on est obligé bien souvent de
deviner les causes et les résultats de certains faits qui se présentent
isolés.

A côté des transactions de biens, des mutations de propriétés, des
ordonnances répressives contre les accapareurs , de procès contre
des compagnons indisciplinés , on remarque un grand nombre de
pièces concernant des difficultés qui surgirent entre les trois métiers
des tanneurs, des corduaniers (cordonniers) et des corbusiers

---

(¹) « Tous ceux qui usent l'art et praticque du mestier des tanneurs ,
mesmes ceux qui sont receus en l'art et compaignie dicelluy sont tenus de
jurer les status et ordonnances du mestier, et s'il les transgresse il devera
estre attiré en droit pardevant le dit mestier ou juge seculier qui aura a
cognoistre les dites ordonnances sans réclamer autre juge, à peine d'estre
privé du mestier et banni 5 ans et 5 lieues. »

(savetiers). Cette lutte, qui dura plus de deux siècles, paraît avoir pris naissance en 1479, à propos d'un recès de la cité qui accordait aux membres des deux dernières corporations la permission de tanner eux-mêmes les peaux qu'ils pouvaient employer dans leur industrie. Cette concession paraîtra singulière ; mais on ne doit pas oublier que peu de temps auparavant les cordonniers et les savetiers formaient, avec les tanneurs, une seule et même corporation, et que tous ceux qui en faisaient partie pouvaient indistinctement préparer des peaux ou confectionner des chaussures. On ne fit que leur continuer ce droit pour ne pas leur faire perdre les frais d'établissement de leurs tanneries. Néanmoins il y avait là une irrégularité évidente ; aussi le décret de 1479 les mit-il en guerre ouverte avec les tanneurs auxquels ils faisaient une concurrence ruineuse. Ils s'engagèrent dans d'interminables démêlés que les princes, le conseil de la cité et eux-mêmes essayèrent plus d'une fois, mais en vain, d'apaiser.

Une première tentative de conciliation fut faite dès l'année qui suivit la publication du recès de 1479. Des contestations avaient immédiatement surgi, et, dit le document, elles menaçaient de s'envenimer encore : « pour ce qu'entre nous les dis trois bons » mestiers par cy devant estoient susciteis et meus pluiseurs diffé- » rens qui apparoient encor al s'esmovoir. » On s'en rapporta de commun accord à l'arbitrage de quatre experts ; deux tanneurs, un cordonnier et un savetier furent chargés de concilier les intérêts divers. Après avoir *communiqueit par plusieurs fois ensemble*, ces députés parvinrent à s'entendre et firent admettre les décisions suivantes : les cordonniers et les savetiers auraient comme précé-demment le droit de travailler les peaux dont ils auraient besoin ; de plus, ils pourraient s'approvisionner de cuirs en dehors de la cité; par compensation, il serait permis aux tanneurs de confectionner des *hossaulx, galloches et stivaulx*, pour leur propre usage. Seulement il était strictement défendu d'acheter l'une ou l'autre de ces marchandises pour la revendre; en d'autres termes, l'exercice de plusieurs métiers à la fois dans le but d'en faire le commerce était interdit.

Cette sentence, loin de satisfaire aux réclamations des tanneurs, portait une nouvelle atteinte à leurs priviléges et par conséquent, n'était pas de nature à les apaiser. En 1511, deux cordonniers qui non-seulement préparaient des cuirs pour les besoins de leur état, mais encore pour les mettre en vente, donnèrent lieu à de nouveaux débats. Le métier des tanneurs leur intenta un procès qui, mettant en jeu une question d'intérêt commun, s'étendit aux trois corporations tout entières. Après des discussions et des plaidoiries sans nombre, les choses prirent un tel caractère de gravité que le prince lui-même fut obligé d'intervenir. Il chargea une commission spéciale d'examiner le différend ; mais après avoir plusieurs fois conféré ensemble aux Frères mineurs, les commissaires se déclarèrent incompétents et renvoyèrent la question au Conseil de la cité. Le 11 février 1512, celui-ci, dans une séance solennelle tenue à la Violette, et à laquelle assistaient le prince en personne, le grand chancelier, les échevins et un grand nombre de gens de métiers, prononça une sentence qui ne différait guère de celle de 1480 ; elle accordait en outre une nouvelle concession aux cordonniers et aux corbesiers, en leur permettant de se vendre du cuir les uns aux autres.

A ce nouveau coup porté à leur industrie, une foule de tanneurs abandonnèrent leur métier pour entrer dans celui de leurs adversaires, où ils trouvaient moyen de se défaire plus aisément de leurs produits ; ce fut l'occasion de nouveaux abus et de nouvelles réclamations de la part de notre bon métier. En 1516, le prince fut obligé de nommer des rewards particuliers chargés de contrôler toutes les opérations des trois métiers et de veiller à l'observation des réglements. Les tanneurs n'y gagnèrent rien quant à leur droit exclusif de préparer le cuir ; mais ils obtinrent du moins une garantie contre les fraudes qui se commettaient dans les deux autres métiers, au sujet de la vente de cette marchandise.

Vers la fin du XVIᵉ siècle, lorsque, par suite de la surveillance active des rewards, les cordonniers et les corbesiers se virent dans l'impossibilité de vendre secrètement les cuirs qu'ils préparaient, les frais de leurs tanneries dépassant de beaucoup les bénéfices qu'ils en retiraient, ils furent obligés d'abandonner entièrement la fabrication et le commerce du cuir, ou de s'y attacher exclusivement. Dès lors ce furent les cordonniers et les saveliers qui vécurent dans la dépendance des tanneurs, surtout depuis la publication d'un décret portant défense de s'approvisionner en dehors de la cité.

Quoique les trois corporations rivales fussent invinciblement liées à une même destinée et réciproquement dépendantes les unes des autres par la nature de leurs industries, la haine ne fit que s'accroître entre elles. Loin de se prêter un appui mutuel que commandaient leurs intérêts respectifs, elles cherchèrent de plus belle les occasions de se nuire.

En 1579, ce fut au tour des deux métiers associés de faire entendre des réclamations. Ils adressèrent au conseil de la cité une supplique où ils se plaignaient de la négligence que mettaient les tanneurs à leur fournir du cuir; ne pouvant satisfaire aux commandes, ils se voyaient obligés d'élever le prix des chaussures et excitaient des plaintes de la part des bourgeois. La source du mal se trouvait, disaient-ils, dans les statuts du métier des tanneurs, qui ne leur permettaient de moudre à la fois qu'une quantité limitée d'écorces à tour de rôle. Ils demandaient en conséquence que dans l'intérêt du public et pour faire cesser la *cherté désordonnée* de leurs produits, les tanneurs fussent obligés de modifier leurs réglements. Cette supplique fut communiquée aux tanneurs, qui y firent une réponse très curieuse où l'ironie se mêle à la mauvaise foi. Ils allèguent que, si le prix des cuirs est si élevé, on ne doit en accuser que les guerres qui ont amené dans la cité un tel nombre de soldats étrangers, que les cordonniers ont vendu cette année plus de cent mille paires de souliers; qu'aucun changement ne pouvait être apporté à leurs statuts séculaires quant à l'ordre établi pour moudre les écorces, sans jeter la perturbation dans leur métier; que, du reste la société avait plus d'un moulin auxquels les compagnons pouvaient recourir en cas de besoin; au surplus, ils présentaient aux cordonniers et corbesiers *tout service et plaisir*.

Nonobstant ces beaux raisonnements, le Conseil de la cité déclara les tanneurs dégagés de leur serment quant à la quantité d'écorces qu'ils pouvaient employer par an et leur permit de les faire moudre partout où ils voudraient; il leur ordonnait en outre de faire construire de nouveaux moulins; mais il ne parait pas qu'il fut donné suite à ce dernier décret.

Le 8 mars 1560, Gerard de Groesbeeck prorogea pour six mois la permission donnée l'année précédente. Cet octroi doit encore avoir été suivi de plusieurs autres que l'on ne connait pas; car dans un document de 1586, on trouve que les tanneurs qui se servaient de moulins étrangers, payaient une redevance plus forte que celle exigée au moulin commun.

Enfin, le 9 juillet 1596, les trois métiers finirent par s'entendre en rétablissant le tout dans son état primitif. Il fut décidé que les tanneurs ne pourraient plus moudre que douze meunées d'écorces par an et cela au moulin commun, à moins d'une décision contraire de la part des échevins, lorsque ce moulin serait reconnu insuffisant pour pourvoir aux besoins de l'industrie. Cet édit devait être observé sous peine d'une amende de 5 florins, de 10 florins en cas de récidive, et de confiscation des écorces à la troisième contravention.

Il faut encore signaler deux autres procès fort longs que les tanneurs eurent à soutenir en commun; l'un concernait la possession des places de Gravioule, l'autre le louage des établis que quelques bouchers possédaient contre les murs de leur halle.

Les places de Gravioule furent contestées au métier, d'abord en 1539, par la compagnie des archers de St.-Sébastien (¹), puis en 1704 par le conseil de la cité. A ce propos, on produisit en justice une foule de pièces de tous genres, des reliefs, des rendages, etc., et enfin la charte de donation des places de Gravioule par Adolphe

---

(¹) La contestation que le métier eut avec cette société fut assez vive et les tanneurs lui gardèrent toujours rancune, à tel point que dans son serment de relief, tout compagnon devait promettre de ne jamais être arbalétrier, pas plus que cordonnier.

de la Marck et la cité ; ce document mit fin à la discussion. La propriété de ces places fut nettement établie au profit des tanneurs, qui ne furent plus inquiétés à ce sujet (1).

Le second procès commença antérieurement à l'année 1406, puisqu'à cette époque on trouve un record des voirs-jurés du cordeau constatant l'état des lieux. Voici de quoi il s'agissait : depuis un temps immémorial, peut-être même avant que les tanneurs eussent fait l'acquisition de leur halle, des bouchers avaient construit contre ce bâtiment des *staus* ou établis des deux côtés des degrés. L'emplacement de ces *boutiques* appartenait à la ville ; mais les tanneurs réclamèrent aux locataires une indemnité pour l'usage de leur mur et de leurs degrés, sur lesquels s'ouvraient les portes des échoppes. Cette redevance de 4 marcs fut payée par quelques bouchers. Mais en 1464, Jacquemin de Housse , renouvelant d'anciens débats, en contesta la légitimité et refusa de payer. Il s'ensuivit de longues discussions , qui se terminèrent enfin en 1481 à la satisfaction du métier des tanneurs ; la cité acheta ce droit de servitude pour le laisser subsister au profit des bouchers.

On voit que les procès sont pour ainsi dire la seule manifestation de la vie du métier lorsque, régulièrement organisé, il n'a plus à s'inquiéter que de l'observation de ses statuts. Un registre du greffier Hogge mentionne plus de 250 procès que les tanneurs eurent à soutenir dans un espace de 120 années. L'examen de ces pièces , qui au premier abord paraissent insignifiantes et inutiles , est au contraire fort intéressant. On y trouve des détails curieux que l'on chercherait vainement ailleurs pour se faire une idée des usages et des coutumes de nos ancêtres. De plus, les procès sont très souvent des sources historiques fort importantes ; on y trouve réunis des documents éparpillés ou perdus, relatifs à une même question,

---

(1) C'était en Gravioule que se tenait chaque année la foire générale , qui durait trois semaines à partir du 16 septembre. Le paragraphe IX de la paix de St.-Jacques, est exclusivement consacré au réglement de cette foire.

et toute une histoire se trouve quelquefois retracée très fidèlement dans le dossier d'un prélocuteur ou d'un tribunal de justice.

Les procès contre Manigard et Cheratte, insérés dans le livre des chartes, suffiront pour prouver la vérité de ces observations. On trouvera ci-après plusieurs détails qui y ont été puisés. Nous ne ferons qu'indiquer ici quelques-unes des contestations consignées dans le registre du greffier ; elles ont presque toutes pour sujet des contraventions aux statuts. Procès contre Catherine de Bliez qui veut relever le métier sans avoir atteint l'âge requis et sans être mère de famille ; procès contre Grégoire, qui avait vendu des cuirs non rewardés ; contre Paulus de Stordeur pour la tannerie érigée par son fils à Coulant-Meuse ; contre Piron de Chokier qui, quoique établi en dehors des limites de métier, prétendait moudre au moulin commun ; contre M. Cherneau qui voulait empêcher les tanneurs de faire tremper leurs cuirs dans l'eau coulant sous son moulin, le long du mur du jardin des Pères récollets ; contre les chanoines réguliers de St.-Léonard, qui prétendaient avoir droit à 8 marcs d'argent de la part du métier ; contre H. Lejeune, qui avait péché dans les biez du moulin de Pilchoule ; contre le capitaine de Cerf, fermier de l'impôt sur les écorces ; contre les bateliers de l'Ourte et de la Vesdre, etc., etc.

En 1773, un édit du prince vint mettre un terme à toutes ces contestations, qui ruinaient le métier. « L'expérience journalière » faisant voir que la trop grande facilité d'entreprendre et de sou- » tenir des procès, soit activement, soit passivement, est nuisible » au métier, il ne sera plus permis désormais d'en entreprendre » ou d'en soutenir au nom dudit métier, encore moins à ses » risques et frais, à moins d'une convention spéciale faite à ce su- » jet... et pour lors il sera nécessaire qu'un tiers tout au moins des » personnes qui se trouveront à l'assemblée, donnent leur suffrage » pour entreprendre ou soutenir tel procès, etc. »

Lorsque Maximilien-Henri de Bavière institua les seize chambres en 1684, la chambre de St.-Séverin, la septième en rang, fut composée des tanneurs et des pelletiers. Dans les cérémonies religieuses célébrées à la cathédrale, où tous les métiers assistaient en corps, la bannière des tanneurs, représentant d'un côté leurs armoiries et de l'autre l'image de leur saint patron brodée en or sur soie blanche, avait sa place contre le troisième pilier de la grande nef, à gauche.

Les bons métiers avaient perdu, comme on sait, le droit d'élire leurs officiers; ils ne tenaient plus des assemblées politiques; ils avaient même été privés de tous leurs biens. La halle des tanneurs fut consacrée aux séances de la chambre dont ils faisaient partie. Jusqu'en 1692, ils adressèrent un grand nombre de suppliques au prince pour récupérer la propriété exclusive de ce bâtiment, qu'ils avaient possédé pendant plusieurs siècles. Nous ne savons s'il fut fait droit à ces réclamations. Quant au moulin de Longdoz, il fut avec quelques autres biens excepté de la confiscation générale.

Sous ce nouveau régime, les réglements et les édits relatifs au commerce furent maintenus, les anciens usages et les vieilles coutumes restèrent en vigueur. Le métier pouvait même, avec une autorisation expresse du prince, discuter dans des assemblées particulières les intérêts de son industrie et proposer de nouvelles mesures. Les affaires pécuniaires étaient administrées par un rentier général des 32 métiers.

Peu après l'institution des seize chambres, les ouvriers tanneurs, « considérant que la vie humaine est sujette à beaucoup d'infirmités » et maladies corporelles qui réduisent les familles à quantité de » misères et incommodités et touchés et incités d'un zèle charitable » envers ceux qui sont présentement et peuvent être au futur » touchés de la main de Dieu par tels accidents, » demandent au prince-évêque la permission de créer une confraternité de secours sous l'invocation de Notre-Dame et de St.-Jean Baptiste leurs patrons, dans le but de venir en aide aux compagnons que la maladie empêchait de travailler et de gagner leur pain quotidien.

Cette confrérie, approuvée de Maximilien de Bavière le 19 septembre 1686, était administrée par quatre maîtres élus le jour de la nativité de Notre-Dame. Chaque dimanche, un serviteur asser-

menté allait percevoir chez les membres un pattar de Brabant par
journée de travail , et remettait le montant de sa recette à un caissier. Les malades obligés de tenir le lit recevaient sur la caisse
3 1/2 rixdalers de Brabant par semaine; ceux qui, par suite d'une
infirmité quelconque , étaient obligés de chômer tout en pouvant
circuler , avaient droit à 2 1/2 rixdalers. La répartition se faisait
tous les dimanches , à 9 heures du matin. Les querelleurs blessés
dans une rixe ne participaient pas à la distribution ; lorsque ce cas
se présentait , il devait être jugé par les quatre maîtres auxquels
étaient adjoints six compagnons désintéressés. Un même malade ne
pouvait jouir de sa pension plus d'une année entière; si, après six
semaines consécutives de travail, il était de nouveau obligé de
l'interrompre, il participait de nouveau à la bourse (¹). La sim-
plicité et l'efficacité de ces mesures prises pour secourir les malades
et éloigner les pauvres, méritent encore, à l'heure qu'il est, sans
contredit , l'attention des administrateurs de la bienfaisance publique.

Si les anciennes lois réglaient encore l'ordre intérieur du métier
quant à la pratique, seule tradition restée en vigueur, elles n'a-
vaient plus la même sanction qu'autrefois. En effet le gouverneur,
dépouillé de toute juridiction , privé de son conseil, était loin de
pouvoir réprimer les abus. Ils devinrent bientôt si fréquents, surtout à l'égard des écorces que les compagnons faisaient moudre à
des moulins étrangers , que le 29 septembre 1707, le métier dut
adresser une requête au conseil impérial pour obtenir un nouveau
réglement à ce sujet. Le 1ᵉʳ décembre de la même année , il lui fut
accordé une ordonnance en 22 articles, confirmant les décisions
antérieures. Quelques officiers qui, sans doute, profitaient des irré-
gularités passées en force d'usage pour se créer des revenus, s'op-
posèrent à la promulgation de ce décret; le 12 mars 1708, on fut
obligé de leur accorder une part dans les amendes, pour les engager
à faire observer la loi.

(¹) Archives du conseil privé; dépêches, 1684-1755.

Dans une séance du 20 décembre 1772, le métier, considérant
« que l'expérience journalière et les différents cas qui se sont pré-
» sentés depuis l'émanation des édits et réglements des princes ,
» auraient fait connaître la nécessité de changer , modérer et am-
» plifier plusieurs points et articles, » rédigea un nouveau réglement en 55 articles qu'il soumit à l'approbation du prince ; il fut
confirmé le 23 décembre 1773. L'usage du moulin et des écorces
en fait le principal objet ; on peut le considérer comme le développement du précédent.

De même que le décret impérial de 1707, l'ordonnance de Fran-
çois-Charles de Velbruck souleva des réclamations de la part des
officiers ; le 29 mars 1792, elle ne recevait pas encore son entière
application. L'opposition était surtout encouragée par les tanneurs
riches, qui voyaient dans les anciens usages relatifs aux écorces
des entraves au développement de leurs affaires ; le besoin de la
liberté se faisait pressentir. Enfin le prince, voyant infructueuses
les tentatives d'accomodement employées par ses conseillers privés
députés auprès des officiers des tanneurs , déclara qu'une décision
serait immédiatement prise ; mais ne voulant pas empêcher le développement de cette branche essentielle du commerce en amen-
dant le réglement de 1773, il ordonna au métier de communiquer
au conseil une note de tous les changements qu'il jugeait nécessaires ; chaque compagnon était en même temps invité à présenter
au conseil ses idées et ses observations (1).

Mais le temps manqua pour exécuter ces améliorations. La révolution éclata ; le métier des tanneurs n'échappa point au naufrage
de toutes les anciennes institutions.

Toutefois , il se trouvait dans des conditions toutes spéciales ,
en regard des autres corporations. L'association entre les tanneurs était chose nécessaire , inhérente à la nature de leur industrie. La loi préfectorale du 2 mars 1791 , publiée dans le département de l'Ourte le 30 brumaire an IV, avait supprimé les colléges,

(1) Archives du conseil privé ; dépêches.

les jurandes, les corporations d'arts et de métiers, etc., c'est-à-dire avait aboli les chartes qui réunissaient les artisans et les marchands en corps politiques ; elle avait anéanti en même temps les priviléges, les maîtrises et les réglements de police dont jouissaient les compagnons. Mais cette loi , protectrice de la liberté et du progrès, ne défendait pas aux industriels de s'associer, comme l'avaient fait quelques tanneurs en 1288, dans un but purement commercial. C'est ce que les tanneurs de 1792 , tâchèrent de faire comprendre à l'administration centrale, pour en obtenir un décret de maintenue de leur société ; ils lui exposèrent que le refus de cette autorisation entraînerait la ruine de leur industrie , jusqu'alors si brillante et célèbre dans toute l'Europe ; en un mot, que la possession en commun d'un moulin pour broyer leurs écorces, les obligeait de se réunir en société. C'est sur ces mêmes considérations qu'ils basaient leurs demandes tendant à faire regarder leur moulin comme propriété privée et non comme bien national ; le moulin dont ils se servaient alors était toujours le même que celui qui avait été acquis plus de 500 ans auparavant par quelques tanneurs, alors que le métier était encore bien loin de former un collége politique ; il ne pouvait donc être considéré comme appartenant à une corporation supprimée. Quoique celle-ci s'en fût longtemps servie , le moulin n'était en réalité que le bien des seuls descendants ou représentants des tanneurs qui l'avaient acheté primitivement, et qui l'avaient transmis par voie d'héritage et comme bien privé aux ancêtres des 60 familles de tanneurs existant à l'époque de la révolution.

Jusqu'en 1806 , c'est-à-dire pendant 14 années à partir de la publication de la loi de 1791, le métier jouit paisiblement de l'usage de son moulin. Mais , à cette époque , le directeur des domaines prétendit qu'il devait être considéré comme bien national et le revendiqua au nom de la loi. Le 19 novembre, le Conseil de préfecture du département de l'Ourte publia un arrêté par lequel il déclarait que « le moulin à tan, situé en la ville de Liége au lieu dit » Longdoz, devait être regardé comme une propriété provenant de

» la ci-devant corporation des tanneurs de la ville de Liége et
» qu'en conséquence il serait définitivement réuni aux domaines de
» l'Etat, conformément aux dispositions du décret portant la sup-
» pression des maîtrises et jurandes. »

Les tanneurs firent de nouveau valoir les considérations exposées
ci-dessus et sollicitèrent du gouvernement le retrait d'une mesure
qui portait une atteinte mortelle à leur commerce. Ils répétèrent
que la prospérité de leur industrie dépendait essentiellement de
l'existence et de la possession en commun d'un moulin, et surtout
du moulin à tan tel qu'il était alors, possédant un coup d'eau puissant sans jamais éprouver d'interruption. Ils représentèrent encore
à l'administration que ce moulin qui exigeait chaque année une
somme de 3000 francs en réparations et dont la valeur réelle était
de 30 à 40 mille francs, était grevé de 159,138 francs de capitaux,
représentant un intérêt annuel de 4000 francs ; qu'en conséquence
le trésor public, loin de gagner à son acquisition, ferait une perte
considérable.

Malgré la justesse de ces observations, le conseil d'État donna,
le 8 novembre 1807, un décret, approuvé le 11 janvier 1808 par
Napoléon, déclarant à la suite de plusieurs articles, qu'on ne pouvait rendre la propriété du moulin dont il s'agissait à une corporation qui avait cessé d'exister ; que, dans le cas où l'intérêt du
commerce en nécessiterait la cession, on ne pourrait contracter
d'une manière légale sans une soumission signée de plusieurs
tanneurs reconnus solvables. Cet avis fut communiqué à la société
le 24 février 1808, par une lettre du préfet.

Craignant de voir leur moulin tomber entre les mains d'un
propriétaire du caprice duquel dépendrait le sort de leur commerce,
les tanneurs se concertèrent pour présenter au gouvernement une
soumission ainsi conçue :

« Nous soussignés, etc., considérant qu'il est intéressant pour
» le commerce que plusieurs tanneurs ayent la propriété et la
» jouissance du moulin à tan situé à Longdoz, commune de Liége,
» et du magasin situé aussi à Liége rue des tanneurs qui en dépend,

» noùs engageons et obligeons d'acquérir du gouvernement les
» dits moulin et magasin le tout appartenant ci-devant à la corpo-
» ration des tanneurs de la même ville, et estimé par l'ingénieur en
» chef du département à la somme de 42,000 francs en capital ; au
» moyen de la cession que le gouvernement voudra bien nous en
» faire, nous nous soumettons personnellement et individuellement
» de continuer le payement des rentes dues sur les dits moulin et
» magasin, dont les capitaux s'élèvent, à 59,138 francs, telles qu'elles
» ont été constamment acquittées par les tanneurs, et les rentes
» existantes de la même manière, dans le même ordre et sous
» les mêmes obligations qui résultent des actes créatifs desdites
» rentes qui ne seront en rien innovées et dont lesdits moulin et
» magasin demeureront seuls spécifiquement obligés pour sûreté
» des payements des dites rentes ; le tout du consentement et de
» l'acceptation de la généralité des créanciers de la ci-devant cor-
» poration des tanneurs de Liége, par laquelle ils se bornent à
» n'exiger des tanneurs soussignés d'autres obligations et assu-
» rances que celles qui existent par les actes constitutifs de leurs
» rentes; lequel payement de ces charges formera le prix de la
» cession des dits moulin et magasin. » Suivent les signatures de 24
tanneurs, savoir : Lambert Collard, L. J. Wauters, P. J. Jamme,
J. C. D. Malherbe, E. F. Kinable, A. M. Bouhon, Th. Hodeige,
J. P. Albert, M. A. Hodeige, Lib. d'Othée, la veuve H. Libert,
II. W. Dossin, II. B. Bouhon, L. Hodeige, J. J. Coune, J.
Soubbre, J. Libert, H. M. Laphaye, J. F. Laphaye, J. C. Hozay,
Z. N. D. Libert, G. d'Othée, la veuve Chefnay, J. H. Chefnay.

Un décret impérial daté de Bayonne, le 31 mai 1808, approuva
l'adjudication en conséquence, le 20 juin 1808 ; le préfet Micoud
d'Umons porta un arrêté par lequel il concédait à perpétuité aux
24 tanneurs signataires de la soumission, aux conditions y expri-
mées, le moulin de Longdoz et le magasin en dépendant.

Par le fait même de cette concession, l'empereur autorisait l'établissement d'une société de tous points semblable, quant à son
caractère, à celle qu'avaient formée, en 1288, quelques tanneurs

d'Outre-Meuse. Son organisation même ne différait guère de celle
d'alors ; seulement, comme conséquence nécessaire du régime social du moyen-âge , outre l'administration des affaires concernant
le moulin, la société, à son origine, avait encore un autre but :
c'était d'établir, pour l'honneur de la corporation, une surveillance
active sur les produits fabriqués par ses membres. Après la révolution, les nouvelles idées de liberté ne permettaient plus d'exercer
ce contrôle : dans toutes les industries, les fabricants jouirent de la
plus entière franchise; chacun put à sa guise vendre de bonne ou
de mauvaise marchandise; l'acheteur seul en resta juge et subit les
conséquences de sa confiance.

Le moulin à tan fut en réalité le seul lien qui maintint l'union
entre les tanneurs; lui seul sauva l'ancien métier de la dissolution
complète qui anéantit tous les autres (¹). Il fut la raison de sa conservation, comme il l'avait été de son institution.

Pour gérer les affaires de la société en ce qui concernait le moulin
(qui fut depuis appelé le moulin des *hoirsâs*) (²), on institua un
rentier dont la mission fut de veiller à son entretien , d'y établir
des employés convenables , de les payer , de recevoir le prix des
moutures, de régler les comptes, de dresser le bilan de la société,
de payer les rentes , enfin de tenir note exacte des dépenses et des
recettes. Quant au paiement des rentes, il dépendit des profits que
rapportait le moulin durant l'année; si par des circonstances im-
prévues (³), les revenus restaient au-dessous de la somme due, les
titulaires des rentes devaient pour lors se contenter de la fraction
que permettait de leur payer l'actif de la caisse, sauf à être rem-

(¹) Peut-être faut-il admettre une seconde exception pour les *porteurs*.

(²) Moulin des écorcheurs ou des écorceurs ; *hoirsi* ne vient ni de
scortum ni de *cortex*, ni de *corium*; mais en ligne directe du thiois *schors*,
écorce; du reste tous ces mots sont de la même famille.

(³) Par exemple, les inondations, les grandes réparations , les incendies
(ce dernier danger est aujourd'hui moins à craindre qu'autrefois, parce
que la plus grande partie de la charpente est aujourd'hui en fer ; le bâtiment est, du reste, assuré).

boursés du déficit lorsque les affaires de la société le permettraient. Si , les rentes payées et tous les frais d'administration décomptés, il se trouvait un surplus , il était partagé entre les concessionnaires.

Le moulin étant la propriété exclusive de 24 personnes , celles-ci eurent seules le droit de s'en servir : la coutume anciennement observée de ne moudre qu'à tour de rôle et seulement une certaine quantité d'écorces , fut conservée ; le rang une fois fixé par le rentier , il n'était plus permis de l'intervertir. Aucun tanneur ne pouvait se présenter au moulin avant l'arrivée de son *oulne* ou de son tour. La mesure d'écorces que chacun eut le droit de faire moudre, appelée *meunée*, fut fixée à 52 oulnes de creppets, pesant de 2800 à 3000 kilogrammes. Le prix de mouture fut de 42 francs par meunée (¹).

Pour augmenter ses revenus et ne pas porter entrave aux petits industriels , il fut permis aux tanneurs ne faisant pas partie de la société , de se servir du moulin des *hoirsás*, moyennant la redevance ordinaire. Ils durent également se conformer à un certain ordre de succession ; tout nouvel arrivant devait se présenter chez le rentier, qui lui désignait une place et l'inscrivait sur son rôle.

Le 25 août 1815, les concessionnaires du moulin tinrent chez madame Malherbe, veuve du dernier rentier, un assemblée où ils établirent une commission pour administrer les affaires de la société. « Comme il importe pour la bonne administration des » affaires, qu'il soit délégué plusieurs de nos concessionnaires pour » gérer concurremment avec madame Malherbe ou M. Gilles son » fils, nous déclarons déléguer MM. J. Libert, J. Ph. Albert et » J. Jamme à effet d'administrer les affaires concernant le moulin, » vérifier les comptes à payer, en ordonnancer le payement, ordon- » ner et surveiller tous ouvrages à exécuter et enfin faire tout ce » qu'ils jugeront nécessaire au mieux et au plus utile de la société; » promettant au surplus d'adhérer et d'avoir pour agréable leur

(¹) Aujourd'hui 40 fr.

» gestion que nous nous engageons de ratifier à leur première de-
» mande. »

Cet odre de choses s'est maintenu sous les différents régimes
que la Belgique a traversés depuis la révolution française ; il existe
encore aujourd'hui tel que nous venons de le décrire. Le rentier
actuel est M. Gilles Malherbe, dont il est fait mention dans ce dernier extrait.

Telles furent les destinées que subit le bon métier des tanneurs
de la cité de Liége, l'un des plus anciens et des plus importants de
la cité. Seul de ces 32 corporations puissantes qui soulevèrent tant
de fois les émotions populaires et les luttes sanglantes qu'on lit
avec étonnement dans nos annales , il a survécu au cataclysme social de 1792 ; seul peut-être il a conservé assez de documents et
de souvenirs pour qu'il soit possible d'en retracer l'histoire.

Nous aurions voulu ajouter aux pages qu'on vient de lire et qui
ne sont en définitive qu'une sèche et aride analyse de documents,
un tableau des mœurs , des usages , de la vie intime des tanneurs
et du quartier d'Outre-Meuse. Mais il faudrait avoir vécu tout
jeune au milieu d'eux , courant les rues , les ateliers , observant
tout dans la maison, à table, au comptoir, écoutant les vieillards
autour du foyer ou assemblés sur le seuil des portes, le traditionnel
bonnet de coton bleu et blanc sur la tête, le tablier de cuir replié à
la ceinture, la longue pipe de terre à la bouche ; il faudrait être
tout à fait pénétré de l'esprit du quartier ; il faudrait surtout avoir
la plume légère et gracieuse du conteur (¹).

Il nous reste à exposer l'organisation du métier à l'époque la
plus florissante de son existence , c'est-à-dire au XVIᵉ et au XVIIᵉ
siècle.

____

(¹) M. A. Hock, membre de la Société de littérature wallonne, a donné
au public une description fidèle et piquante de quelques coutumes des tanneurs. (*Bull. de la Société*, vol. II, p. 39.)

ORGANISATION INTÉRIEURE DU MÉTIER.

CHAPITRE I.

DES OFFICIERS ET DES EMPLOYÉS.

On comptait dans le métier des tanneurs trois espèces *d'offices* :
1° ceux des gouverneurs ; 2° ceux des jurés ; 3° celui du rentier.
Les deux premiers étaient considérés comme honorifiques et les
personnages qui les occupaient étaient appelés *grands officiers*,
parce qu'ils exerçaient une certaine juridiction sur les autres
membres. Il y avait en outre cinq sortes d'emplois : 1° ceux des
rewards ; 2° celui du greffier ; 3° celui du varlet ; 4° celui du groumet ; 5° ceux des serviteurs du trinay (¹).

Les gouverneurs, les jurés , le rentier et le greffier formaient le
conseil qui avait le droit de tenir des assemblées particulières, mais
ne pouvait prendre aucune décision dans les affaires d'intérêt général.

Toutes ces charges étaient permanentes. Dans certaines circonstances, lorsqu'il s'agissait, par exemple, de faire une enquête, de
préparer un projet de loi ou un accommodement , d'examiner un
chef-d'œuvre, etc., on déléguait des employés extraordinaires nommés *députés* et quelquefois aussi rewards. Après l'institution des
seize chambres, cette espèce de jury devint également permanent.

Il y avait enfin sept autres charges d'officiers ou *maistries*, communes aux trente deux métiers, qui, simultanément ou tour à tour

(¹) On leur donnait aussi quelquefois le nom *d'offices*.

y députaient chaque année quelques-uns de lleurs membres. Ces fonctions ne concernent en aucune manière l'administration des corporations industrielles ; les métiers prennent part à l'élection de ces officiers, simplement à raison de la souveraineté qu'ils exercent dans le gouvernement de la cité. Il suffira de les énumérer : 1° les bourgmestres ; 2° les jurés ; 3° les Vingt-deux ; 4° les quatre de la Violette ; 5° les fermeteurs de la cité ; 6° les maîtres de Cornillon et des pauvres en Ile ; 7° les six delle fore. Les six hommes de la foire, les fermeteurs et les quatre conseillers de la Violette étaient élus le même jour que les officiers des métiers et de la même manière. De même que les Vingt-deux et les maîtres de Cornillon, ils étaient tenus de faire confectionner à leurs frais, dans les trois mois après leur nomination, un costume semblable à celui des gouverneurs du métier qu'ils représentaient et de le porter pendant deux années aux mêmes occasions, sous peine d'un florin d'or d'amende (¹).

Les grands offices des métiers étaient fort ambitionnés ; les violentes querelles qu'on lit dans l'histoire de Liége à propos des élections des bourgmestres, se représentaient sur une petite échelle dans chaque métier à l'occasion du choix des gouverneurs et des jurés. Les brigues, la corruption, les voies de fait même entre les candidats et les partis, devinrent tellement fréquents, que le 19 janvier 1421, le métier fut obligé de publier une ordonnance *contre les briques électorales* (²) ; elle défendait aux compagnons , « aux » varlets, aux femmes, aux damoiselles, de briguer avant le jour

(¹) Pour n'avoir plus à revenir sur l'évaluation des monnaies que l'on rencontrera souvent dans la suite, nous donnons ici les quelques indications incomplètes que nous avons recueillies, en prenant pour point de comparaison l'*aidan* (trois aidans valaient 4 centimes) : 1 soos = 1/24 d'aidan ; 1 denier = 3 1/2 soos ; 1 marc = 5 aidans, 8 soos ; 1 pattar = 4 aidans ; 1 griffon = 8 aidans, 16 soos ; 1 daller = 52 aidans ; 1 florin liégeois = 20 aidans ; 1 florin Brabant-Liége = 80 aidans ; 1 florin d'or = 100 aidans ; 1 florin d'Allemagne = 160 aidans. Ces valeurs ont peu varié.

(²) Documents inédits, n° VI.

» des élections et d'acheter des voix par or, bienfaits, vins, viandes;
» joyaux, beveraiges, » sous peine d'une amende de cinq griffons
et d'être privés de tout office pendant huit années consécutives. Afin
d'éviter de nouvelles luttes aux élections qui se préparaient, on
avait même pris la précaution de désigner à l'avance ceux qui devaient être nommés. Cette ordonnance stipulait encore que les
officiers sortants ne pourraient accepter une nouvelle charge qu'à
quatre années d'intervalle. Enfin elle défendait à toute personne
ayant occupé un emploi dans le métier des tanneurs, de se faire
recevoir dans un autre métier, pour y être portée sur la liste des
candidats.

Malgré ces sages dispositions, les désordres se renouvelèrent. Le
25 juillet 1427, la corporation tenta de rechef d'y mettre un terme,
en réglant d'une façon très détaillée les différents points à observer
pour procéder au vote des officiers, et en redoublant de rigueur
contre les perturbateurs; elle publia la *Lettre des offices* (1). On y
trouve, ainsi que dans les recès complémentaires du 1er avril 1428
et du 10 avril 1439, une foule de nouvelles décisions relatives à la
livrée, au remplacement des officiers, aux conditions requises pour
pouvoir être élu, aux amendes qu'encouraient les violateurs des
divers articles, etc.

D'après un usage fort ancien, les compagnons portés aux gros
offices distribuaient en signe de reconnaissance à leurs confrères,
le jour de leur élection, une certaine somme d'argent nommée
habier ou *halbiert* et qui était dépensée en réjouissances publiques.
Cette coutume ayant donné lieu à quelques abus, il fut défendu aux
officiers de donner plus pour *escots, dîners*, etc., que quatre deniers,
sous peine d'être privés de toute charge à perpétuité et de payer six
florins d'amende. En 1507, le tarif était de deux griffons, auxquels
le métier en ajoutait 8 et demi; plus tard cette somme fut encore
réduite; enfin, au XVIIe siècle, toute distribution fut totalement
prohibée : « le habiert qui, avant, se despendait inutilement aux

(1) Documents inédits, n° VIII.

» tavernes et autre parte, fut paié au métier pour le convertir en
» meubles, etc. »

Outre les fonctions particulières qui incombaient à chaque classe
d'officiers en particulier, ils avaient, étant réunis, le droit de juger
en première instance les difficultés qui survenaient entre des membres du métier et généralement toutes les causes relatives aux affaires
de la corporation. Les débats qui surgissaient pendant les assemblées devaient en premier lieu être portés devant eux comme juges
compétents et ordinaires, à moins que le cas ne fût trop grave et du
ressort d'un autre tribunal. Les amendes dont ils frappaient les
coupables étaient primitivement perçues au profit de la corporation ; en 1708, pour stimuler leur zèle et les engager à remplir leur
devoir avec plus de soin, on leur accorda le droit d'en prélever un
tiers.

Jusqu'en 1487, les gouverneurs et les jurés de chaque métier
faisaient de droit partie du conseil de la cité ; mais à cette époque,
ils en furent exclus par la lettre de St. Jacques.

I

LES GOUVERNEURS.

Du jour où un certain nombre d'ouvriers, pratiquant la même
industrie, se réunirent en société pour veiller ensemble sur leurs
intérêts communs, il fallut à cette société une direction, représentée par un ou plusieurs membres.

Le nom, le nombre et les attributions des chefs du métier des
tanneurs ont varié suivant les époques. La dénomination de
gouverneurs est la plus connue, parce qu'elle fut le plus longtemps
en usage et qu'au moment de la suppression des corporations
liégeoises, elle subsistait encore. Mais elle se rencontre pour la
première fois dans un document de l'année 1421.

D'après un texte transcrit dans l'introduction (¹), le chef, unique

(¹) P. 151.

selon toute apparence , s'appelait en 1139 *maistre*. Une de ses principales prérogatives était de commander la bande des tanneurs à la guerre ; c'est du moins avec cette attribution que nous le montre le chroniqueur. Ses fonctions en temps de paix sont inconnues ; elles ne pouvaient, du reste, être que très restreintes.

En 1288 , il existe plusieurs chefs qui s'appellent *souverains* , et représentent tous les sociétaires dans les actes passés en leur nom. De concert avec les autres membres de la communauté, ils admettent de nouveaux compagnons.

Un document de 1324 mentionne, sans lui donner de qualification , un seul tanneur stipulant en vertu d'un pouvoir que lui délèguent ses confrères.

La paix de Geneffe , écrite le 10 juillet 1331 , fournit enfin des indications assez précises sur les attributions et le mode d'élection des chefs au XIV⁰ siècle. Ils étaient alors au nombre de deux , choisis par le tribunal des échevins de Liége entre quatre candidats présentés par les compagnons ; ils s'appelaient *wardeus* ou *wardans* , gardeurs , regardeurs (dont on fit plus tard *rewards*), pour signifier que leur mission etait de regarder ou de veiller aux intérêts du métier. Leur élection se faisait le jour de la fête de St. Jacques et de St. Christophe , et leurs fonctions étaient annuelles. Immédiatement après leur nomination, ils prêtaient serment entre les mains des échevins (1).

Ces dispositions, prises pour les douze métiers alors existants, furent immédiatement après appliquées expressément à celui des tanneurs, par la charte constitutive que leur octroya, le 5 septembre 1331, Adolphe de la Marck. Un passage de cette même charte prouve que, déjà antérieurement, il existait chez les tanneurs des chefs portant la même dénomination : « Mais que les

---

(1) Donnons et ottroyons que dorsenavant d'an en an , à la fieste S. Jakes et S. Christofle élisent entre les personnes qui sieront de tel mestier quatre personnes les plus ydoines et suffisants qu'ils saront en tel mestier, desqueles 4 personnes notre justice de Liége en prendrat doiz , quelle ferat sermenter et metterat elle warde dudit mestier (Paix de Geneffe).

denrées soient bonnes et loyaux et par *les dits wardans* justifiés, *ensi que accoustumeit est* ». Leur existence n'était cependant pas impérieusement requise ; chaque métier pouvait, à sa guise, en nommer ou n'en pas nommer , comme l'indique ce passage de la paix de 1331 : « en manière telle que cascun mestier *qui volra avoir wardeus* polra, etc. »

Les fonctions des *wardeus* , antérieurement conventionnelles et plus ou moins arbitraires, furent nettement déterminées par le prince lui-même ; il les investit d'une véritable juridiction sur les autres membres de la compagnie ; « afin que le métier soit dorsen-
» avant sy gouverné et maintenu en droiture, paix et accord, que
» fraude n'y soit comise, anchois y soit le common profit sauvé et
» wardé. » Ils avaient le droit de frapper d'une amende les compa-gnons qui vendaient du cuir de mauvaise qualité ; ils pouvaient entrer de nuit et de jour dans les demeures des fabricants, pour examiner leurs marchandises ; ils étaient autorisés à porter une décision dans les cas de contestation qui leur étaient soumis ; le tout sans préjudice des prérogatives du prince.

Par ses victoires successives sur l'aristocratie, le peuple parvint au milieu du XIVe siècle à s'affranchir peu à peu de l'autorité sou-veraine ; en 1343, la paix de St Jacques permit aux métiers de se régir eux-mêmes. Chacun d'eux devint un petit gouvernement démocratique ; les compagnons purent, à leur gré et sans l'inter-vention des échevins ni du prince , choisir leurs chefs qui depuis lors furent nommés *gouverneurs* ([1]). Ils étaient élus au nombre de deux ([2]) le jour de St. Jacques de chaque année, et prêtaient serment de fidélité entre les mains des nouveaux maîtres de la cité élus le même jour. Ils avaient le droit d'assembler le métier aussi souvent qu'ils le jugeaient convenable et recevaient de leurs mandataires le droit de les réprésenter dans le conseil de la cité.

([1]) Dans les villes flamandes, les chefs des métiers s'appelaient *doyens* (*deken*).

([2]) Une charte du 1er juillet 1405 mentionne trois gouverneurs. (V. *Chartes et priviléges*, t. II, p. 218). C'est probablement une erreur.

Pour être éligible à l'office de gouverneur , il fallait être né et nationné bourgeois de la cité, être compagnon légitime, résider dans les limites du métier, le hanter et le fréquenter , c'est-à-dire avoir le droit d'assister aux assemblées et d'y voter. La condition essentielle, qui résumait en elle toutes ces garanties, était que le gouverneur eût d'abord été reçu à maîtrise , ce qui impliquait le relief, la légitimité, l'usance, les capacités, etc. Il fallait qu'il fût ou eût été « ouvrier delle main et connoisseur en pratique et art du mestier » pour autant qu'il doit servir et visenter ouvrages. » Les gouverneurs devaient en outre être mariés et avoir dépassé l'âge de vingt ans.

Le mode d'élection, qui primitivement était l'acclamation , fut définitivement réglé par la lettre des offices, datée du 19 janvier 1421.

Le 25 juillet, jour de la fête de St Jacques de chaque année, tous les compagnons du métier s'assemblaient dans leur lieu de réunion habituel à six heures du matin « à hoir del cop de prime. » Nul ne pouvait, sans excuse valable, se dispenser de s'y trouver. Le rentier du métier apprêtait à l'avance autant de billets de même grandeur qu'il se trouvait de personnes présentes ; sur cinq d'entre eux, il écrivait ces mots : *In nomine Domini , amen.* C'était au choix des cinq personnes auxquelles le sort faisait tomber ces billets qu'était confiée l'élection des nouveaux gouverneurs. Les papiers roulés et ballottés par un maître tanneur que désignaient les officiers , étaient distribués par ordre aux compagnons. A mesure que chaque membre recevait le sien , le rentier le dépliait , et dès qu'il s'en présentait un portant l'inscription susdite , la distribution était interrompue. A la réquisition des anciens gouverneurs, présidents de l'assemblée, le compagnon désigné par le sort prêtait à haute voix serment d'élire « bonnes gens , saiges , discreis et ydoines « pour pourter les dites offiches, dont le mestier en aiet honneur. » Il promettait aussi de ne pas voter pour lui-même , pour des personnes absentes ou pour deux frères. Puis il était conduit dans une chambre spéciale, où allaient successivement le rejoindre quatre autres compagnons auxquels étaient échus les billets écrits. A eux cinq, ils nommaient les nouveaux gouverneurs.

Les deux maîtres sur lesquels se fixait leur choix étaient obligés d'accepter cet honneur, sous peine de payer un marc d'amende et de ne pouvoir accepter d'autre office pendant quatre années consécutives. Les vieillards seuls ayant dépassé l'âge de 60 ans, et déclarant renoncer pour toujours aux charges du métier, pouvaient refuser (¹). Immédiatement après leur élection, les gouverneurs rentraient dans la salle de l'assemblée et prêtaient *sour saincts* le serment solennel et accoutumé « de bien régir et de loyalement » gouverner le métier au profit duquel il doit faire tourner les cens, » rentes, émoluments, amendes, etc., qui seront perçus par le » rentier » ; de se conformer à la lettre des offices ; enfin, de ne pas accepter d'autre charge pendant l'année de leurs fonctions (²).

Les quatre officiers sortans, savoir les deux gouverneurs et les deux jurés de l'année écoulée, prêtaient aussi serment, en se dépouillant de leur charge, de faire observer la lettre des offices aux nouveaux élus. Ils exerçaient de cette façon sur ceux-ci une surveillance d'autant plus active qu'elle était intéressée ; en effet, lorsqu'ils trouvaient un officier en défaut de remplir son devoir, ils le dénonçaient au conseil ; si l'accusé était condamné, il devait payer le double de l'amende qu'aurait encourrue le délinquant qu'il n'avait pas puni, et l'accusateur en prélevait un tiers.

La lettre des offices prévoyait aussi le cas où des officiers en charge mourraient pendant l'année de leurs fonctions. Si cela arrivait avant que le défunt eût porté son costume officiel, le métier procédait à une nouvelle élection semblable à celle du jour de St. Jacques ; s'il en avait déjà fait usage, les officiers survivants

(¹) Le réglement d'Erard de la Marck de 1507, imposait cette obligation à tous les métiers : « Item quiconques sera élu quattre, gouverneur ou » juré d'ung mestier refuser ne pora sur paine d'ung noble d'amende et » privation trois ans du mestier, moitié à nous, moitié à la réfection de la » cité (Louvrex, vol. 1, p. 487, n° 25).

(²) Deuxième réglement de Heinsberg.

élisaient entre eux, pour finir l'année, un *lieutenant* qui, pour ses peines, recevait un chaperon ; il était rééligible l'année suivante.

L'office de gouverneur était la première charge honorifique du métier. Mais à partir du XV⁰ siècle, elle ne donna à ceux qui en étaient revêtus que des pouvoirs insignifiants. Leur première mission et le but de leur création avaient été de contrôler les produits fabriqués par les compagnons et d'empêcher la vente de mauvaises marchandises. Ce soin fut bientôt exclusivement confié aux rewards. Peu après vinrent les jurés , qui partagèrent avec les gouverneurs le droit de juridiction. Dès lors, le devoir de ceux-ci consista purement et simplement à convoquer et à présider les assemblées. L'administration générale de la corporation appartenait au conseil ou plutôt à la généralité des membres, qui, dans les séances, discutaient toutes les affaires concernant le métier et sans le consentement desquels rien ne pouvait se décider.

De concert avec les jurés, et quelquefois avec les députés et le rentier, les gouverneurs pouvaient décider dans les contestations relatives aux affaires du métier, dans les fraudes, dans les infractions aux règlements, etc., sauf à avoir recours au tribunal des échevins de Liége ; ils pouvaient encore, après avoir soigneusement examiné le cas, délivrer par écrit certaines permissions, par exemple d'emprunter des écorces, de se défaire d'écorces moulues, d'accepter dans une tannerie des personnes étrangères, etc.

Les documents ne révèlent qu'un seul cas où les gouverneurs, isolément, fussent revêtus d'un pouvoir quelque peu important. A la suite de l'édit de 142, porté contre les brigues électorales, il fut décidé que, pour la nomination des maîtres et des autres officiers de la cité, les gouverneurs de chaque métier choisiraient eux-mêmes les compagnons qu'ils jugeaient les plus convenables pour siéger à l'assemblée générale, *seïr alle croye*, et donner leur vote.

Les gouverneurs en charge devaient tous les trois mois rendre compte de leur gestion dans une séance du métier , où leur administration pouvait être discutée. Lorsqu'ils étaient convaincus d'avoir mal exercé leur office, soit par négligence, soit par partialité, ils étaient condamnés à payer le double de l'amende qu'ils auraient dû infliger au coupable.

La rétribution de chaque gouverneur était de 20 florins par année ; cette somme leur était payée sur les revenus du métier. En outre, s'ils remplissaient leurs fonctions à la satisfaction générale, ils recevaient, le jour de St. Remy, huit aunes de draps rayé ou de deux couleurs différentes, de la valeur d'un florin renaldus (1) l'aune ; ils étaient tenus de s'en faire faire une houppelande et un chaperon, sous peine d'être privés de leur rémunération et de payer un florin d'or d'amende. Ils devaient porter cette livrée pendant l'année de leur charge et pendant l'année suivante, à toutes les cérémonies publiques, aux assemblées générales, à la guerre, et cela « pour faire honneur au mestier » et pour qu'on pût reconnaître celui-ci dans les cortéges et dans les corps d'armée.

Avant 1427, les gouverneurs prélevaient aussi un certain droit dans les noces, dans les obsèques, dans les transactions, dans les amendes ; mais par le serment que leur prescrivit la lettre des offices, ils renoncèrent à ces bénéfices éventuels, les abandonnant au profit du métier et promettant de ne plus percevoir que leur part dans les acquêtes et dans les reliefs.

En 1493, cette part était d'un demi florin d'or pour l'acquéte du métier faite par un bourgeois, qu'il fut né dans la cité ou hors de la banlieue, pourvu pu'il fût originaire du pays de Liége ou du comté de Looz. Lorsqu'il s'agissait d'un étranger, chaque gouverneur recevait un florin. En 1559 le prix de l'acquête fut haussé ; les bourgeois natifs de la cité payaient à chaque gouverneur un postulat de Hornes, les bourgeois nés hors de la banlieue un demi-florin d'or et les étrangers un florin d'or.

Leur part dans le prix du relief était en 1418 de quatre vieux gros pour chaque fils ou fille du métier.

Voilà ce que fut, autant qu'il est possible de le savoir, l'office

(1) Pour *rhenanus* ?

du gouverneur pendant la plus grande et la plus belle période de
l'existence des métiers. Il subit plusieurs fois des modifications
momentanées à la suite d'édits émanés des princes. C'est ainsi
qu'en 1417 , lorsque Jean de Bavière réorganisa la cité et établit
17 métiers , tout en maintenant l'ordre existant depuis l'an 1331
d'élire deux chefs dans chaque métier , il voulut qu'ils fussent
appelés *questeurs* ; que leur seule mission fût de soigner les affaires
précuniaires , et qu'ils ne pussent assembler le métier que pour
traiter des intérêts du commerce.

En 1487, l'article 25 de la nouvelle paix de St. Jacques apporta
aussi momentanément une transformation notable dans les charges
des officiers « Item et pour ce que par ci devant l'on a en accou-
» tumé d'élire en chaque métier deux gouverneurs et deux jurés
» et que, pour la multitude d'iceux, le Conseil de la Cité était trop
» large ; afin de remettre bonne police et règlement , statuons que
» chacun des dits 32 métiers, au jour St. Jacques, élira seulement
» un gouverneur et un juré , et non plus , dont le gouverneur
» s'entremêlera seulement de régir et goverfer les affaires du
» métier, sans se mêler du Conseil ni des affaires de la Cité. »

En 1649 , une ordonnance de Ferdinand de Bavière conféra
l'élection des deux gouverneurs de chaque métier aux bourgmestres
et au conseil de la cité.

Mais toutes ces innovations , dues à la politique des princes
dont la bienveillance était loin d'être acquise au parti du peuple,
furent le plus souvent renversées peu de temps après leur intro-
troduction, ou peu à peu abandonnées pour l'usage anciennement
établi.

Lorsque les chambres furent instituées à Liége , l'article 20 du
réglement de Maximilien Henri de Bavière du 28 novembre 1684,
décréta que chaque métier ne serait plus représenté que par un
seul gouverneur , dont l'élection était réglée de la façon suivante :
les 36 personnes composant une chambre devaient choisir tous les
ans, à la pluralité des suffrages, un gouverneur inscrit dans cette
chambre et faisant partie des 6 artisans d'un métier ; ses fonctions
étaient bis-annuelles et il avait un surintendant.

Dépouillée de toute espèce de pouvoir, n'ayant même plus qu'un simulacre de juridiction , la charge de gouverneur depuis cette époque ne fut plus qu'un vain titre.

Nous apprenons par quelques pièces qu'au XVIIIe siècle chaque métier nommait annuellement trois gouverneurs qui, tour à tour, avaient pendant un certain temps la direction des affaires du métier ; celui qui l'exerçait s'appelait *gouverneur en tour, in turno.* Nous n'en savons pas davantage sur leur compte.

La liste des gouverneurs du métier peut, ce semble, offrir quelqu'intérêt au lecteur. La voici aussi complète qu'il nous a été possible de la dresser, en consultant les chartes et les registres aux reliefs du métier et les registres aux recès de la cité qui reposent à la bibliothèque de la ville :

1288 Willeaume de Meffe, Lambert de Niswans.

1324 Colons de Lilees, Johan de Sumangne.

1331 Collin dit aux Nales, Jacquemin dit de Lysleaul.

1373 Gérard dit Sordeilhe.

1388 Simon Hannotien, Johan Haniet.

1391 Gérard Sordelhe, Martin delle Scloit.

1405 Jean Lagace, Jean Woult, Mathieu Julin.

(1408 à 1418 (Suppression des métiers, par Jean de Bavière).

1418 Gilles de Meef, Lambert de Hodeige.

1421 Johan Babbeit, Johan de Hour.

1422 Hubin de Malmedi, Jaquemin Oulry.

1430 Johan Babeit, Colaur le Bidair.

1431 Johan de Houre, le grand Colaur de Tournay.

1433 Jacquemin Oulry, Lambert delle Préalle.

1436 Colair, dit le grand Colair, Johan de Frères.

1440 Guilleaume Badewin, Renchon Godin.

1443 Lambert delle Préalle, Ernult Durtinnes.

1446 Arnult de Meers, Goffin le Ruytte.

1447 Piron de Noir Mouton, Libert de Bachenge.

1449 Johan de Fooz, Collart de Bouxhemont.

1450 Olivier de Chaine, Johan Wilheame.

1451 Olivier de Chaine.

1453 Johan Toussaint Doreye, Libert Textor.

1455 Henri Babbeit, Franck de Rasier.

1456 Johan Babeid, Franck delle Roche.

1457 Bauduin Scat, Gérar de Rausier.

1460 Wauthier de Vivegnis, Franck de Rasier.

1462 Collar de Hodeige, Johan de Heusier.

1464 Renart de Sart, Bauduin Staz.

1468 à 1477 (Suppression des métiers par Jean de Bourgogne
   et Charles le Téméraire).

1479 Renson Godin, Henri Coeste.

1480 Gerar de Sclachins, Johan de Beavaulz.

1484 Gerar de Sclachins, Johan de Beauvaulz.

1487 Henrar de Gré, Jaspar Mabritz.

1488 Le vieux Hodeige, le jeune Franck.

1489 Johan Wilheaume, Lorens le Pexheurs.

1497 Henrart de Greit, Jaspar Malbry.

1500 Johan Goret, Lambert de Foulz.

1501 Johan Woete, Johan de Bouchmont.

1502 Collar Marie, Johan de Meers.

1503 Martinon, Loren Dossins.

1504 Jaquemin de Hodeige dit del Merdieu, Linar de Seave.

1505 Johan de Meers.

1506 Johan Deennes, Berteleme de Boix.

1507 Martin le Bevereaz, Jaspar Mabry.

1508 Pietre le Texheurs, Gilet de Melen.

1509 Thiry Fysons, Johan de Bouxmont.

1510 Johan de Meers, Johan de Gré.

1511 Henri Quoistes, Piron de Gré.

1512 Berthlemé de Boix, Collar Fysons.

1513 Johan de Bouxmont, Johan ou Hanchon de Hodeige.

1514 Jamin ou Jaquemin de Hodeige, Louis Goret.

1515 Henri del Rocches dit le grand, Thiry Fysons.

1516 Piron de Gré, Johan Noël.

7

1517 Johan Woet, Johan de Meefe (ou de Meers).
1518 Goffin le Rutz, Wathy Godaerd.
1519 Bertelemi de Boix, Louis Goret.
1520 Tonnaire, Thiry Fissons.
1524 Henri Quoistes.
1526 Henri delle Roche, Collar de Harent.
1528 Johan de Brabant.
1529 Collar de Haren, Henri delle Roche.
1530 Johan Jamin, Henri Thonnair.
1531 Collar de Haren, Wauthier Godart.
1532 Gerard de Sclassin.
1533 Nicolle Fabri, Renier de St. Esprit.
1534 Colla Jamoton, Franceu Folz.
1535 Wathi Goddart, Henri Baulduin.
1536 Henri Thonnaire, Goffin.
1537 Franceu de Folz, Johan de Hodaige.
1538 Franceu de Folz, Johan Jamin.
1539 Serva de Gré, Martin de Hodaige.
1540 Henri Thonnar, Ernou de Collogne.
1541 Renier d'Othée, Thiry de Bouxhemont.
1542 Arnull de Boy, Goffin le Ruytte.
1543 Serva de Gré, Wilheame le Roseaz.
1544 Collar Fisson, Henri Gradu.
1545 François de Rasiers, Johan Jamin.
1546 Ernu de Moumalle, Ernou de Boix.
1547 Renier de Moumalle, Jacque Bomerschom.
1548 Renire Dothée, Thiry Fissons.
1549 Walthère Godard, Johan de Gré.
1550 Collar Fissons, Mathi le Louchiers (le Lohier).
1551 Martin de Gré, Mathi Pastegires.
1552 Symon Strengnart, Marmont.
1553 Franck delle Roche, Guillaume le Roseaz.
1555 Henri Tonnaire, Lambert Fissons.
1556 Henri de Gré ou Gradu, Arnou de Meers.

1557 Franceu de Folz, Colla Tonnaire.

1558 Johan de Rasiers, Johan de Gré.

1559 Renire d'Othée, Lambert Fissons.

1560 Henri de Grez, dit Gradi ou Gradu, Henri Serva.

1561 Henrar de Gré, Jehennes de Brabant.

1562 Serva de Gré, Wathire le Peasliers.

1563 Englebert de Marmonte, Piron del Naye.

1564 Henri Fissons, Baulduin le Pollen.

1565 Goffin le Reutz, Arnou de Meers.

1566 Libert de Bassanges, Piron del Roes (de Noir Mouton).

1567 Gilet Lowy, dit de l'Anneau d'Or, Corbeaz de Theu.

1568 Henri Dothey, le jeusne Herman de Laminne (Jehan de
Rasier et Anthoine Denbouz (recès).

1568 Wathier le Peacclier, Henry Thonnar.

1569 Guilleaume de Thier, Johan Gradu.

1571 Guilleaume et Jacquemin de Rasiers.

1572 Libert Bassanges, Renire Dothey.

1573 Wathire le Peaslier, Piron le Germea.

1574 Henri de Laminc, Jaquemin de Rasiers.

1575 Wathire le Peaslier, Piron le Germea.

1576 Jean de Packier.

1777 Johan Grosaert, Denich le Pollen.

1578 Gerard le Pollen, Lambert Jelette ou Gelette.

1579 Serva de Gré, Piron del Naye.

1580 Gilet de Lanneaz doer, Renir Dothée.

1581 Collar Freson, Johan de Rasier.

1582 Guilleaume de Thier, Johan Jamin.

1583 Libert Bassenge, l'aîné, Cloes Piettre.

1584 Corbea Thomechon, Denix le Pollen.

1585 Gérard de Pollen, Corbea Thomechon.

1585 Jean Bomershoven, Lambert de Vilre.

1586 Johan Dockier, l'aîné, Libert Bassenge, le jeune.

1587 Guilleaume de Thier, Paulus de Gré.

1588 Gerard le Pollen, Johan de Wilré.

1588 Gerard le Pollen, Lambert Gelette.
1589 Stiennon Stregnart, Gilet Willem.
1590 Piron del Naie, Gerard le Pollen.
1591 Jherome Faverea, Johan Dothée.
1592 Les mêmes.
1593 Collar de Cheratte, Denix le Pollen.
1594 Gerard le Pollen, Henri Larbalastre.
1595 Les mêmes.
1596 Collar de Cheratte, Johan de Wilré dit Geelette.
1597 Denix le Pollen, Francheu Henrotte.
1598 Collar de Cheratte, Henri de Gré.
1599 Francheu Henrotte, Gerard le Pollen.
1600 Piron Germeaux, Piron le Clerc.
1601 Cloes Piette, Henra de Greit.
1602 Colla de Cheratte, Jamien Genart.
1603 Colla de Cheratte, Henri Thonnar.
1604 Cloes Piette, Jerome Faveraux.
1605 Collar de Cheratte, Renier Dothey.
1606 Piron Germea, Renier Dothey.
1607 Freson, Piron Leclercq.
1608 Henri Rosa, Johan Wathi.
1609 Freson, Christen Govert.
1610 Collar Thonna, Renier d'Othey.
1613 Jerôme Faverea, Jean de Vilré.
1615 Les mêmes.
1616 Jérôme Faverea, Jehan Telet.
1619 Jerôme Faverea, Franceu de Foz.
1620-1625 Franceu de Foz, Piron Hadin.
1626 Henri de Puyts, Jean Rosa.
1627 Piron Hadin ou Rosa, Hubert de la Croix.
1628 Piron Hamoir dit Rosar, Hubert la Croix.
1629 Hubert de la Croix, Abraham Wathi.
1630 Abraham Wathi, Piron Pi d'argent.
1631 Abraham Wathi, Henri Thonard.

1632 Abraham Wathi, Henri Thonard.

1633 Gille Savari, Henri Thonnard.

1634 Henri Dupont, Jean de Hodeige.

1635 Jean de Hodeige, Henri de Vanix.

1635 Mathieu le Peaucelier, Renier Dothée (recès).

1636 Henri du Pont, Jean de Hodeige.

1637-1639 Mathi Malherbe dit le Paisly, Renier Dothée.

1640 Wathicu le Paisli, Johan Palude.

1641 Denis de Cheratte, Henri de Pon, Jean de Ville (Wilré).

1642 Antoine de Pus, Renier Dothée.

1643 Guilleaume Hannosset, Henri d'Alken.

1644 Guilleaume Hanosset, Jean Palude, Guilleaume le Piesme.

1645 Martin de Bois, le conseiller Hodeige, Henry du Pont (1).

1651 Antoine le Charlier, Henri de Vaulx.

1652 Willem de Sluze, Henri du Pont le jeusne.

1658 Willem de Sluze, Ogier de Tawe.

1659 Henri de Pont, Gerard Clenge.

1660 Willem de Sluse, Henri de Pont.

1661 Willem de Sluze, Guillaume Malherbe.

1676 Thomas de Stordeur, Jean Clenge.

1677 Antoine Meda, Jean Rosa.

1678 Pierre Brixhe, Oger Schonck.

1679 Jaspar d'Othée, Johanne Hanson.

1684 Amel de Hodeige.

A partir de 1684, chaque métier n'eut plus qu'un gouverneur. Il nous a été impossible d'en retrouver la série ; mais comme l'art du tanneur, de même que tous les autres, était, pendant de longues années, héréditaire dans les mêmes familles, nous ajouterons ici pour suppléer à cette lacune, les noms des principaux maîtres du milieu du XVIIIᵉ siècle.

G. et Ferdinand Dalken ; Hubert Libert ; Nicolas et Gérard Géradon ; Henri Kinable ; François Braibant ; Lambert Joassart ;

(1) Cette année, tous les métiers eurent trois gouverneurs.

Thomas et Gérard Destordeur ; Grégoire et Léonard Hallet ; Jean Hector ; Pierrot, Libert, Guilleaume, Renier et Jean Dothée ; Nicolas Piette ; François et Laurent Berriez ; Gille Henrard ; Henri Bouhaye ; Rongé Scronx ; François Hamal ; Jean Medard ; Jean Raeskinet ; Jean Chefnay ; Jean et Hubert Malherbe ; Guilleaume Dubois ; Paul et Jean Grégoire Blixhe ; Barthelemi De Bois ; Sébastien Depas ; Thibaut Frankinet ; Renier Palude ; Herman De Thier ; Jean Gilbert ; Jean François Collette ; Antoine et Guilleaume Capitaine ; Henri Hosay ; Jean Vilain ; Michel Thiery ; Jean Fasot ; Jean Henson ; Pierre Rosa ; Henri Delbrouck ; Roger Scronl ; Jean Hoffman ; Gaspar Bringo ; Barthelemy Vivegnis ; Joseph Crule ; Gerard Lambinon ; Grégoire Fléron ; Nicolas Crahay ; Jean Augustin ; Nicolas Grady ; Pierre Philippe ; Laurent François Fallar ; Nicolas Jemmalet ; Antoine Lavallée ; Nicolas Lempereur ; Thiery Joseph et Pierre Hogge ; Oury ; Pierre Pirmolin ; Henri Jamolet ; Henri Michel ; Laurent Dozin ; Nicolas Joassart ; Oda Deglain ; Henri Gathon ; André Joseph Sauvage ; Jean Souppe.

II

LES JURÉS.

L'office des jurés suivait en dignité celui des gouverneurs, mais il était loin de l'égaler en importance. De même que dans la plupart des autres métiers, il y avait deux jurés dans la corporation des tanneurs.

La date de leur institution est inconnue ; ils apparaissent pour la première fois dans un document de l'an 1421 ; à partir de cette époque, ils figurent toujours en tête des actes émanés du métier : *nous les gouverneurs, jurés et li universiteis du mestier des tanneurs.*

Leur élection avait lieu le même jour et de la même manière que celle des gouverneurs ; leur charge était aussi annuelle. Lorsqu'un

juré mourait dans l'année de la nomination, les officiers survivants
lui choisissaient un successeur ou lieutenant.

On a peu de renseignements quant à la nature de leurs fonctions.
Ils faisaient partie du conseil du métier et prenaient ainsi part à son
administration. Quant à leur mission spéciale , quoiqu'elle ne soit
définie nulle part, on peut cependant deviner qu'elle avait particulièrement trait à la justice. Aux jurés incombait le soin de recevoir
les plaintes, de faire des enquêtes, d'instruire les procès, de donner
par écrit des conclusions que le clerc lisait aux séances. Ils étaient
chargés de poursuivre les coupables et de prendre les mesures
nécessaires pour l'exécution des sentences. Lorsqu'une affaire était
portée devant une autre juridiction , c'étaient eux qui comparais-
saient au nom du métier devant le tribunal étranger et soute-
naient le procès. Aussi nous voyons que presque tous les jurés
étaient des *maistres*, c'est-à-dire des hommes gradués, des avocats.

La charte de 1493 assigne comme rémunération à chaque juré
la somme de dix florins, plus deux aunes du même drap que celui
des gouverneurs; de même que ceux-ci , ils devaient s'en faire
tailler un chaperon ; ils étaient aussi obligés de porter une houppelande dans les circonstances solennelles ; mais elle était à leur
charge.

Primitivement, les jurés faisaient aux compagnons une distribution d'argent le jour où ils étaient élus ; en 1520, il fut décidé que,
vu l'exiguité de leur traitement, ils seraient dispensés de faire cette
largesse « ni de rien à faire grausce. »

L'ordonnance de 1417 de Jean de Bavière, leur donna pour un
moment le nom de *conseillers* et l'obligation de faire partie du
conseil de la cité.

La paix de 1487 vint encore modifier leur nombre et leurs fonctions : on n'en nommait plus qu'un, qui était tenu de « comparoir
» au conseil de la cité toutes et quantes fois qu'il en était requis et
» spécialement le lundi de chaque semaine pour les affaires de la
» dite cité et aider à entretenir les plaids pour l'assistance de un
» chascun. »

A partir de l'année 1684, il n'en est plus fait mention. Ils furent probablement supprimés. La juridiction, du reste très limitée et purement locale des jurés, fut confiée aux députés ou usurpée par eux.

III

LES DÉPUTÉS.

Les députés furent d'abord des officiers nommés extraordinairement et temporairement, en nombre indéterminé et pour toutes espèces de circonstances, d'après les nécessités du moment. C'était le plus souvent pour constater la qualité contestée de certains cuirs. Les occasions de nommer des députés dans ce but se représentaient si fréquemment, qu'au XVe siècle on remplaça ces fonctionnaires par une commission fixe composée de cinq membres, qui prirent le nom de *rewards* (¹).

On déléguait encore des députés pour examiner les chefs-d'œuvre, administrer les biens, régler les dépenses, mettre les compagnons d'accord lorsque le métier était divisé : ce furent dix commis ou députés de cette catégorie qui rédigèrent le réglement du 25 juillet 1493 (²).

Depuis lors jusqu'au 12 août 1658, il n'en fut plus question ; à cette dernière date, on trouve dans les registres du conseil de la cité le recès suivant : « Les officiers et généralité du bon métier des » tanneurs ont député honorable Jean Rosa, Jaspar d'Othée, Jean » Palude, Guillaume et Wathier Malherbe et Jean de Villers pour » avec les deux gouverneurs en toute occurence d'affaires concer- » nant le dit métier pendant cette présente année, représenter le

(¹) Voyez le chapitre suivant.

(²) Voyez aussi dans le livre des *Chartes et Priviléges*, vol. 2, p. 227, la nomination de quatre députés pour aviser aux moyens de réconcilier les trois métiers des tanneurs, des cordonniers et des corbesiers, en 1480.

» corps d'iceluy métier, faire et négocier tout ce et de quant il ap-
» partiendra et exposer à proclamation pardevant MM. les échevins
» de Liége, etc. » Pour prix de leurs services , le métier leur accordait le droit de faire moudre , quand ils le voudraient et sans attendre leur tour, une des trois moulnées que tout compagnon
pouvait employer dans l'espace de quatre mois.

En nomma-t-on ensuite chaque année? Furent-ils toujours au
nombre de six ? On l'ignore.

Peu après l'institution des chambres , les députés reparaissent
en tête des actes émanés du métier et figurent constamment à côté
des gouverneurs et des officiers. Le réglement du 1er décembre
1707 les met, quant aux fonctions qu'ils exercent, sur le même pied
que les gouverneurs : avec eux ils représentent le métier, peuvent
tenir des assemblées particulières et accorder certaines permissions.
L'article 50 du réglement impérial de 1772, détermine mieux encore cet objet : « Tous gouverneurs, officiers et députés, tant mo-
» dernes que futurs, seront obligés de prêter serment, d'observer
» et de faire observer tous les points et articles du présent régle-
» ment par tous les compagnons du dit métier, et qu'ils agiront ou
» feront agir par toutes voies de justice les plus convenables contre
» tous contraventeurs, etc., et en cas de contravention par l'un ou
» l'autre des gouverneurs , officiers et députés , les officiers
» restant dans leur devoir pourront agir à cassation de l'office d'un
» tel contraventeur d'autorité compétente, outre la peine et amende
» statuée contre le contraventeur ; étant de l'équité et justice que
» les gouverneurs et députés obligés par état de montrer le bon
» exemple aux autres, s'ils sont trouvés en faute, soient plus griè-
» vement punis qn'un simple compagnon. »

La similitude de fonctions de ces deux classes d'officiers ne tarda
pas à amener un conflit d'attributions. Le 4 novembre 1739 , le
gouverneur en tour ayant convoqué en assemblée particulière ses
deux collègues et les cinq députés chez le greffier, ces derniers refusèrent de s'y rendre en déclarant : 1° que les assemblées particulières devaient avoir lieu chez le rentier et non chez le greffier ;

2° que le gouverneur en tour n'avait pas le droit de convoquer ni d'émettre des propositions , vu que ce droit appartenait aux seuls députés ; 3° que les trois gouverneurs n'ayant pas à se mêler des affaires concernant la généralité du métier, mais seulement des reliefs et des acquêtes, n'avaient pas même le droit d'assister aux assemblées.

A quoi le gouverneur en tour répondit : 1° que les assemblées particulières s'étaient de tout temps tenues chez le greffier et que cela avait sa raison d'être, les archives du métier, dont on pouvait avoir besoin dans les séances , étant conservées chez lui ; 2° que le réglement de 1707, qui accordait la police et le gouvernement du métier aux députés , officiers et gouverneurs réunis en corps , renversait les assertions des députés à l'égard de leurs prétendus priviléges; il invoquait le témoignage des anciens compagnons pour prouver , que depuis un temps immémorial , les trois gouverneurs , chefs du métier, avaient le droit d'assister aux assemblées ; 3° que l'usage constamment observé jusqu'alors pour les assemblées particulières avait été la convocation du gouverneur *in turno* ; que ce fait était attesté par le valet sermenté du métier qui, depuis 45 ans, portait les convocations; qui cependant le gouverneur en tour n'avait jamais refusé de réunir les officiers lorsqu'un député avait une proposition à faire dans l'intérêt du métier (¹).

Toutes ces considérations étaient adressées au prince sous forme de suppliques. Nous ne savons ce qui en advint. Toujours est-il que , dans la suite , les députés continuèrent leur opposition aux gouverneurs et firent tous leurs efforts pour sortir de leur rang secondaire. En 1774 ils figurent en première ligne dans les actes : « Nous députés , gouverneurs et officiers du bon métier des tan- » neurs de Liége. » Il ressort de l'art. 43 du réglement de 1773 qu'à cette époque il y avait huit députés nommés par les compagnons à la pluralité des voix pour le terme de trois ans. Ils siégeaient avec les officiers aux assemblées particulières ; leur mandat pouvait être renouvelé.

(¹) Liasses du conseil privé, aux archives de l'État à Liége.

IV

LES REWARDS.

Les rewards (¹) ou inspecteurs ne furent institués dans le métier des tanneurs de Liége qu'à la fin du XIVᵉ siècle ; à cette époque , ils succédèrent dans l'exercice de leurs fonctions spéciales aux gouverneurs qui, sous le nom de *wardeus*, en avaient été investis jusque-là. On voit en effet , dans la charte de 1331 , qu'un des principaux devoirs de ces officiers était de veiller à ce que les marchandises exposées en vente par les compagnons fussent de bonne qualité.

Maintes fois les gouverneurs, ne pouvant suffire à leurs occupations, déléguaient officiellement des experts nommés députés, commis ou rewards, pour s'acquitter momentanément de ce devoir. Mais bientôt la nécessité d'un emploi fixe se fit sentir : en 1487, la paix de St. Jacques ordonna l'établissement de deux rewards dans chaque métier. Leur nomination appartenait au prince et aux bourgmestres (²). Cette mesure avait été nécessitée par la négligence des gouverneurs ou par l'impossibilité où ils se trouvaient de donner tous les soins désirables aux intérêts du commerce. Les rewards exerçaient leur surveillance dans leurs métiers respectifs, et, suivant la teneur de leur serment, ils devaient présenter aux échevins de Liége un rapport impartial contre les marchands qu'ils trouvaient en contravention. Ils étaient eux-mêmes passibles d'une

(¹) Le mot existe aussi dans le vieux français ; le thiois *ruwaert* en dérive ; mais par le changement de *e* en *u* (cprz. l'allemand *Ruhe*) il est devenu plus significatif ; gardien du repos, etc.

(²) Item et pour y advoir regard à ung chascun ce que de droit luy doit compecteir et appartenir , l'on comettera en chascun mestier deux *ewardens* à savoir ung de part le seigneur et l'autre de part les maitres , lesquels feront seriment pardevant les esquevins de Liége de bien et leaulment exerceir la dite office et d'avoir regard à toute denrée et marchandise.

amende de trois florins du Rhin , chaque fois qu'ils étaient convaincus de négligence ou de partialité.

Peu d'années après, le contrôle régulier de ces deux rewards fut
reconnu insuffisant pour prévenir les abus dans le métier des tanneurs, et dans ceux des cordonniers et des corbesiers, qui avaient
aussi le privilége de pouvoir fabriquer des cuirs. Chaque jour
s'élevaient des plaintes au sujet de la cherté et surtout de la mauvaise qualité des produits. A la fin du XVe siècle, le métier publia
une ordonnance spéciale, dans laquelle il est dit que, vu la grande
quantité de cuirs mal *appointiés* (apprêtés) que l'on mettait en vente
au détriment du *pauvre peuple*, il était urgent d'élire annuellement,
le jour de St Jacques, cinq compagnons reconnus pour être de bons
ouvriers et connaisseurs en matière de tannerie. L'un d'eux était à
la nomination du mayeur et de l'officier du prince ; le second à celle
des bourgmestres ; les trois autres à celle de chacun des trois métiers rivaux. De même que pour les officiers de la cité et des
métiers, les personnages désignés pour ces fonctions étaient obligés
de les accepter sous peine de trois florins d'or d'amende. Ils portaient le nom de rewards et prêtaient serment entre les mains des
échevins de Liége. Ils avaient pour mission d'empêcher la vente de
mauvais cuirs. A cet effet , ils avaient le droit et étaient même
rigoureusement tenus d'entrer au moins quatre fois par an dans la
maison de chacun des compagnons des trois métiers, pour faire la
visite de toutes les marchandises qu'ils avaient en magasin ; celui
qui se refusait à les recevoir, encourait une amende de trois florins
d'or. Les rewards étaient munis de deux marques qu'ils appliquaient , l'une sur les cuirs qu'ils jugeaient convenables , l'autre
sur ceux qui , laissant à désirer , devaient être renvoyés à la tannerie pour subir une nouvelle préparation. Aucun cuir ne pouvait
être vendu ni acheté s'il n'était revêtu de la première marque, sous
peine d'une amende qui a souvent varié , mais qui était considérable.

Les marchands étrangers qui introduisaient du cuir dans la cité,
devaient, avant de pouvoir l'exposer en vente, l'étaler (*haiener*, en

wallon *hâgner*) (¹) à la Goffe, sur le marché ou dans la halle des tanneurs où , chaque fois qu'ils en étaient requis , les rewards allaient sans délai en faire l'inspection. Leur retard , négligence , erreur ou partialité , étaient punis d'une amende d'un postulat de Hornes.

Les jours de marché ils accompagnaient les gouverneurs à la halle avant qu'elle fût ouverte au public, *rewardaient* les marchandises étalées, et appliquaient leur marque sur celles qui ne la portaient pas encore.

Tous les cuirs achetés hors de l'enceinte de la cité étaient également soumis à leur examen.

C'était sous leurs yeux que les apprentis travaillaient à leur chef-d'œuvre ; ces vacations leur étaient payées ; pendant les intermittences du travail, ils avaient la garde de l'objet, et quand il était achevé, c'étaient eux qui avec les gouverneurs et des députés devenaient juges de son mérite.

Le 19 juin 1516, des députés commis de la part des trois métiers des tanneurs, des cordonniers et des corbesiers proclamèrent une sentence arbitrale pour faire cesser les griefs dont ils s'accusaient réciproquement. On prescrivit l'établissement de six nouveaux rewards pris, deux dans chacune des trois corporations, au choix du prince et des bourgmestres de la cité. Ils étaient chargés de surveiller la fabrication et de contrôler la vente de tous les cuirs préparés par les compagnons tanneurs, cordonniers et corbesiers, car cette même sentence confirmait le droit qu'avaient ces derniers de tanner des peaux pour leur usage personnel. En cas de contestation, les six rewards s'adjoignaient les gouverneurs , qui par eux mêmes ou par des délégués se constituaient en tribunal.

Dans le principe, le salaire des rewards était variable et à la charge des fabricants ; le tarif était de six sous pour chaque visite d'un cuir de *grosse bête*, avec application de la marque; il n'était que de douze sous pour l'examen d'un tas de douze cuirs présentés en une

______

(¹) De *hain*, crochet? cprz. *hayon* et le thiois *hack* et *hanghen*.

fois par le même tanneur. Plus tard, il leur fut alloué, sur les revenus du métier, une gratification annuelle dont le montant nous est resté inconnu.

V

LE RENTIER.

Chacun des 32 métiers de Liége avait un rentier qui administrait ses finances. Avant le XVIe siècle, il s'appelait *receveur* ou *compteur*. Il semble que la création de cet emploi doive remonter à l'époque où les corporations commencèrent à posséder des biens en commun. Pour les tanneurs, cette époque est l'année 1288, date de l'acquisition d'un moulin. Cependant le premier citoyen que l'on trouve investi de cette fonction est Martin Laurent, *receptor*, en 1405. Peut-être le soin des intérêts pécuniaires de la société incombait-il primitivement aussi aux gouverneurs.

La charge du rentier était à vie (¹). Immédiatement après son élection, qui se faisait de la même manière que celle des officiers, il prêtait serment, en présence de tous les compagnons, de remplir loyalement son devoir, de toucher et conserver fidèlement au profit du métier les cens et rentes qui lui étaient dus, et de régler, de concert avec les officiers, toutes les affaires de la comptabilité. Le rentier, en effet, faisait partie du conseil.

Le choix d'un rentier avait une grande importance. C'était en effet lui seul qui traitait directement toutes les affaires d'argent avec les créanciers et les débiteurs ; c'était lui qui recevait et payait les rentes, percevait les amendes, touchait les droits d'acquête, de relief, d'apprentissage, salariait les employés, etc. Il était stricte-

---

(¹) « Bien entendu que les métiers, greffiers et autres offices, qui sont *ad vitam*, pourront demeurer ens leurs états et mestiers, et qu'après leur décès, l'on ne pourra choisir autres que ceux là qui hantent ou exercent actuellement ledit mestier » (Édit. d'Ernest de Bavière, 1603).

ment défendu à tout autre de se mêler des finances du métier ; de cette façon, la responsabilité pesait sur un seul individu. Avant d'entrer en fonctions, il devait donner une *caution réelle et suffisante*, agréée par le métier , ou présenter des répondants pour les sommes qui pouvaient lui être confiées.

Il lui était néanmoins interdit de rien acheter, payer ni conclure sans avoir consulté ou reçu l'ordre des officiers et des députés constitués en assemblée particulière. Jusqu'au XVI⁰ siècle, les officiers avaient eu le droit de faire de leur propre autorité telles dépenses qu'ils jugeaient avantageuses au métier. Ce fut à la suite de graves abus, qu'on leur adjoignit des députés pour fixer, de commun accord, les crédits et les sommes à consacrer à telle ou telle affectation, au nom de la corporation ; en un mot, pour déterminer l'emploi que l'on pouvait faire des revenus de la société. Les frais de la fête de l'Épiphanie seuls n'étaient pas calculés à l'avance ; le lendemain seulement, le rentier établissait le compte des dépenses faites par les compagnons à l'occasion des réjouissances publiques.

Le rentier était tenu d'assister à toutes les assemblées du métier et du conseil, pour y recevoir les instructions concernant son emploi et, aux jours d'élection, pour préparer et dépouiller les billets du scrutin.

Chaque fois qu'il en était requis par les officiers, il était obligé de rendre des comptes particuliers, afin de faire connaître les sommes dont la société pouvait disposer pour achats, payements, etc. Il devait en outre exposer chaque année, le jour de la Madeleine, en présence de tout le métier assemblé, ses comptes généraux et, immédiatement après la clôture, déposer sur la table l'actif de la caisse ; il devait avoir soin préalablement de faire rentrer toutes les dettes et d'user au besoin, à cette fin, des moyens coërcitifs que la loi mettait à sa disposition. Ensuite, en présence des officiers, il renfermait dans une armoire spéciale, placée dans la chambre des séances, les papiers, les registres, les quittances qui lui avaient servi à dresser son bilan. Les statuts l'obligeaient à tenir en double les registres aux reliefs, aux cens et rentes, pour son usage particulier. L'argent était enfermé dans un coffre à trois serrures, déposé soit chez le rentier lui-même, soit chez un bourgeois désigné par les députés. On remettait une clef aux gouverneurs, une autre à l'officier du mayeur et la troisième au greffier du métier.

Une des fonctions les plus importantes du rentier était la garde et la distribution de la mesure aux écorces. Il recevait la déclaration des compagnons, quant au rang ou *oulne* qu'ils voulaient tenir, les inscrivait sur un registre, les avertissait quand leur tour de moudre était arrivé; après avoir constaté leur identité et s'être assuré qu'ils demeuraient dans les limites du quartier, il leur délivrait la mesure pour charger les *creppets* (¹).

Un dernier devoir du rentier l'obligeait à se rendre au moulin à tan, chaque fois que sa présence y était jugée nécessaire par les officiers.

Toutes ces prescriptions étaient obligatoires et le serment du rentier en garantissait l'observation ; il était du reste passible d'une amende de 20 florins, chaque fois qu'il manquait à ses obligations.

De même que les officiers, cet employé portait la livrée du métier ; il recevait chaque année huit aunes de drap pour se faire faire une houppelande et deux aunes pour un chaperon. Son salaire était de 20 florins liégeois par an.

En 1603 fut nommé par ordre du prince, un rentier général pour gérer les finances des 32 métiers; ses fonctions duraient trois ans.

En 1684, les biens des métiers ayant été confisqués au profit de l'état, le rentier de la cité fut chargé du soin de les administrer (¹).

(¹) Voyez le chapitre des *écorces*.
(²) « Tous autres fonds et rentes procédant de W. Dantinnes et consors et autrement acquis et attribués aux métiers seront incorporés aux fonds et rentes de la cité, laquelle en portera les charges réelles et de suite l'office des rentiers et varlet de chaque métier viendront absolument à cesser et partant il deveront sous expurgation sermentelle incessemment restituer tous registres et documents les concernant. » (Louvrex, t. I, p. 99).

VI

LE GREFFIER.

Le greffier ou secrétaire du métier porta d'abord le nom de *clerc*; il était élu à vie.

Ses fonctions l'obligaient à assister à toutes les séances, à l'ouverture desquelles il lisait à haute voix les noms des compagnons convoqués par le varlet, afin de condamner les absents à l'amende ; il donnait ensuite lecture des exploits des jurés , s'il y en avait, et enfin inscrivait les procès-verbaux des séances dans un registre spécialement affecté à cet usage.

Au XVIe siècle, le métier passa un recès qui ordonnait au greffier de transcrire dans un livre particulier les statuts , les ordonnances, les priviléges et toutes les chartes importantes de la corporation.

C'était enfin le greffier qui tenait note des acquêtes et des reliefs; à la fin de l'année, il en communiquait la liste au rentier. Il en donnait aussi lecture chaque année , le jour de la fête de sainte Anne, dans une assemblée générale du métier.

Nous ne savons si un revenu fixe était attaché à cet emploi ; mais c'est probable ; une chose est certaine, c'est qu'il avait dans les droits d'acquête et de relief une part, montant à un vieux gros pour le relief d'une personne du métier, à un pot de vin pour l'acquête d'un bourgeois de Liége et à un demi florin d'or pour l'acquête d'un étranger. En 1559, le prix de l'acquête ayant été haussé , il eut droit à un demi setier de vin de la part de chaque bourgeois qui entrait dans la corporation.

Après l'incorporation des métiers dans les Chambres, l'office du greffier fut maintenu, sans doute pour veiller à la conservation des archives. En effet, en 1730, le conseil de la cité ordonna aux greffiers et aux gouverneurs d'exhiber leurs chartes et priviléges pour en former le recueil que nous connaissons.

VII

LE VARLET.

Les gouverneurs avaient à leur disposition un commissionnaire appelé le varlet ou serviteur du métier. Sa charge était annuelle. Chaque année le jour de la fête de saint Jacques, il déposait dans dans une assemblée générale la marque et l'enseigne du métier, en signe, disent les statuts, de cessation de sa servitude ou valeterie. On procédait ensuite au choix de son successeur, ou, si l'on était content de ses services, on le continuait dans son emploi. Il devait savoir lire et écrire. Immédiatement après son admission, il prêtait serment de se tenir prêt en tout temps pour transmettre les ordres des officiers.

Sa principale occupation était de convoquer, même aux assemblées fixes et ordinaires, les compagnons dont le greffier lui remettait une liste. A partir de 1603, lorsque tous les bourgeois de la cité firent partie des corporations de métiers, le varlet fut aidé dans ses fonctions par des crieurs publics (¹). Il fallait au moins 24 heures entre la convocation et le jour de l'assemblée (²), à moins qu'il n'y eût urgence. Le varlet était encore chargé d'avertir chaque compagnon qu'il eût à se ranger sous la bannière de sa corporation, lorsque celles des autres métiers étaient déployées, soit pour assister à une cérémonie publique, soit pour défendre la ville ; dans ce dernier cas, il appelait sous les armes jusqu'aux varlets servants ou manœuvres.

----

(1) Ordonnons que doresnavant les assemblées desdits métiers pour délibérer et résoudre sur les points susdits et semblables se feront par convocation et semonce de nos bourgeois, tant en nostre cité que franchise par les serviteurs ou varlets sermentés de chacun mestier, comme aussi par cris publics, sons de trompettes ou tambours aux principaux carrefours de la cité (Édit d'Ern. de Bavière).

(2) Réglement de 1773, article 46.

Les jours de marché, il devait aller, avant six heures du matin, prendre les clefs de la halle chez les gouverneurs et les accompagner ensuite, avec les rewards, dans la visite des marchandises, sous peine d'une amende d'un vieux blaflart.

Primitivement, le varlet du métier était payé à raison de ses courses; pour chaque réunion à laquelle il convoquait les compagnons, soit pour assister aux assemblées, soit pour se trouver aux fêtes, aux processions, aux noces, aux obsèques, etc., il recevait un gros de trois labayes. A partir de 1493, ses gages furent fixés à dix florins liégeois par an, outre un chaperon que lui fournissait le métier. Si pendant trois années consécutives il remplissait ses devoirs à la satisfaction générale, il avait le droit et était même obligé de se faire confectionner une livrée aux mêmes couleurs que les officiers. Il avait enfin une petite part dans le prix des acquêtes et des reliefs, à savoir un vieux gros tournois pour chaque relief de fils ou de fille de maitre, un pot de vin pour l'acquête d'un bourgeois et un demi florin d'or pour celle d'un étranger.

VIII

LE GROUMET.

Le groumet (1) du métier était l'employé institué par les compagnons pour diriger le moulin aux écorces. Il était élu à la pluralité des voix en assemblée générale; il devait offrir des garanties suffisantes de *preudhommie et de capacité dans la pratique de meunerie.* Avant d'entrer en fonctions, il prêtait serment entre les mains du greffier et promettait : 1° de servir les maîtres avec toute l'exactitude possible et sans retard, afin de ne pas nuire à leurs intérêts ; 2° de s'informer avec soin du propriétaire des écorces en creppets que les bateliers (serviteurs naiveurs) ame-

(1) « *Groumet*, garçon de marchand ou d'artisan » (Ducange). Chez le métier des tanneurs, ce mot signifiait le directeur du moulin, le meunier en chef. Aujourd'hui, en wallon, il signifie un garçon meunier.

naient et portaient sur les tourailles, pour ne pas les confondre et pouvoir rendre à chacun son lot quand elles seraient moulues; 3° de les faire *toutes également sécher et suer*, de les moudre *grasses, menues* ou *roulantes* suivant la demande de chacun ; 4° de les faire emporter aussitôt moulues et de les renvoyer aux propriétaires (¹); 5° de rendre intégralement la moulnée de chacun et de ne faire tort à personne volontairement ni involontairement; 6° de ne pas permettre qu'aucun ouvrier, *familier* ou étranger, dérobât du tan ou brûlât des écorces en creppes ; 7° de veiller à ce qu'on n'entrât sans nécessité dans le moulin avec du feu, à ce que les ouvriers ne fumassent en travaillant dans les tourailles, pour éviter les incendies ; il devait dans le même but visiter de temps en temps les fourneaux et les faire nettoyer; 8° de ne point accepter d'autres écorces que celles qui auraient été mesurées par les serviteurs du trinay; 9° d'entretenir le moulin, les *hernaz*, le *bis*, et la voie de la Hamaide ; 10° de demeurer au moulin et de ne pas permettre que d'autres y logeassent ; 11° de ne vendre aucune espèce de boisson , pas même aux ouvriers ; 12° de fermer les portes communiquant au pont et aux terres, pour empêcher le passage, et cela depuis 5 heures en hiver et depuis 8 heures en été; 13° de ne pas permettre à sa femme de s'occuper des affaires du moulin, etc.

On verra dans les chapitres des écorces et du moulin, le soin avec lequel était réglé tout ce qui concernait la distribution des écorces.

Toute infraction à l'un ou à l'autre de ces articles était punie d'une amende arbitraire, à fixer par les officiers. En 1542, un groumet fut privé de son emploi après avoir été convaincu de fraude.

Le salaire du meunier était de 300 florins de Brabant par an. On lui procurait en outre l'huile et le chauffage nécessaires à son ménage et il avait la jouissance des prairies et des terres attenantes au moulin , ce qui lui procurait encore un revenu assez considérable.

(¹) Les valets du moulin ne pouvaient exiger aucun salaire de ce chef.

IX

LES SERVITEURS DU TRINAY.

Les mesureurs des écorces s'appelaient *chargeurs* ou *serviteurs du trinay* (1). Leur nombre variait de deux à cinq, suivant les exigences du service. Deux d'entre eux s'appelaient *teteux*.

Ils étaient établis au moulin à tan pour délivrer à chaque compagnon la quantité d'écorces en creppets et d'écorces moulues, qu'il demandait à son tour jusqu'à concurrence d'une mesure fixée par la loi.

Leur élection se faisait, comme celle du groumet, à la pluralité des voix, et ils prêtaient aussi serment entre les mains du greffier, en présence d'un gouverneur au moins, du rentier et de quelques députés.

Le métier passait avec eux une espèce de contrat, où étaient stipulées la durée de leur engagement, leurs indemnités et leurs obligations. Ils s'engageaient : 1° à s'acquitter fidèlement et loyalement « du devoir de leur servitude » pendant le temps convenu ; 2° à donner équitablement à chaque tanneur 52 mesures d'écorces en creppets « y comprise la mesure à comble dite copeye » et 42 mesures d'écorces moulues par an ; 3° à mesurer avec toute l'exactitude possible sans favoriser ni les compagnons acheteurs ni les marchands vendeurs : en cas de contestation entre ceux-ci, le plus ancien chargeur avait le droit de vérifier le contenu de la mesure et de porter un jugement ; 4° à ne pas intervertir l'ordre reconnu, fixant le rang des *compagnons moulants* pour recevoir tour à tour leurs écorces. Ce rang avait d'abord été établi par quartier, par rue et par demeure. Mais chaque année, au mois de mai, les tanneurs pouvaient demander au rentier à avancer ou à reculer leur tour. Le

(1) Nous n'avons pu nous renseigner au sujet de la signification ni de l'origine de ce mot.

rang une fois fixé, il devait être observé jusque l'année suivante à la même époque. A mesure que le tour d'un compagnon arrivait, le rentier le faisait avertir qu'il pouvait aller chez lui prendre l'oune ou mesure; avant de la lui remettre, il en constatait l'identité, s'assurait que l'intéressé demeurait dans les limites et participait aux charges du quartier. Muni de la mesure, le compagnon se rendait au moulin, recevait la quantité d'écorces qu'il demandait sur la part qui lui était dûe, puis reportait la mesure chez le rentier, avec la rétribution exigée pour la mouture. Les officiers étaient très-sévères quant à l'observation de ce dernier point, parce que la négligence d'un tanneur à restituer l'oune retardait le tour des compagnons suivants et pouvait leur occasionner des pertes. En 1589, ils publièrent une ordonnance spéciale à ce sujet, condamnant à une amende de 10 florins d'or ceux qui, après s'être servi de l'ounc, la conservaient chez eux ou la passaient à d'autres; les tanneurs qui faisaient moudre des écorces non mesurées étaient frappés de la même peine.

La mesure aux écorces donna lieu à bien des contestations et à plusieurs procès; les intérêts opposés des marchands et des acheteurs se trouvaient tous les jours en opposition. Les garanties étant insuffisantes des deux côtés, les fraudes étaient trop faciles pour ne pas occasionner de fréquents abus et faire éclater des conflits; les mesureurs se laissaient souvent corrompre, et eussent-ils fait leur devoir en conscience, encore n'auraient-ils pas réussi à satisfaire toutes les prétentions. Plusieurs combinaisons essayées pour concilier les diverses exigences échouèrent. Tantôt à la demande du métier, tantôt à celle des marchands, le droit de nommer les serviteurs du trinay fut plusieurs fois transmis des tanneurs aux bateliers, du Conseil de la cité au prince. En 1615, les marchands d'écorces en creppets demandèrent à avoir un chargeur institué par eux et à faire sceller d'une marque à eux propre la mesure, afin d'empêcher les fraudes. En 1664, de concert avec les naiveurs (bateliers), ils supplièrent le prince de faire vérifier l'oune, qu'ils prétendaient être plus grande que celle dont on s'était servi jusque là.

Enfin, en 1668, le Conseil de la cité fut obligé d'ajouter quelques
articles au réglement général du métier, pour condamner à une
amende de 21 florins ceux qui feraient charger plus d'une meunée
ou 52 ounes et ceux qui retiendraient par devers eux la mesure
qu'ils auraient reçue du rentier.

La mesure des écorces en creppets fut définitivement fixée par une
ordonnance du prince Jean Louis d'Elderen, du 9 septembre 1690.
Il y est dit que les gros tanneurs découpaient leurs écorces en creppets en si petits morceaux, qu'au lieu de recevoir 12 meunées par
an, ils en obtenaient quelquefois 15, au grand préjudice des petits
commerçants. Il fut en conséquence défendu aux mesureurs, sous
peine d'une amende de 6 florins, de charger des écorces en creppets
ayant plus de neuf pouces « trois jointures du doigt nommé *index*
d'un homme entre deux tailles. » Cette ordonnance fut confirmée
le 1er décembre 1707, par le Conseil impérial ([1]).

La mesure des écorces moulues fut contrôlée le 15 février 1685,
par ordre du souverain officier du prince, en présence de Charles
Natalis, *sailleur* de la cité, du rentier, du greffier, de plusieurs
députés du métier, et de trois marchands d'écorces et bateliers;
après qu'elle eût été scellée par Natalis, il fut constaté qu'elle contenait « sept setiers, six pognoux et demi de navette à strige,
étant mesurée avec l'entonnoire sur le trépied. »

Il existait de cette façon une double garantie pour la sévère et
juste répartition des écorces; en effet, comme elles étaient mesurées
en creppets avant d'entrer au moulin, et en farine lorsqu'elles en
sortaient, il devenait presque impossible de tromper la surveillance
des mesureurs. A supposer même que l'on fût parvenu à introduire au moulin plus de 52 mesures, quantité fixée pour les écorces

---

([1]) Réglement de 1773, art. 2. « La meunée d'écorces en creppe sera
composée d'un nombre de mesures proportionné aux différentes longueurs
des écorces hachées en creppe, savoir : de 80 mesures coupées de la longueur du doigt index, de 96 de la longueur de l'index et demi et de
104 mesures pour la longueur de deux index; le tout mesuré à racle précisément de la mesure. »

en creppets, les serviteurs et naiveurs, après les avoir réduites en poudre, sachant que sous cette forme elles ne devaient mesurer que 28 sacs « raisonnablement remplis », s'apercevaient aussitôt de la fraude. Lorsqu'ils trouvaient un surplus notable, ils devaient en avertir les officiers qui jugeaient le cas, et pouvaient confisquer toute la charge au profit des pauvres et des *honnestes ménages* du métier.

Les serviteurs du trinay étaient entièrement soumis aux ordres et à la juridiction des officiers, qui pouvaient leur infliger des amendes et même les priver de leur emploi.

Ils avaient des gages, fixés dans le contrat passé à leur admission ; ils jouissaient en outre des profits accidentels qui pouvaient leur arriver en chargeant et en mesurant extraordinairement des meunées pour des marchands ou des tanneurs étrangers.

Le métier leur fournissait tous les ustensiles nécessaires à leur emploi.

CHAPITRE II.

DES COMPAGNONS.

La dénomination de *compagnon* ne s'appliquait primitivement qu'aux membres du métier, c'est-à-dire à ceux qui, en ayant fait le relief, remplissaient fidèlement les devoirs que leur imposaient les statuts (¹). Ce mot se généralisa peu à peu; au XVIe siècle, il s'étendait à ceux qui, ne possédant pas le métier, aspiraient à en faire l'acquête (aux apprentis) et même à tous les individus employés comme domestiques dans les travaux de la tannerie.

Alors toute la classe des compagnons se divisa en quatre catégories, savoir: 1° les maîtres; 2° les ouvriers; 3° les apprentis; 4° les valets servants. Les deux dernières, comme nous venons de le dire, ne portaient le titre de compagnons que par une espèce de tolérance; ils n'en avaient ni les droits ni les bénéfices, si ce n'est en temps de guerre, lorsqu'ils marchaient sous la bannière du métier.

I

LES MAITRES.

Les maîtres étaient les compagnons du métier qui, après avoir prouvé leurs capacités (après avoir fait chef-d'œuvre), montaient une tannerie et faisaient travailler pour leur propre compte.

(¹) On les appelait aussi autrefois *parchoniers* ou *comparchoniers*, du mot roman *parchon* qui signifie *partage*.

Outre le *stau* ou établi, échoppe, qu'ils avaient dans la halle pour
vendre leurs produits les jours de marché, ils devaient être propriétaire d'une maison ou en louer une pour préparer leur cuirs et
tenir boutique pour les vendre; en un mot ils devaient être *maistres
d'un hostel* ([1]).

Un maître ne pouvait exposer en vente d'autres cuirs que ceux
qu'il avait fabriqués lui-même et portant sa marque, avec les initiales
de son nom et de son prénom. Il lui était également défendu d'en
livrer à un autre tanneur, sous peine de payer dix florins d'or
d'amende à la première contravention, d'être privé du métier
pendant trois ans à la seconde et d'en être exclu pour toujours à
la troisième.

Le tanneur convaincu d'avoir contrefait ou même imité la marque
d'un confrère était condamné à une amende de trois florins d'or.

La veuve d'un maître pouvait continuer l'industrie de son mari,
employer des ouvriers et posséder un étalage comme avant son
veuvage ; elle conservait encore ce droit lorsqu'elle convolait en
secondes noces moyennant une redevance de quatre florins de
Brabant. Elle pouvait décliner la responsabilité quant aux marchandises vendues du temps de son premier mari, en changeant
de marque et en prévenant les officiers.

Un fils de maître, demeurant auprès de son père, ne pouvait
vendre des cuirs pour son propre compte, s'il n'était âgé de 25 ans
et s'il n'avait fait chef-d'œuvre. Seulement, quant à ce dernier point,
le terme de l'apprentissage n'était pas fixé. A sa réception, il prêtait
serment de fidélité entre les mains du greffier et déclarait qu'il
travaillait à son profit ; s'il négligeait ce soin, il était frappé d'une
amende d'un florin d'or du Rhin.

Afin de protéger les petits commerçants, il était rigoureusement
défendu de posséder plus d'une tannerie et d'y employer plus de
trois hommes à la fois, soit ouvriers, soit apprentis, soit valets. Le

---

([1]) On verra pourquoi dans le chapitre des marchandises : *Vente et
achat des cuirs.*

maître pouvait occuper ses fils comme ouvriers, en ayant toujours soin de ne pas dépasser le nombre de trois hommes travaillant dans son atelier, de façon que s'il avait trois fils, il ne pouvait accepter ni valet ni apprenti ([1]).

Avant d'admettre chez lui un ouvrier, quel qu'il fût, le maître était tenu d'en avertir les gouverneurs et de s'assurer s'il payait les *droitures* ou charges du métier.

Dans le principe, il lui fut permis d'accepter des étrangers dans sa tannerie, en payant une redevance de trois florins de Brabant par an. Mais lorsque, à la suite de l'accroissement de la population et de la fréquente acquisition du droit de bourgeoisie, le métier, devenu plus nombreux, offrit par lui-même assez de bras pour les travaux de l'industrie, on fut obligé de ne plus admettre que des gens de la corporation. Ce décret avait surtout pour but de procurer du travail aux pauvres gens du quartier et d'établir la plus grande égalité possible entre tous les compagnons.

II

LES OUVRIERS.

Les trois personnes que chaque maître avait le droit d'employer dans sa tannerie étaient des ouvriers., des apprentis ou des valets.

[1] On hésiterait à reproduire ces dispositions, si elles ne se trouvaient plusieurs fois répétées dans les statuts du métier. En effet, comment admettre que les tanneurs de Liége. dont les cuirs avaient une réputation européenne et étaient recherchés par dessus tous les autres jusque dans les foires de Novogorod, pussent suffire aux commandes que leur attirait l'excellence de leurs produits en n'employant que trois ouvriers? Comment expliquer les richesses immenses acquises dans cette industrie par certaines familles, les Stenbier. les De Haar, les Gradi, etc., si elles ne pouvaient donner une certaine extension à leur commerce ? Les mesures relatives à l'usage des écorces viennent cependant confirmer le fait. C'était sans doute dans un but bien louable d'humanité à l'égard de leurs confrères pauvres que les compagnons avaient établi ces décrets. Mais il n'est pas étonnant que la suppression des métiers fut accueillie avec joie en 1792, car ils étaient un obstacle insurmontable au développement de l'industrie.

Les ouvriers étaient primitivement recrutés dans toute la cité. Au XVe siècle le métier étant assez nombreux pour se suffire, les bourgeois qui n'en faisaient point partie furent obligés d'en acquérir la petite *rate*, pour pouvoir être admis à ses travaux. Les étrangers ne pouvaient être occupés par un maître que pendant l'espace d'une année ; ce terme écoulé, ils devaient le quitter ou acquérir le droit de continuer en se faisant inscrire au nombre des bourgeois tanneurs ([1]).

Comme corollaire de ces mesures, il était défendu à tout maître d'employer une personne qui n'eût pas acquis la petite rate du métier, montant à trois griffons. Quelquefois , dans des cas bien motivés, les gouverneurs accordaient une permission écrite d'accueillir des ouvriers étrangers , par exemple des orphelins, mais à la condition expresse qu'ils ne fussent pas mariés et que le maître payât une redevance d'un quart de vin de douze pots.

Un maître ouvrier commandait aux autres et dirigeait tous les travaux de l'atelier. C'était ordinairement le propriétaire lui-même qui s'acquittait de cette fonction, ou bien un apprenti qui, après avoir fait chef-d'œuvre, travaillait encore pendant un an auprès de son ancien maître par reconnaissance, ou pour se mettre parfaitement au courant de toute la besogne d'une tannerie, avant de s'établir.

Les hommes employés chez un maître avaient chez lui leur logement et y recevaient leur nourriture , lorsqu'ils n'étaient pas mariés ou que leurs parents demeuraient en dehors des limites du quartier. Le salaire des ouvriers a sans aucun doute varié suivant les époques ; on ignore à quel taux il montait ; on sait seulement qu'ils étaient payé par jour.

Il est probable que les ouvriers jouissaient aussi du droit d'acquérir la maîtrise ; mais les conditions n'en sont stipulées nulle part ; elles auront été omises vu la rareté du cas ; il fallait en effet, pour être maître, posséder une tannerie dont les frais d'installation dépassaient les ressources de simples ouvriers.

[1] Voir le chapitre de la pratique du métier , au mot *rate*.

Une ordonnance spéciale fixait la durée du travail pour tous les compagnons. Depuis le jour de Pâques jusqu'à la fête de St.-Remy, les ouvriers devaient se mettre à l'ouvrage à 4 heures du matin et le quitter à 7 heures du soir. Depuis le jour de St.-Remy jusqu'au Grand-Carême, la journée commençait avec l'aube et finissait à la nuit. Depuis le Grand-Carême jusqu'à Pâques, on travaillait de 7 heures du matin à 6 heures du soir. Le lever et le coucher du soleil servaient de base à ce réglement, qui était strictement observé. Toute occupation à la chandelle était interdite dans les ateliers, sous peine de privation du métier pendant deux ans et d'une amende d'un florin d'or. Un valet était chargé d'annoncer au son de la cloche le commencement et la fin de la journée; chaque compagnon lui payait pour cela douze deniers par semaine. Le samedi et la veille de toutes les grandes fêtes, le travail devait être interrompu à midi. Pour s'assurer de l'observation de ces statuts, les officiers étaient autorisés à faire des visites domiciliaires.

Avant de quitter son maître, l'ouvrier devait achever un ouvrage commencé, sous peine de ne plus être employé dans le métier, à moins qu'il n'eût des motifs graves dont les officiers étaient seuls juges. Il s'engageait ordinairement pour un terme de trois ou cinq années avant l'expiration duquel il ne pouvait entrer chez un autre maître. Le maître, de son côté, était obligé de le conserver pendant le temps fixé au contrat.

III

LES APPRENTIS.

Les apprentis étaient les ouvriers qui travaillaient pendant un temps fixé chez un maître, pour ensuite faire chef-d'œuvre et s'établir eux-mêmes comme chefs d'une tannerie.

Pour être admis à l'apprentissage, il fallait être enfant du métier ou, si l'on était étranger, en avoir acquis au moins la petite rate (¹)₊ Ordinairement c'étaient des fils de maîtres.

Lorsqu'un homme se présentait chez un tanneur pour apprendre de lui le métier, ce dernier s'assurait tout d'abord qu'il avait dépassé l'âge de 13 ans, et qu'il était enfant légitime de parents catholiques. Il l'admettait ensuite à une épreuve de 15 jours ; si, ce temps écoulé, le patron et l'élève croyaient pouvoir se convenir, ils passaient entre eux une espèce d'accord, par lequel le second s'engageait à travailler assidûment au profit du premier, et à ne le quitter sous aucun prétexte, même pour se marier, avant l'expiration de son contrat. Le maître, de son côté, promettait d'initier l'apprenti dans tous les secrets de la fabrication, et de le conserver jusqu'au moment où il pouvait faire preuve de capacité, à moins qu'il n'eût un motif très-sérieux pour le renvoyer.

Ces conventions acceptées de part et d'autre, l'apprenti se présentait chez le greffier et lui faisait connaître son engagement. Cet officier en prenait note et recevait un florin du Rhin, si le nouveau venu était du métier, et un postulat de Hornes, s'il était étranger. Dans ce dernier cas, on l'inscrivait sur un registre particulier, afin qu'il ne fût pas possible à ses enfants de revendiquer dans la suite les droits dont jouissaient les fils de maîtres. L'étranger faisait aussi enregistrer sa sortie d'un atelier pour qu'il fût permis de constater, lorsqu'il se présenterait pour faire son chef-d'œuvre, que le temps de son apprentissage avait été fidèlement rempli.

(¹) La petite rate ne donnait pas le droit d'assister aux assemblées. Il semblerait cependant qu'avant l'année 1422, les apprentis exerçaient ce privilége, puisqu'un édit du 5 juillet de cette année leur défend de s'y rendre encore : « Item encor volons et accordons que doresenavant nuls afforains borgois manans defours banlieu, apprendiche ne enfant de maistre desoubs cage (25 ans)... puist faire sieute ne élection aucune des offiches delle cité, a tel fin que lesdites offiches grosses ou menuttes soyent plus justement données et ordinées en temps futur » (Pawillart aux archives). Il est possible, que par cette ordonnance, le prince ne fit que réprimer des abus qui s'étaient glissés dans le gouvernement des métiers sous les règnes précédents.

La durée en était fixée à six années de pratique.

Ce laps de temps écoulé, le patron, à la demande de son apprenti, prêtait serment entre les mains des gouverneurs qu'il l'avait « bien et loyalement servi » durant l'espace de six ans ; après quoi il était admis à faire chef-d'œuvre.

L'usage d'exiger un chef-d'œuvre d'un ouvrier qui s'établissait, fut sans doute institué pour offrir au public une garantie de l'aptitude de ses livranciers. A cet effet, les officiers choisissaient « quatre bons personnages, gens entendus et experts dans le métier », au nombre desquels étaient ordinairement deux rewards. Tous les membres de ce jury portaient du reste cette appellation. C'était sous les yeux de ces quatre rewards que l'apprenti devait exécuter sa pièce d'œuvre. A leur nomination, le candidat les gratifiait d'un florin ; il leur payait en outre, pour chaque vacation, un demi écu.

En général, dans les autres métiers, le chef-d'œuvre consistait dans la confection d'un objet le plus souvent déterminé par les statuts ; l'apprenti, pendant tout le temps qu'il s'occupait de son chef-d'œuvre, était soumis à la surveillance rigoureuse de la commission ; lorsqu'il abandonnait momentanément son travail, l'objet était confié à la garde de ces mêmes rewards qui l'enfermaient en lieu sûr, afin que l'apprenti ne pût y faire travailler ses parents ou ses amis et user ainsi de fraude pour arriver à la maîtrise.

La pièce achevée, elle était remise aux officiers qui, de concert avec la commission, jugeaient de la perfection de l'ouvrage, et décidaient si le prétendant était admissible au relief. En cas d'insuccès, l'aspirant était obligé de travailler encore pendant une demi année, au moins, auprès de son ancien maître, avant de pouvoir se présenter à une nouvelle épreuve. Dans ce cas, il payait une seconde fois les frais de l'examen.

Si l'ouvrage était reconnu convenable, on admettait l'apprenti au relief du métier. Il pouvait ensuite construire ou acheter une tannerie, monter un atelier, employer des ouvriers et ouvrir un magasin, enfin s'établir et travailler pour son propre compte. Il était d'usage que, après son acceptation, il travaillât encore une année auprès de son patron, comme maître ouvrier.

Telle était la coutume généralement admise dans les métiers de Liége.

Dans celui des tanneurs, il était impossible d'exiger d'un ouvrier un travail complet qui permît de faire apprécier son habileté en matière de tannerie. La préparation du cuir exige, comme on le verra, un temps trop considérable. D'un autre côté, les rewards n'auraient pu exercer sur la confection d'une pièce entière une surveillance scrupuleuse ; aussi suffisait-il du serment du maître attestant les capacités de son apprenti. Mais il n'en était pas de même à l'égard des corroyeurs ; aussi, étaient-ils soumis à un examen préalable, dans lequel toutes ces formalités étaient observées. D'ailleurs il faut remarquer, avec un écrivain, français que les épreuves n'avaient pas seulement pour objet les opérations ou les produits directs du métier ; elles embrassaient aussi la fabrication des produits accessoires.

Ajoutons qu'un maître ne pouvait accepter chez lui qu'un seul apprenti à la fois. Celui-ci servait sans salaire et payait même sa pension chez son maître, pendant les premières années de son apprentissage ; mais, vers la fin de son stage, il obtenait la remise de cette obligation.

IV

LES VARLETS SERVANTS.

Les varlets servants ou serviteurs étaient les manouvriers ou manœuvres des maîtres tanneurs. On les recrutait parmi les pauvres, les enfants illégitimes, etc. Ils devaient obéissance pleine et entière aux ouvriers qu'ils aidaient dans les travaux les plus grossiers, portant le tan, menant la brouette, etc. (¹).

(¹) Aucune servante n'aurait osé mettre la main à un travail de tannerie, même pour mener la brouette : cela n'était pas écrit dans les statuts ; mais les ouvriers, pour sauvegarder la dignité de leur art, ne l'auraient pas permis.

En l'année 1493 , il fut défendu aux maîtres de tenir « varlet ou serviteur en leur hostel » pour être employés aux travaux de la tannerie , s'ils n'étaient du métier , sous peine d'une amende de quarante livres ([1]).

Ces manœuvres étaient tenus , en vertu d'un accord fait avec le maître tanneur , de demeurer un temps déterminé dans leur service ; et quand, l'engagement expiré, ils changeaient de maître, ils devaient exhiber un certificat constatant qu'ils avaient fidèlement servi leur patron. Sans cette attestation, ils ne pouvaient être reçus ailleurs. De son côté , le maître devait avoir un motif plausible, approuvé par les officiers, pour les renvoyer avant le terme convenu ([2]).

Le salaire des valets nous est inconnu.

([1]) L'usage admettait une seule exception à ce statut : le compagnon qui avait, de lui ou de sa femme, des enfants étrangers au métier, ou qui avait recueilli chez lui des orphelins étrangers, pouvait s'en faire aider dans sa tannerie ; mais il lui était défendu de leur donner aucun salaire ou de les employer à autre chose qu'à des travaux préparatoires.

([2]) C'est par exagération que Hemricourt dit, dans son Patron del Temporaliteit, que les valets servants assistaient aux assemblées : « Quant le universiteit delle dite citeit est ensemble por aucuns cas notables , ou li mestiers sont ensemble por faire leurs officiers , li *garchons servans* et li apprendiches ont altretant de voix en leur sietes faisant qui li maistres et li chiefs d'hosteil. »

CHAPITRE III.

Tous les compagnons , dans la vraie et première acception du mot , *possédaient* le métier. Cette possession s'obtenait 1° par naissance, pour les enfants des maîtres et des ouvriers tanneurs ; 2° par achat, pour les étrangers. Cette dernière manière s'appelait *faire l'acquête du métier*. Nous avons déjà été plusieurs fois dans le cas d'employer cette expression.

Pour consacrer la possession obtenue , les enfants des compagnons, aussi bien que les étrangers, étaient tenus de *faire relief*. Cette formalité remplie , ils faisaient partie de la corporation au même titre que les compagnons et pouvaient comme eux *user* ou *pratiquer* le métier, c'est-à-dire en exercer l'industrie , et *le fréquenter* ou le *hanter* , c'est-à-dire jouir de ses droits politiques. Nous allons essayer de mieux préciser ce que l'on entendait par ces différents termes.

I

L'ACQUÊTE.

Les enfants des compagnons , fils ou filles , nés dans le métier, en étaient membres de droit. Les autres bourgeois de Liége, et même les étrangers , pouvaient cependant s'y faire admettre et en exercer l'industrie en en faisant *l'acquête*. Par suite de cette formalité, l'acquéreur pouvait jouir personnellement des mêmes priviléges que les compagnons qui possédaient le métier par droit de naissance. Nous disons *personnellement*, parce qu'à l'égard de leurs enfants, il n'en était pas de même.

Il y avait deux espèces d'acquêtes ; celle de la *grande rate* et celle de la *petite rate* ([1]).

La grande rate du métier donnait droit à toutes les franchises sans exception et particulièrement à l'exercice des priviléges politiques et administratifs ; avec elle, on pouvait *hanter* le métier, c'est-à-dire assister aux assemblées, y voter et y revêtir des charges. La petite rate procurait à l'acquéreur le droit d'*user*, d'*exercer*, de *pratiquer* le métier, c'est-à-dire de travailler dans les tanneries à certains ouvrages préparatoires ; avec elle seule, on n'était ni électeur ni éligible ; avec elle seule, on ne pouvait pas davantage devenir maitre. Ceux qui la possédaient uniquement était appelés *ouvriers delle main*.

Les étrangers ne pouvaient acquérir que la petite rate.

Pour être apte à acquérir le métier, il fallait préalablement prouver qu'on était « de bon nom et fame et d'honneste conversation, » engendré de légitime mariage et professant la foi catholique ([2]).

Le prix de l'acquête varia souvent. Le plus ancien taux que nous

---

([1]) La signification propre de ce mot, que l'on trouve indifféremment écrit *rate*, *rade*, *raete*, *ralte*, *raule*, ne nous est pas bien connue ; peut-être veut-il dire *part*, *portion*, d'après l'analogie du latin *rata* (*pars*), qui se traduit aussi quelques fois en français par *rate*, par exemple, *la rate du temps*, *pro rata temporis*; la grande rate serait ainsi la grande part (des priviléges); la petite rate, la petite part.

([2]) Cette garantie était déjà exigée pour les étrangers lorsqu'ils se faisaient recevoir bourgeois de Liége. « S. A. défend de recevoir à relief ou acquête, si on ne fait paraître d'être né bourgeois ou d'avoir acquis la bourgeoisie de Liége ». (Ordonnances des 14 déc. 1713 et 15 juil. 1724. V. Louvrex, t. 1, p. 22.)

En 1605, Ernest de Bavière porta un édit qui ordonnait à tous les bourgeois de la cité de faire l'acquête d'un des 32 métiers : « Que tous bourgeois chefs ou pères de famille, soient-ils de la cité, franchise et banlieue d'icelle, de quelle qualité, condition, prééminence ils puissent être, seront tenus dedens huit jours après la publication de cette, choisir un métier pour le hanter. »

trouvons remonte à l'an 1408 ; il était de 60 florins pour l'acquisition de la grande rate par un bourgeois natif de la cité, franchise et banlieue (¹) , plus un demi florin pour chaque gouverneur et un pot de vin pour le clerc et pour le varlet. En 1559, le métier, assailli par un trop grand nombre de prétendants, fixa le prix de cette acquête à 70 florins d'or pour les citains de Liége, plus un postulat de Hornes pour chaque gouverneur et un demi-setier de vin pour le clerc et pour le varlet. Les bourgeois de Liége , non natifs de la cité, payaient 80 florins d'or. Après 1559 , ce chiffre fut porté à cent florins d'or pour le métier, et chaque gouverneur eut droit à un demi-florin.

Pour acquérir la petite rate, les étrangers devaient payer une somme de cent florins d'or au métier , un florin à chaque gouverneur, un demi-florin au clerc et au varlet. Après 1559 , le prix fut de 120 florins pour le métier.

Primitivement, chaque métier fixait lui-même le taux de l'acquête ; il arriva de là que la foule des étrangers se porta vers le moins exigeant et que les autres ne comptèrent plus guère parmi leurs

(¹) Voici, suivant Vlierden, ce qu'on entendait par *franchise* et *banlieue* de Liége : « Sciant, qui id nesciunt, *francisiam* eam dici regionem urbanam et suburbanam totam, cui Ill. Præpositus Leodiensis imperitat, in quâ jurisdictionem pene pari cum Seren. Principe potestate exercet , jusque parochiales ecclesias et xenodochia visitandi, ut Ordinarius habet ; quousque scilicet se fasces Præfecti urbis extendunt et Scabini Leodienses dandæ glebæ jus habent, nemoque nisi ex locato et conducto, aut vectigalis et peculii debiti nomine , vel obligatione simili potest intra privatos parietes pignorari. — Intra proximum ab urbe lapidem qui *leuca bannalis* (banlieue) est , circumscribitur consularis et magistratus civici potestas et jurisdictio. » Puis il ajoute : « qui vero sint utriusque limites quamvis intercisi, majoribus. si quis se bonus offerat genius, explicabitur curis. » (*Clericus de penna vivens*, p. 14). De son côté, Bartholet dit au n° cccvi de son *Consilium juris* : « Leuca bannalis à Pirono civitatis se extendit ad centum terræ jugera circumcirca civitatem. Leucales sunt cives civitatis. Cives leucales debent civitati servitium militare. »

Nul ne pouvait exercer un commerce quelconque dans la banlieue, s'il ne faisait partie d'un métier.

membres que les enfants du métier ; c'était, en outre, pour ceux-ci, une source importante de revenus de moins. Pour faire cesser ce désordre et rétablir l'équilibre, la nouvelle paix de St-Jacques de 1478, rendit obligatoire un tarif général. Les rates des 32 bons métiers furent toutes mises au même niveau et fixées comme suit : Tout bourgeois de Liége voulant acquérir le métier pour le pratiquer et le hanter, devait payer dix florins au profit de ce métier, 20 aidans à chaque gouverneur, cinq aidans au clerc et au varlet. Les étrangers payaient 15 florins pour la petite rate. Après quoi les uns et les autres étaient obligés de se faire inscrire sur les registres du greffier, puis on les publiait au perron de la cité (¹). On vient de voir que ce décret, s'il fut mis à exécution, tomba bientôt en désuétude. Il en fut de même du réglement d'Erard de la Marck de 1507, ordonnant que tous les habitants de la cité se fissent bourgeois d'un métier, et fixant à deux florins le prix de la petite rate. Cette demande faite, avec les formalités requises, ne pouvait être rejetée par les officiers.

II

LE RELIEF.

Le relief était une reconnaissance de soumission donnée à un personnage ou à une autorité quelconque dont on tenait des biens ou des droits.

Cette prestation, empruntée aux mœurs féodales, devait être nécessairement remplie par quiconque prétendait *user* le métier comme compagnon, devenir maître, avoir le droit de voter dans les assemblées, être élevé aux charges, etc. Dans le rendage de 1288, nous trouvons déjà une espèce d'acte de relief exigé par la société pour l'admission des nouveaux membres à l'usage du moulin à tan ;

______

(¹) Livre des *Chartes et priviléges* ; document du métier des *febvres*, t. I, p. 25.

ils devaient être agréés par les confrères et les souverains, et contribuer pour leur part aux dépenses générales.

Pour pouvoir *relever* le métier, il fallait d'abord le posséder par
achat, par naissance ou par droit de parenté ([1]). Celui qui pouvait
établir, à l'un de ces titres, son droit au relief, était en outre tenu
de se présenter au greffier dans les trois jours à partir du moment
où il en avait obtenu l'autorisation , sous peine d'un florin d'or
d'amende.

Quant aux bourgeois de Liége, nés hors de la corporation, les
conditions que l'on exigeait d'eux pour l'acquête du métier (formalité préalable et rigoureuse pour eux, comme on l'a vu), offraient
des garanties suffisantes pour les faire admettre sans autre preuve
au relief. Les acquéreurs de la grande rate seuls étant autorisés
à faire relief, les étrangers ne pouvaient prétendre à ce droit que
par suite d'une faveur exceptionnelle.

Les membres du métier devaient fournir des preuves qu'ils
étaient issus du légitime mariage d'un bourgeois avec une bourgeoise du métier. Une ordonnance de 1433 les obligea, en cas de
doute, de faire ces preuves à leurs frais. Si , par une faveur toute
spéciale et en raison de motifs très sérieux, les officiers accordaient à un enfant illégitime le relief du métier, il payait le double
de la taxe.

Il fallait, en outre, pour tous les relevants sans distinction, avoir
15 ans accomplis, « être assez fort et puissant pour porter armes
et bastons pour servir le dit bon mestier. » Ceux qui n'étaient pas
mariés devaient de plus prouver, au préalable, qu'ils avaient à eux

---

([1]) Les statuts n'ont pas déterminé le degré jusqu'où s'étendait le droit
de parenté. On sait positivement que les frères, les sœurs, les beaux-frères,
les belles-sœurs , les petits fils et les petites filles d'un tanneur pouvaient
relever le métier, quoiqu'usant et pratiquant un autre métier. Il serait,
croyons-nous, possible de mieux préciser ce droit en examinant et en com-
parant quelques-uns de ces registres particuliers, que la plupart des
familles liégeoises faisaient exécuter avec un grand luxe d'armoiries et de
reliure.

« maison et tannerie, qu'ils peuvent boire, manger et dépenser sans contradiction de leurs parents. »

Les membres des autres métiers qui invoquaient le droit de parenté pour relever celui des tanneurs, devaient faire conster du relief de leurs parents sur lequel ils s'appuyaient, ou bien payer *double relief*, c'est-à-dire le double du droit ordinaire.

La cérémonie du relief s'accomplissait devant le greffier, le rentier et un gouverneur ; elle consistait dans un serment solennel et était accompagnée d'une redevance.

Voici, d'après les chartes, le serment exigé de ceux qui relevaient le métier : « Je jure d'estre bon, léal et fidèle à nostre très redoubté » seigneur et prince Monseigneur de Liége, à sa Cité et audit bon » Mestier ; de noncher audit prince ou son lieutenant et burg- » maistres de la Cité ou officiers dudit bon Mestier qui le sont ou » seront pour le temps, cas et conspiration de trahison s'aucunne » me venoit à cognoissanche par quelque moyen que ce fusse, » aussi révéler à justice et où il appartient le cas d'hérésie et autres » énormes et villains cas qui ne sont à receler ; item de tenir les » lettres des Mestiers faictes, celles à faire, licites et raisonnables, » sur telles peines et amendes qui icelles faites et à faire, licites et » raisonnables portent et poront porter. » Il est presqu'indubitable que cette formule fut rédigée postérieurement à la conspiration de Wathieu d'Athin ; nous n'en connaissons pas de plus vieille. Plus tard, les relevants durent encore promettre formellement d'observer la lettre des offices, de ne jamais être arbalétriers, corbesiers ni corduaniers contre le gré du métier, etc.

Le prix du relief varia comme celui de l'acquête, suivant les époques : il fut d'abord fixé pour les fils de maitres à un quart de florin d'or payable au métier, un postulat de Hornes pour chaque gouverneur, un vieux gros au clerc et au varlet. La somme à payer par les bourgeois étrangers qui avaient dû d'abord acquérir le métier était beaucoup plus élevée. En 1478, ces droits furent réglés et uniformément fixés pour tous les métiers par la nouvelle paix de St.-Jacques.

III

L'USANCE ET LA HANTISE.

Toutes les personnes qui, possédant le métier, en faisaient le relief, jouissaient de certains priviléges, participaient à certains droits et d'un autre côté étaient astreints à certains devoirs.

Ces droits et ces devoirs concernaient ou bien l'exercice, la pratique de l'industrie des tanneurs, ou bien l'administration, la police de la corporation. En vertu des premiers, on pouvait acheter des écorces et des peaux, fabriquer et vendre des cuirs, posséder une tannerie et un magasin, employer des ouvriers, etc.; cela s'appelait *user*, *exercer*, *pratiquer*, *mener* le métier, ou *se mêler* du métier. En vertu des seconds, on avait le droit d'assister aux assemblées, d'y émettre des suffrages, de discuter les intérêts politiques, civils et commerciaux de la corporation, de revêtir des charges, etc.; cela s'appelait *hanter* ou *fréquenter* le métier.

La première condition requise pour hanter et pour user le métier, après la possession et le relief, était de résider dans les *clawirs* ou limites fixées, depuis un temps fort reculé, pour et par les compagnons. Au commencement du XV siècle, ces limites étaient ainsi définies : le Pont-des-Arches d'un côté et la brasserie *condit delle Cheine emprès de Chok* (en Puits-en-Sock), de l'autre. En 1493 elles furent désignées de la manière suivante : depuis la chapelle de Ste-Barbe sur le Pont-des-Arches jusqu'à la rue des Frères de Jérusalem *condist Pieds-Chauds*. Enfin dans l'ordonnance de 1773, les clawirs comprennent la paroisse de St.-Pholien en entier, une partie de celle de St.-Nicolas, depuis la Chaussée-des-Prez jusqu'à la rue des Pères récollets exclusivement et dans la rue Grande-Bêche, jusqu'au Warixhet. Il y eu de tout temps une exception à cette règle en faveur des habitants de l'Ile-des-Febvres, qui jouissaient ou pouvaient jouir, sous certaines conditions, des priviléges et prendre part aux coutumes du métier des tanneurs. Nous en

avons donné la raison dans les *Recherches historiques* sur la corporation.

Les compagnons qui, demeurant d'abord dans les limites du quartier, changeaient ensuite leur résidence, perdaient à tout jamais les
fruits du métier sans pouvoir racheter celui-ci, même comme
étrangers. Au contraire, ceux qui, au moment où furent fixées ces
limites, se trouvèrent exclus de ce périmètre, conservèrent le droit
d'assister aux assemblées, *en Palais, en le Vesque court et en
loust* (¹) ; ils étaient même obligés de continuer à hanter le métier,
c'est-à-dire, d'assister comme les autres compagnons aux obsèques de leurs confrères, aux assemblées générales, aux processions , etc. (²) ; mais il leur était interdit de travailler les peaux,
de vendre du cuir, etc., en un mot *d'user* le métier. Si, après avoir
constamment observé les statuts, ils venaient s'établir dans les limites indiquées, ils pouvaient racheter le droit d'user le métier en
payant 60 sous parisis (20 florins en 1493), consacrés à l'entretien
du moulin. Dans tous les cas, leurs enfants conservaient le droit
de relever et d'user le métier, à la condition de rentrer dans le
quartier des tanneurs avant d'avoir atteint l'âge de 20 ans et de
payer 20 florins.

Lorsqu'un compagnon abandonnait son industrie pour en exercer une autre, il était néanmoins tenu de venir se ranger sous sa
première bannière lorsque le métier figurait en corps à l'armée ou
dans les cérémonies publiques, et d'assister aux assemblées, sous
peine de perdre irrévocablement le métier ainsi que ses enfants.
On n'exceptait de ces derniers que l'enfant qui aurait été sur le
point de naître au moment où le tanneur et sa femme enceinte

(¹) Palais, *palatium*, assemblée , lieu où le peuple s'assemblait. —
Vesque-court, la cour de l'évêque, où est aujourd'hui la halle aux viandes,
était très anciennement la résidence de nos princes ; nous ignorons à quoi
ce passage fait allusion. — *Loust*, l'oste, hoste, etc., de *hostis* ; ici : en
guerre, à l'armée.

(²) Ils ne pouvaient toutefois revêtir aucune charge du métier.

quittaient le commerce des cuirs; cet enfant pouvait récupérer
le métier en payant six vieux gros.

En 1603 , Ernest de Bavière défendit absolument à tout bourgeois exerçant un métier de le quitter pour en prendre un
autre (¹).

Les différents cas qui pouvaient se présenter relativement aux
mariages des bourgeois du métier avec des étrangers furent minu-
tieusement précisés dans un réglement de l'an 1431 (²). Lorsqu'un
enfant du métier, garçon ou fille, épousait une personne étrangère,
celle-ci pouvait user, mais non hanter le métier, toute la vie durant
de celui-là ; elle avait même , comme délai , la première année de
son veuvage, pour pouvoir se défaire sans perte des marchandises
qui lui restaient en magasin, ce qui s'appelait *rejeter ses denrées* (³).
Mais il lui était loisible d'acquérir le métier , si elle en faisait la
demande pendant la première année de son mariage , en payant la
rate de 100 florins d'or. Ce terme d'un an écoulé, l'acquête lui était
interdite ; mais cette faculté restait à ses enfants jusqu'à l'âge de
20 ans, moyennant un droit de 60 sous parisis.

Une femme étrangère, veuve d'un bourgeois tanneur, pouvait
faire jouir des priviléges du métier un second mari étranger, si,
pendant la première année de son premier mariage, elle avait acquis le métier.

Un étranger, veuf d'une fille du métier, mais ayant pendant la
première année de son mariage acquis et relevé le métier , trans-
mettait en mourant à une étrangère, qu'il aurait prise pour sa
seconde femme et qui aurait fait acquête, le droit d'user le métier,

---

(¹) « Et que ceux qui font et exercent un métier manuel, ne pourront
choisir ni hanter que celui qu'ils exercent actuellement. »

(²) *Documents inédits*, n° IX.

(³) L'exclusion des veuves ne s'accordait pas trop avec le sentiment
d'humanité qui se révèle dans la plupart des mesures prises à cette
époque dans le métier. On se demande , en effet, ce que devenaient les
veuves et les orphelins des tanneurs , qui n'ayant pas eu la précaution de
faire relief, se trouvaient tout-à-coup sans ressources.

tant que durerait son veuvage.; mais ce droit cessait aussitôt qu'elle convolait en secondes noces avec un étranger, à moins que celui-ci n'achetât le métier; auquel cas elle pouvait continuer son commerce.

Une coutume très-ancienne excluait par le fait même du métier le tanneur qui épousait « une fille bastarde ou une femme ayant prostitué son corps. » En 1433, une loi spéciale vint corroborer cet usage. Toutefois elle accordait en même temps au coupable une année entière pour pouvoir écouler ses marchandises ; lorsqu'il usait de ce délai, il devait fournir un cautionnement de 50 florins ou présenter pour répondants deux bons bourgeois du métier.

Les enfants naturels des tanneurs ne pouvaient relever le métier sans une grâce spéciale ; les maîtres les employaient ordinairement comme valets servants. S'ils voulaient apprendre le métier, ils devaient déposer une somme de 50 florins, comme garantie de leur conduite.

Tout bourgeois usant le métier et jouissant des priviléges qu'il procurait, ayant la faculté de tanner, de vendre, etc., était tenu de hanter le métier, d'assister aux assemblées et aux processions, de se conformer aux réglements , d'accomplir ses devoirs de soldat lorsqu'il faisait partie de la milice urbaine, d'aider ses confrères à gérer les affaires de la corporation, de les secourir en cas de besoin, etc. (1).

Il fallait tout d'abord jurer de garder en tout et partout les secrets du métier, c'est-à-dire, de ne révéler à personne ce qui se passait dans les assemblées, les projets, les délibérations, les discussions, enfin rien de ce qui concernait les questions particulières ou politiques du métier. A cet égard, le mari était responsable des indiscrétions de sa femme ; on peut lire dans le livre des *Chartes et priviléges* , deux recès des années 1440 et 1450 , condamnant des tanneurs dont les femmes avaient divulgué les secrets du métier.

(1) Voir les *Chartes et priviléges*, T. II, p. 241, n° 6.

Les voleurs étaient passibles d'une amende proportionnée à la
valeur de l'objet dérobé et privés pendant quatre années de la fréquentation de la halle.

Celui qui se rendait coupable d'injures envers un officier du
métier dans l'exercice de ses fonctions pouvait être condamné à
une voie de Rochemadour (¹) ou à en payer la valeur au plai-
gnant.

Le compagnon convaincu d'avoir fraudé ou détourné les cens,
revenus et la gabelle de la cité pour la valeur de plus d'un denier,
était privé du métier et puni comme parjure. Ceux qui lui en
avaient facilité les moyens subissaient la même peine.

Dans le principe, chaque bourgeois pratiquant et hantant un métier se contentait d'en exercer paisiblement les droits et députait
aux offices ceux qu'il jugeait les plus capables de bien administrer la corporation. Mais avec l'aisance vint l'ambition ; le désir
d'occuper des charges, même dans d'autres métiers, s'empara d'une
foule de prétendants. Les alliances avec des familles exerçant une
autre industrie, rendaient la chose possible, puisqu'il n'était pas
nécessaire d'acquérir le métier dans lequel on avait un proche parent pour en faire le relief ; de façon qu'un seul bourgeois pouvait
être compagnon de plusieurs métiers et même de tous à la fois (²).
Cette ambition des honneurs devint presque générale au XVIIᵉ
siècle ; elle apporta tant de troubles dans le gouvernement de la
cité et des corporations, que les princes furent, à différentes reprises, obligés de publier des ordonnances défendant à un chacun de

---

(¹) Pélerinage évalué à 5 florins d'or. (V. Sohet, *Instituts de droit*, l. 5,
t 27) *Rocamadour*, petite ville du Quercy (Lot), célèbre par l'ermitage
de saint Amadour très-fréquenté par les pélerins.

(²) « Possunt autem omnes omnino cives omnibus adscribi collegiis si
contribule jus habeant aut ipsorum natales id patiantur et conjugia ; sed
unicam dumtaxat ipsis Heteriam , unde *hanter le mestier* natum credi-
derim (?), licet ingredi, jus ut ferant suffragii ; quod ex ipsa l. 1. sub finem
ff. de colleg. et corpor. illicit. recolen. mem. sereniss. Princeps noster
Ernestus, Princeps clementiss. omnium Tribuum precibus exoratus anno
1603 aprilis 14 statuerat » (Vlierden, *Clericus de penna vivens*, p. 14.).

hanter un métier étranger et d'y porter des charges, sous peine d'être privé pour toujours du sien propre (1).

Un tanneur étranger avait le droit de travailler chez un maître de Liége pendant quinze jours sans payer de redevance ; il recevait même, en récompense de son travail, la nourriture et le logement. « Les confrères recevaient l'ouvrier forain à son entrée dans » la ville; ils pourvoyaient à ses premiers besoins; ils cherchaient » pour lui du travail et, lorsque la besogne manquait, le plus an-» cien compagnon lui cédait la place (1). » L'étranger pouvait ainsi s'instruire de la façon dont on travaillait dans d'autres pays et rapporter chez lui des procédés nouveaux. Cependant, s'il prolongeait

(1) « Item lesdis officiers sieront tenus au jour delle St.-Jacque, de faire escripre tous ceux qui feront sieulte et sequele sur leurdit mestier par nom et par surnom ; et quiconcque des dis bourgeois fera sieulte au jour delle St.-Jacque sur plusieurs mestiers , soit pour assisteir aulcun affin d'estre officiers ou autrement, et prové fuist , incourra en l'amende de 10 fl. de Rins, etc. — Item statuons et ordonnons, que celuy qui aura fait sieulte sur ung mestier , soit tenus de demorcir et servir tout l'année durant, d'ung St.-Jacque a autre, sur celuy mestier et néant sur autre , sur paine d'estre bannis et albains hors de la cité, franchiese et banlieue deux ans entiers. » (Art. 8 et 9 de la modération du nouveau régiment de Heinsberg). — « Et salutari lege provisum fuerat, ut quisquis artifex intra suæ artis Tribum contineretur, nec in aliam transire posset; quia vero jus suffragiorum nulli competeret nisi in aliquam Tribuum adscripto, ideoque patricios, jureconsultos, litteratos homines , et suo censu viventes pro illius usu et fructu , necesse erat Tribui alicui nomina dare , liberum iis fiebat sortiri pro arbitrio Tribum, quam deinde descrere non possent...... Sed corruptela in Leodinas Tribus irrepsit. Vinitores et cerevisiarii, qui cerevisiam et vina queruntur vectigalia fieri , aliis mercibus immunibus , ex compacto dispersos sese in omnes Tribus insinuarunt et consequenter comitiorum libertatem et successum sustulerunt. S^{ms} Ernestus a° 1603 eum abusum perpurgavit et iteratis idem cavit edictis. Vano labore. » (Rausin, *Leodium*, pp. 346 et seqq.) Cet édit de 1603, cité par Rausin, ordonne « que ceux qui auront ainsi choisi un métier, le deveront hanter sans pou-»voir changer, ou hanter autres, *combien qu'ils en eussent d'autres* ; autre-»ment, ajoute-t-il, dès maintenant et pour alors, déclarons tous défail-»lans et contrevenans a cette notre ordonnance, privés de bourgeoisie. »
(1) Monteil et Rabuteau.

son séjour au-delà de la quinzaine , il devait payer un droit de six florins. De même, lorsqu'un tanneur liégeois quittait la ville pour voyager et s'initier dans la pratique étrangère , il recevait de la communauté une certaine somme pour accomplir son voyage ; mais en rentrant, il devait payer au métier la somme de 6 florins.

Les lois de l'hospitalité étaient aussi exercées à l'égard des étrangers pauvres qui s'adressaient aux tanneurs pour se procurer de l'ouvrage ; on leur permettait de travailler pendant deux mois dans une tannerie comme valets servants, pourvu qu'ils pussent exhiber un certificat de bonnes mœurs et de profession de la foi catholique ; ils pouvaient même être employés pendant un an comme ouvriers, en prouvant qu'ils connaissaient la pratique de la tannerie. Cette année écoulée , ils devaient quitter le métier ou en faire le relief.

Dans tous les cas , avant d'accepter un étranger quelconque , le maître devait en donner avis aux officiers.

IV

LES ASSEMBLÉES.

Il y avait quatre espèces d'assemblées : 1° Les séances générales du métier ; 2° les réunions particulières du conseil de la corporation ; 3° les réunions communes des 32 métiers pour élire les magistrats de la ville et pour faire cortège aux processions ; 4° les assemblées générales des 32 métiers pour aller à la guerre.

I. Les premières réunions des compagnons eurent pour but de leur fournir l'occasion de raisonner ensemble sur leurs intérêts communs et sur les affaires propres à leur industrie. Aucune loi ne défendait ces conférences quoiqu'elles fussent irrégulières. Lorsque les métiers furent légalement constitués, qu'ils furent dotés de statuts et de priviléges ; lorsque les administrateurs de la cité , dans leur législation, tinrent compte de leur existence et s'en occupèrent, le droit de se réunir leur fut toujours reconnu, mais avec la condition expresse de ne pouvoir discuter, dans leurs séances, des questions politiques (¹). Cependant ces défenses restèrent souvent sans effet : les registres aux recès des métiers attestent que, pendant de longues périodes de temps, les débats sur les questions d'intérêt général du pays faisaient l'objet essentiel de leurs réunions. Elles se tenaient même quelquefois sur l'invitation formelle du conseil de la cité, qui soumettait à la délibération des métiers une question politique ou administrative. Après avoir recueilli les avis, le conseil donnait à l'affaire une solution dans le sens de la majorité (²).

A partir de l'année 1603, aucun métier ne put s'assembler en séance, pour quelque motif que ce fût, sans une autorisation expresse du prince.

Les assemblées générales du métier s'appelaient *sieultes*, d'après le mode le plus en usage de voter. Elles se tenaient soit à jours fixes, soit extraordinairement lorsque les circonstances l'exigeaient, sur l'ordre des officiers qui seuls avaient le droit de faire convoquer les compagnons.

Ceux-ci étaient chaque fois avertis par le varlet du métier, qui tenait note des noms et prénoms des convoqués, pour information du greffier, avant chaque séance.

Le métier des tanneurs tenait ses réunions dans la chambre du premier étage d'une maison située Outre-Meuse, rue des Tanneurs; elle existe encore aujourd'hui sous le n° 37 ; l'inscription suivante

(¹) « Voluit (Bavarus) ut... quæstores cogerent conventus cum res ipsius Collegii postularet, non aliàs ». (Fisen, *Hist. Leod.* t. II, p. 181). « Ceterum possunt ipsæ tribus, quoties gubernatoribus et juratis adlubuerit, per accensum ad privata suæ artis et Collegii negotia, leges, regulas et statuta figenda, refigenda, per principem tamen approbanda, non item ad publica, nisi consulari jussu, vocari » (Vlierden, *Clericus de penna vivens*, p. 45.).

(₂) Le greffier de la cité transcrivait les recès faits dans ces occasions par les métiers dans des registres particuliers. On en conserve encore deux aux archives de l'Etat, à Liége.

taillée dans une pierre se lit au-dessus de la porte : *Cette place
appartient au bon mestier des tanneurs*, *l'année* 1452. Le second
mot nous fait supposer que cette légende avait trait à la place de
Gravioule, qui fut pendant longtemps contestée au métier, et que la
pierre ne fut placée où elle se trouve maintenant que lors de la reconstruction de la maison des tanneurs, en 1764 (¹). Quelques
documents prouvent que, en 1418, c'était déjà là et souvent dans
un jardin y attenant que le métier tenait ses séances (²) ; on
peut supposer qu'antérieurement aussi le même local avait servi à
ses réunions.

Toute séance s'ouvrait par l'invocation du « nom de Dieu, de la
benoîte Vierge Marie et de tous les Saints. » Ensuite le greffier lisait la liste des bourgeois, convoqués par le valet ; les absents
étaient frappés d'une amende. Cela fait, un des gouverneurs exposait les points soumis à la délibération de l'assemblée. Afin d'y
maintenir l'ordre, de pouvoir discuter et conclure avec entente, on
avait adopté les mesures suivantes : les compagnons devaient être
assis par ordre de dignité et d'âge ; après les officiers en charge se
plaçaient ceux de l'année écoulée ; ensuite les vieillards (³), puis

---

(¹) Les chambres des autres métiers étaient presque toutes sur la place
du marché ; on montre encore aujourd'hui les maisons des vignerons, des
cordonniers, des fèvres (à l'hôtel-de-ville). Elles sont remarquables par le
luxe d'ornements extérieurs dont elles sont décorées ; souvent, cependant,
elles n'étaient pas la propriété des métiers. Les réunions de ceux-ci dans
certaines chambres étaient une servitude qui pesaient sur quelques immeubles et que l'on trouve spécifiée dans d'anciens actes de vente; l'art.
66 du réglement de 1684 le dit assez nettement aussi : « et quant à celles
(les chambres) où les compagnons n'ont que le droit de s'y assembler, il
sera convenu équitablement du rachat de la servitude, etc. » (*Recueil des
édits*, vol. I, p. 99).

(²) « Dans le jardin partenant à notre métier assez proche de Gravioule
1668)... convoqués dans notre jardin, lieu accoutumé » (*Chartes et Priviléges* II, p. 282).

(³) Appelés *anciens*; c'étaient les anciens qui, avec les officiers scel-
laient les pièces importantes émanées du métier : « avons encors proyet et
requis.... H. Steine, *comme nous aisneis* que ilh.. vuelhent ceste presente
lettre de leurs propres seaus saycler. » 1427 (V. *Documents inédits*, nº VIII).

les maîtres et enfin les autres compagnons. La lecture de toute
proposition devait être écoutée sans interruption. Après la discussion, à laquelle tous ceux qui le désiraient pouvaient à tour de rôle
prendre part , les votes étaient recueillis dans l'ordre où l'on était
assis. Le mode le plus ordinaire de formuler son vote était de lever
la main ou d'exprimer son opinion de vive voix; cela s'appelait
faire sieulte. Quelquefois, dans les élections, chaque compagnon
inscrivait sur un petit tableau le nom du candidat qu'il voulait élire :
c'était *faire croyc*. Enfin on *poignait* aussi *az boettes* ou *az brive-
lets*, comme on l'a vu à propos de la nomination des gouverneurs.

Les officiers qui présidaient l'assemblée avaient la police de la
salle. Une amende arbitraire, d'un florin d'or au minimum, et
fixée d'après la gravité du cas par quatre officiers et les trois plus
anciens maîtres, frappait le compagnon qui apportait du trouble
dans la séance, se livrait à des injures ou se portait à des voies de
fait.

C'était aussi dans cette chambre ou dans ce jardin que, après
avoir assisté à la messe, le métier se réunissait le jour de la
St.-Jacques, *à hoire del cop de prime*, pour envoyer à une assemblée générale ses députés chargés de concourir à l'élection des
bourgmestres et des conseillers de la cité : après quoi ils procé-
daient à la nomination de leurs propres officiers.

Tous les compagnons, *hommes idoynes* (idonei) *et qualifiez*,
étaient, s'ils ne faisaient valoir une excuse légitime, obligés d'assister
aux assemblées générales du métier, sous peine de payer trois pattars d'amende et d'être pendant quatre années inhabiles à porter
des charges. Les valets et les apprentis en étaient exclus ; à plus
forte raison les aubains, les bannis et les excommuniés. Au XVIIe
siècle, les assemblées populaires étaient devenues si tumultueuses,
que ceux qui y prenaient la parole couraient le risque d'être inju-
riés ; aussi les bons citoyens ne s'y rendaient plus. Par son édit de
1603 , Ernest de Bavière prit chaque bourgeois individuellement
sous sa sauvegarde et singulière protection. Il déclara en même
temps « que tous ceux qui faudront à comparoître sur leur mestier

» en étant deuement semonds et appellez , nomément les demeu-
» rans en nostre cité et franchise , encoureront, chaque fois qu'ils
» seront en ce défaillans sans excuse légitime, dont seront tenus de
» faire apparoitre aux gouverneurs des dits mestiers,, l'amende
» d'un florin d'or ([1]). »

Les jours des fêtes de Notre-Dame (l'Assomption) et de St-Jean Baptiste, patrons des tanneurs , étaient chaque année célébrés avec pompe par le métier. Les compagnons, après s'être réunis dans leur chambre, se rendaient processionnellement à leur chapelle ([2]), portant un cierge allumé , qu'ils déposaient sur l'autel ; puis ils entendaient une messe haute et passaient le reste de la journée en réjouissances. Dans les premiers temps, un grand festin, dont les frais étaient supportés par la communauté , rassemblait tous les compagnons ; mais , dès l'an 1440 , pour éviter des dépenses qui obéraient le métier , il fut décidé que tous ceux qui voudraient prendre part à ce festin , qui était maintenu , devraient payer leur écot.

L'intérêt public exigeait quelquefois la réunion de plusieurs métiers pour porter des décrets relatifs à une question qui les concernait également ; nous en avons un exemple dans l'ordonnance du 10 août 1480, émise par les trois métiers des tanneurs, des cordonniers et des corbesiers ([3]).

([1]) V. Louvrex, T. I, p. 60.

([2]) Où était la chapelle des tanneurs ? Probablement dans l'église St.-Pholien ; la seule donnée que nous ayons rencontrée à ce sujet , est l'analyse suivante d'un acte malheureusement perdu : obligation notarielle pour 900 fl. pris à intérêt des maîtres de la chapelle des tanneurs au denier 12 , l'an 1668.

([3]) On en trouve un exemple encore plus frappant dans la 1re charte du métier des porteurs, qui, ayant perdu tous ses documents écrits, réglements et priviléges , était menacé d'une ruine complète à cause des abus qui se glissaient chaque jour dans l'usance du métier. Sur sa réclamation , le Conseil et les 31 autres corporations de la cité se réunirent et rédigèrent, en 1461, des statuts basés sur les anciennes coutumes (V. *Chartes et priviléges*, vol. 1 , p. 185).

Enfin le métier s'assemblait encore pour assister aux épousailles ou aux obsèques de ses membres ; le corps du défunt était ordinairement porté par les quatre derniers greffiers ; sa famille payait au métier une chandelle et un florin d'or , avec lesquels celui-ci faisait chanter dans les 40 jours une messe de requiem pour le repos de son âme et de celles de tous les compagnons décédés. Ces réunions, qui remontent à l'origine même de l'institution, étaient également obligatoires sous peine d'amende.

L'édit de Maximilien-Henri laissa subsister l'usage suivi jusqu'alors quant aux réunions du métier. On en jugera par les passages suivants extraits du réglement de 1773, qui expriment en même temps ce qui nous reste à dire sur ce sujet.

Art. 44. « Les assemblées de la généralité des compagnons
» seront, comme ci-devant, désignées par les gouverneurs, officiers
» et députés, ou à la pluralité des suffrages d'iceux officiers , pour
» ensuite être commandées par le gouverneur en tour à la semonce
» du valet ; et cela pour les affaires et régie du métier tant seule-
» ment ; selon qu'il est accordé par apostille du feu prince Jean
» Louis , en date du 21 août 1690 ; et dans ces assemblées tout
» compagnon devra se gouverner conformément aux articles
» 13, 14 et 15 du réglement de l'an 1560, sans faire aucun trouble
» ni réponse téméraire , sans jurer , blasphémer ni injurier per-
» sonne , sous peine de trois florins d'or. »

Art. 45. « Les seuls compagnons moulants pourront compa-
» roître à ces assemblées générales ; savoir ceux qui sont inscrits
» à la quaëlle du rentier aux oulnes courantes , ou dans la quaëlle
» de l'année immédiatement précédente. »

Art. 46. « Et comme il arrive souvent que , faute d'information
» du sujet pour quel on est convoqué, ou parce que le temps entre
» la convocation et l'assemblée est trop court, plusieurs ne s'y
» trouvent pas , on exprimera dorénavant le sujet pour quel on
» convoque , soit qu'il s'agisse d'une convocation générale ou
» particulière , avec tout au moins 24 heures d'intervalle entre
» la convocation et l'assemblée ; à peine que ce qui aura été

» autrement convenu ou arrêté sera regardé comme nul et de
» nulle valeur. »

Art. 47. « Cependant comme il peut arriver des cas tellement
» urgents , qu'ils ne permettroient pas de laisser un intervalle de
» 24 heures entre la convocation et l'assemblée ; pour lors il sera
» permis de convoquer à terme plus brief ; voire néanmoins que
» ce qui aura été résolu et arrété dans telle assemblée, devra être
» ratifié et confirmé dans une assemblée à tenir immédiatement à
» ce sujet, avec la sus touchée préfixion du terme de 24 heures. »

II. Les officiers, le conseil et quelquefois des députés du métier
avaient le droit de tenir chez le greffier des assemblées particulières pour régler les affaires courantes de peu d'importance,
rédiger les propositions à faire aux assemblées générales, préparer
la besogne , étudier certaines questions avant de les soumettre à la
délibération du métier , entendre les comptes particuliers du
rentier, etc. Ces réunions , assez rares d'abord , furent vraiment
utiles jusqu'au XVIIIe siècle. Mais vers cette époque, surtout après
la nomination permanente des députés , les membres du conseil se
substituèrent peu à peu au métier et s'arrogèrent le droit de décider
entre eux des questions capitales ; ce qui entraîna des conséquences funestes , la direction et l'administration de la société
étant livrées aux mains de quelques ambitieux qui en usaient à
leur bon plaisir. Voici, au surplus, ce qu'en dit le réglement de
1773.

Art. 43. « L'assemblée particulière sera composée , comme de
» coutume, des gouverneurs , rentier et greffier , comme aussi de
» huit députés ; lesquels députés seront choisis par la généralité
» à la pluralité des voix pour le terme de trois ans ; lequel terme
» expiré , ils seront remplacés par d'autres ; ne fût donc que la
» généralité trouvât à propos de les continuer pour un second
» terme de trois années et même davantage. »

Art. 44. « Les assembées particulières des gouverneurs, officiers
» députés pour la régie et bonne police du métier , se tiendront ,
» comme de coutume, à l'ordre du gouverneur en tour et semonce
» du valet. »

III. Les assemblées solennelles et générales des 32 bons métiers de la cité de Liége étaient au nombre de neuf. Elles avaient lieu régulièrement chaque année aux mêmes dates et étaient instituées à perpétuité. En voici le détail d'après Vlierden.

1° Le 6 janvier, jour des rois Mages, était consacré tout entier à des réjouissances publiques, pour perpétuer le souvenir de la victoire remportée par le peuple sur les conspirateurs Wathieu d'Athin et ses complices. Avant le XVe siècle, les dépenses faites à l'occasion de fêtes nationales étaient supportées par les 32 corporations de métiers; lorsque cet usage fut aboli, l'anniversaire du 6 janvier fut seul excepté de cette mesure, parce que c'était la fête patriotique par excellence, la victoire de la liberté liégeoise sur la tyrannie. Les tanneurs consacraient aux dépenses de cette journée les revenus des biens qui leur étaient échus en partage lors du bannissement du tribun, et même davantage lorsqu'ils se trouvaient insuffisants.

Le soir, trois feux immenses étaient allumés sur le marché et brûlaient toute la nuit aux acclamations du peuple, qu'enivraient des souvenirs patriotiques. Ces feux symboliques (*fouâs*) signifiaient que les Liégeois veillaient à leur liberté (¹).

Le même jour avait lieu aux Frères mineurs l'élection des maîtres des pauvres en Ile (²), par les 32 métiers réunis.

2° Le 27 avril, jour de la translation du corps de St.-Lambert de Maestricht à Liége, tous les habitants de la cité faisait cortège à la procession solennelle où l'on portait la chàsse du Saint, un morceau de la vraie croix, quantité d'autres reliques et d'images saintes. Le clergé tout entier, revêtu de surplis et de dalmatiques, les accompagnait en chantant des hymnes sacrés. La plus grande pompe était déployée à cette procession, qui avait été instituée par Erard de la

(¹) Cette coutume dura jusqu'à la fin du règne de Jean de Bavière; ce prince destina la houille qu'on brûlait à cette occasion aux soldats allemands établis au fort de Ste-Walburge.

(²) « Sic vocant insulani xenodochii, in quo tamen nulli admittuntur unquam, sed fit inter ipsos vestium vel paucularum pecuniarum distributio, curatores » (Vlierden, *Clericus de penna virens*, p. 41).

Marck et, suivant Vlierden, dotée par lui de revenus annuels. D'un autre côté, nous trouvons dans Bartholet une charte de la cité du 13 février 1533 , ordonnant d'affecter à cette cérémonie la moitié des revenus du tonlieu du Pont des Arches (¹).

La veille au soir, la population liégeoise donnait aux étrangers accourus en foule, le joyeux spectacle d'une revue militaire. La plupart des bourgeois, en habits de fête ou revêtus d'armes étincelantes, parcouraient toutes les rues de la cité. Cette revue s'appelait le *Surguet* (²).

3° Le jeudi après la fête de la Sᵗᵉ-Trinité, jour de l'institution de la Fête-Dieu (₃), les métiers, portant leur costume officiel et précédés chacun de son enseigne appelée *cresset*, accompagnaient avec tout le clergé en surplis et avec quatre brillantes cohortes de soldats, le St.-Sacrement dans une procession qui parcourait une grande partie de la cité.

4° Le lundi qui suivait la fête de Ste.-Marguerite, le clergé avec les magistrats de la ville et les métiers, se rendait processionnellement au Val de Notre-Dame des Écoliers , Outre-Meuse, au son des instruments les plus variés (⁴). Là, pendant qu'une messe solennelle se chantait au chœur , chaque métier entendait une messe basse célébrée aux autels latéraux. Après quoi, et toujours au son d'une musique retentissante, le peuple se répan-

(¹) « Officiali triginta duorum collegiorum in civitatis consilio paciscuntur et statuunt, quod proventus dimidiæ partis telonei pontis arcarum, in manibus Everardi delle Goffe existentes, inter triginta duo collegia ad opus ipsorum addividantur pro supportandis oneribus processionis Sⁱ.-Lamberti et supervigiliarum » (Bartholet, *Consilium juris*, n° XCIII).

(²) Primitivement, dit Vlierden, cette revue s'appelait *le soir guet*, parce qu'elle se faisait la nuit ; ce mot, devenu par corruption le *scharwait*, continua d'être employé alors même que cette démonstration ne se fit plus que l'après-midi.

(₃) Instituée en l'an 1240.

(⁴) « Resonantibus... tubis solidioribus, ductilibus, corneis, sambucis , cymbalis, tympanis et organis bene sonantibus » (Vlierden , *Clericus de penna vivens*, p. 42).

dait dans le pré des Ecoliers, le long de la Meuse. Les bourgmestres de la cité et les officiers de métiers distribuaient alors à leurs compagnons, en signe de reconnaissance, mais sur les caisses de l'État, une somme d'argent nommée *haults biers* qui était dépensée en boissons et en plaisirs. En 1603, un édit d'Ernest de Bavière abolit ce dernier usage, tout en maintenant la cérémonie religieuse (1). Lorsqu'en 1649 Ferdinand de Bavière défendit toutes les réunions des métiers, la suppression de celle-ci et de la suivante fut expressément spécifiée, à cause des troubles qu'elles occasionnaient (2).

5° Le 22 juillet, jour de la fête de Ste-Marie-Madeleine, tous les métiers, après avoir entendu la messe à leurs églises respectives et assisté dans leurs chambres à la reddition des comptes de leurs rentiers, se réunissaient en masse sur le marché aux bêtes, entre la cathédrale et les maisons du conseil (3). Le soir, un héraut parcourait les rues de la cité, invitant le peuple à se rendre sur la place publique. Là, un des bourgmestres prenait la parole. Il remerciait le peuple de l'honneur qu'on lui avait fait en l'élevant à la dignité de magistrat ; il protestait de son dévouement à la chose publique, faisait connaître ses projets, exposait ses idées sur la situation des affaires et finissait par exprimer des vœux pour la prospérité de la patrie. Dans cette cérémonie, Vlierden trouve des traces de la majesté romaine.

6° Le 25 juillet, jour de la fête de St.-Jacques apôtre, les métiers élisaient les bourgmestres, conseillers et 32 de la cité. Chaque corporation, siégeant dans sa chambre, déléguait à cet effet à l'assemblée

---

(1) « Que nos bourguemaistres naient à faire banquets et dons superflus à la charge de nostre cité ni autres dépens que pour le service et honneur convenable d'icelle » (Article 21 de l'Edit).

(2) « Le remerciment des bourguemaistres au jour de la Sainte-Marie-Magdeleine, comme aussi la procession aux Ecoliers, pour cause des factions et débauches qui se comettent ce jour-là, ne se feront plus. » (Louvrex, T. 1 p. 77).

(3) « In boario, medio inter cathedralem et palatinas ædes, foro » (Vlierden, p. 43).

générale un certain nombre de compagnons ; après leur élection ,
les magistrats de la cité étaient conduits au son de la musique dans
la salle du Conseil de l'hôtel-de-ville; là ils prêtaient serment d'être
fidèles au prince et à la république, de respecter les lois et les paix
du pays. Puis on les accompagnait à l'église de l'abbaye de St.-
Jacques , pour remercier Dieu et le prier de les guider dans leur
administration. Ils retournaient ensuite à l'hôtel-de-ville , où ils
réunissaient à un banquet splendide les principaux électeurs et
leurs amis (1).

Depuis la réformation d'Ernest de Bavière , les métiers procé-
daient aussi ce jour là, chacun de son coté, à l'élection de leurs
propres officiers.

7° Le 26 juillet, jour de la fête de Ste-Anne, le peuple se rendait
dans les cloîtres du couvent des Frères mineurs (2). Un clerc
lisait à haute voix la liste des officiers de la cité et des métiers; le
premier venu pouvait réclamer contre l'élection irrégulière de l'un
d'entre eux ou critiquer son administration. Les bourgeois étaient
même en droit de casser l'élection et de procéder séance tenante
à un nouveau choix.

8° Le 28 août, jour de la fête de St.-Augustin, évêque d'Hippone,
deux métiers à tour de rôle se réunissaient pour élire les maitres
de Cornillon.

9° Le 13 décembre, jour de la fête de Ste-Lucie vierge et mar-
tyre, avait lieu l'élection des Vingt-deux par les 32 métiers.

Outre ces assemblées fixes, les 32 métiers eurent encore à certaines époques le droit de se réunir « pour cause touchant le pays
» ou aucun membre du pays, ou se on minait aucunne personne
» hors loy. » C'est ainsi que s'exprime la lettre de St.-Jacques ,
art. 7, qui ordonne aux bourgmestres de la cité « de mettre toute

---

(1) « Vivant, sed et saluti principum, ut olim Romæ , bibant. » (Vlierden, p. 44.)

(2) « Quos a possidendis opibus vulgus *Gaudentes* existimat. » (Vlierden,
p. 44)

» la ville et tous les gens de la dite universiteit ensemble, toutes
» les fois qu'ils en seront requis, par deux ou trois métiers ou
» leurs gouverneurs (¹). »

Les assemblées générales étaient obligatoires pour tous les gens
de métiers aussi bien que les assemblées particulières. Elles furent
définitivement supprimées en 1649 par l'édit réformatoire de
Ferdinand de Bavière. « Désormais ne se fera ni en procession publique, ni autrement pour quelle cause que ce soit, aucunne assemblée des métiers de notre cité. » (Art. X).

IV. La quatrième espèce d'assemblée réunissait tous les métiers
comme faisant partie de la milice urbaine, lorsque la cité ou le
pays réclamaient leur service pour les défendre. Les devoirs des
tanneurs en temps de guerre furent fixés par une lettre spéciale
du métier, de l'an 1464 (²). Elle enjoignait aux gouverneurs de
répondre à l'appel des chefs de la cité lorsqu'ils donnaient l'ordre
aux bourgeois de prendre les armes ; de déployer la bannière des
tanneurs aussitôt que celles des 31 autres métiers flotteraient sur
les degrés de St.-Lambert ou ailleurs ; de faire convoquer par le
varlet du métier, ou, en cas d'urgence, par d'autres personnes désignées par les officiers, tous les compagnons et même les valets
servants, afin, dit la lettre, *que notre bannière soit stoffée et bien
fournie;* elle frappait d'une amende de 40 florins d'or, tous ceux
qui, sans excuse valable, ne se rendaient pas sous les drapeaux.
Lorsque les métiers sortaient en armes de la ville, les tanneurs au
grand complet devaient figurer parmi eux, à moins qu'on n'eût
réclamé leurs bras pour la garde de la ville. Ils tenaient à honneur
de n'être jamais inférieurs en nombre aux autres corporations. Ils
devaient accompagner celles-ci lorsqu'il s'agissait de prendre une
ville et s'engageaient à ne lever le siége qu'avec les derniers. Nul
compagnon ne pouvait quitter la place qui lui avait été assignée par
les gouverneurs ou leurs délégués. Ils devaient à ceux-ci une obéis-

(¹) Louvrex, T. I, p. 31.
(²) Voir les *Recherches historiques.*

sance entière, sous peine de payer une amende de dix florins d'or et d'être privés à tout jamais du droit d'assister aux assemblées du métier. Lorsqu'il fallait veiller la nuit, aller fourrager ou aller en sauf-conduit, le sort désignait les hommes de service, de façon cependant à ce que chacun eût son tour.

Aucun compagnon ne pouvait se faire remplacer au service, à moins qu'il ne fût malade ou en voyage ; dans ces cas seulement, il pouvait commettre en sa place un valet servant ou un ouvrier. Si tous les hommes, sans exception, étaient requis pour aller en campagne, les malades et les absents devaient payer une certaine somme fixée d'après les circonstances et contribuer ainsi, comme ils le pouvaient, à l'expédition.

Il ne nous est parvenu aucun renseignement relatif aux chefs du métier en temps de guerre. Il paraît cependant que les gouverneurs exerçaient encore à cette occasion un certain commandement ou déléguaient leurs pouvoirs à des hommes spéciaux.

CHAPITRE IV.

Par le mot *marchandises*, nous entendons ce que les tanneurs désignaient autrefois sous le nom de *denrées*, à savoir : 1° les écorces, que les maîtres achetaient pour leurs propres besoins, mais ne pouvaient vendre ; 2° les peaux, dont le trafic leur était également interdit ; 3° les cuirs, qu'ils vendaient après les avoir fabriqués eux-mêmes. Il était toutefois une classe de marchands dont le commerce consistait à acheter des peaux et des cuirs, uniquement dans le but de les revendre ; ces marchands s'appelaient *recoupeurs* ; nous aurons à en dire quelques mots.

I

LES ÉCORCES.

Les marchands d'écorces en creppe (¹) ne faisaient et ne pouvaient pas faire partie du métier (²) ; c'étaient des habitants des campagnes

---

(¹) On appelait *creppets* ou *écorces en creppe*, les écorces de chêne coupées en petits morceaux, longs d'environ trois pouces ; sous cette forme, elles étaient prêtes pour être moulues, et c'est ainsi que les vendaient les marchands.

(²) « Et pour éviter tous abus, fraudes et inconvénients..... nous défendons sérieusement à tout compagnon de faire aucun négoce d'écorces moulues ou étrangères en leur propre et privé nom et pour leur profit particulier, ni par commission à effet de les vendre aux tanneurs des villes voisines ou pays étrangers ; à peine de privation du métier la vie durante de tel contraventeur et ladite écorce confisquée au profit dudit métier. » (Réglement de 1773, article 22).

qui recueillaient eux-mêmes les enveloppes des chênes dans les bois du pays, ou allaient les acheter en France; cette différence constituait les deux qualités d'écorces employées dans les tanneries de Liége. Ils arrivaient au moulin à tan avec des bateaux chargés, et c'était là que chaque compagnon, muni de la mesure du rentier, allait s'approvisionner. En 1732, le corps des tanneurs prit la résolution d'acheter sur une grande échelle des écorces étrangères et indigènes, pour les revendre en détail aux compagnons qui voudraient se fournir à ses magasins; ainsi fut institué ce qu'on appela dans la suite *le commerce aux écorces du métier des tanneurs* (¹).

Les écorces françaises ayant plus de vertu que celles du pays, étaient fort estimées à Liége, comme particulièrement propres à la préparation du cuir fort ou de semelle. Aussi, le 22 août 1785, les compagnons *moulants* adressèrent-ils au prince une supplique à propos de la défense faite par le roi de France, à la demande des tanneurs de Givet, de laisser sortir les écorces de son royaume, « ce qui, disaient les pétitionnaires, porte un coup funeste à la » fabrique des cuirs de vos estats et peut-être la fera crouler. En » effet, on est dans la saison où les provisions d'écorces sont » presque taries; celles du pays ne suffisent pas et sont encore » diminuées par les habitants de Malmedy et autres. Ils viennent » donc vous prier de vous interposer pour faire lever cette défense; » d'autant plus que les tanneurs de Liége ont toujours joui des » écorces de France sans faire aucun tort aux sujets de S. M. T. C. » Les habitants de Givet n'ont demandé cette mesure que par mo- » nopole et pour avoir les écorces à très bas prix (²). »

L'achat d'écorces moulues était absolument interdit aux compagnons; quelquefois cependant le métier lui-même vendait en hausse publique de la farine d'écorces provenant de saisies; dans ce cas,

---

(¹) C'est ce qui conste d'une brochure intitulée : *Mémoire succinct pour les citoyens Dieud. Libert et autres, ci-devant membres de l'ex-métier des tanneurs de Liége, contre R. Jos. Hogge, ci-devant caissier du même ex-métier. An X.*

(²) Liasses du conseil privé, aux Archives.

un compagnon n'en pouvait acheter que quatre sacs en une fois (1).

Nous avons déjà fait remarquer à plusieurs reprises que l'égalité des priviléges, des droits, des devoirs, et même, autant que cela pouvait être, des fortunes, était regardée, dans les corporations de métiers, comme une loi d'économie politique ou d'ordre social. On a surtout l'occasion de constater ce dernier point dans le métier des tanneurs, à propos des mesures prises pour la distribution des écorces. Dans le but de mettre tous les tanneurs, les pauvres aussi bien que les riches, à même de faire des affaires, le métier avait imaginé de ne permettre à personne l'emploi de plus d'une certaine quantité d'écorces par an; de cette façon, l'extension illimitée des travaux était tout à fait impossible dans une tannerie.

La première décision que l'on trouve à cet égard date de l'année 1418; elle défendait aux tanneurs de faire moudre plus d'écorces qu'ils ne pouvaient en employer, dans le but de les revendre ou de les prêter à des confrères. Pendant longtemps les compagnons éludèrent la loi, en ayant recours à des moulins étrangers, notamment à ceux de Dinant. Mais, en 1426, les Dinantais, sur la réclamation du métier, refusèrent de moudre pour les Liégeois.

Une ordonnance spéciale de l'année 1434 fixa la part exacte des écorces dont chaque maître pouvait disposer par an : « Item que ne soit bourgeois ou bourgeoise qui puisse tenir plus haut oulne que de xx qui monteral x terrelyes (2). » Ce chiffre fut confirmé par l'article 8 des statuts du 25 juillet 1493, statuts qui corroborent aussi la défense faite par le recès de 1418, et fixent à 40 livres, l'amende encourue par les contrevenants. Il fut néanmoins permis, en vertu de cette même lettre de 1493, de prêter et d'em-

---

(1) Règlement de 1773, article 34.

(2) Ce texte n'est pas bien clair; mais il suffit pour déterminer la mesure des écorces mises à la disposition d'un tanneur. En effet nous croyons que *terrelyes* est synonyme de *meunée*, signifiant en lui-même la quantité d'écorces qu'on peut placer sur les fours où on les sèche; ces fours s'appellent *tourailles*, et l'opération s'appelle *terter* : or, cette quantité est encore aujourd'hui une meunée.

prunter à des confrères quatre *sechées* (1) ou sacs d'écorces moulues , mais jamais davantage. Le prêt devait être intégralement
restitué avant le retour de l'*oune* de l'emprunter , sous peine de
trois florins d'or d'amende. Un second édit suivit immédiatement
celui-ci , prescrivant à l'emprunteur de demander préalablement
l'autorisation aux officiers, et lui défendant de recevoir plus de six
corbellies d'écorces ; il était tenu note de sa demande, et avant de
pouvoir faire un second emprunt, il devait avoir restitué le premier
sous peine de 40 livres d'abord , puis de 6 florins , et enfin de 8
d'amende. La permission ne pouvait être accordée que dans des
des cas de nécessité urgente et bien constatée ; elle devait être
délivrée par écrit par les officiers et contresignée par le greffier
ou le rentier. Ce dernier tenait note de la date du prêt, des noms
du prêteur et de l'emprunteur , et veillait à ce que la restitution se
fît au terme légal.

Celui qui , guidé par l'intérêt ou tout autre sentiment , livrait
sans permission des écorces moulues à un confrère, était passible
d'un marc d'argent d'amende et privé pendant un an de l'usage
du moulin et de la halle.

Les cordonniers et les corbesiers ayant aussi le droit de tanner,
ces différents points leur étaient applicables.

Le 9 juillet 1596 , la mesure des écorces moulues accordée à un
maître pour ses travaux d'une année fut fixée à 12 meunées (2).
Nul ne pouvait en employer davantage, sous peine de confiscation
et de 20 florins d'or d'amende. Le réglement de 1707 déclare que
l'expérience journalière ayant fait connaître l'insuffisance de cette

---

(1) *Séchée* ou *saichée*, grand sac de la capacité d'une oulne.

(2) La *meunée* ou *moulnée* était , dans le langage ordinaire du peuple,
la quantité de farine nécessaire à un ménage pour vivre pendant une
semaine. Chez les tanneurs la meunée contenait 48 oulnes de creppets
d'écorces du pays et 52 oulnes d'écorces de France. Aujourd'hui la
meunée est toujours de 52 oulnes et peut peser 3000 kilogrammes
(Voyez le glossaire).

amende, elle était portée à 100 pistoles et les contrevenants privés pour toujours de l'exercice du métier.

Pour plus de précautions, on exigea de chaque compagnon qui se présentait au moulin et même en dehors de là, à la seule réquisition des officiers, un serment sur l'emploi des écorces qu'il possédait. « Vous passerez serment, » dit le registre du greffier Hogge, » sur la damnatyon de vostre âme, que les eschorces que » vous prétendez de mouldre ceste présente année, que ce n'est » point pour defraudeir le mestier ny tromper les comphaignons ; » mais pour mectre sur vostre marchandyse à vostre corps appar- » tenant et pour vous tout le proffyt. Ainsy vous ayde Dieu et » tous les Saints. » Plus tard, la formule du serment fut un peu modifiée, comme on peut le voir dans le livre des *Chartes et pri-viléges* (vol. II, p. 274) et dans le réglement de 1773 (article 14).

Les officiers pouvaient aussi faire des visites domiciliaires chez les compagnons, pour s'assurer qu'ils n'avaient pas de dépôts ca-chés. Au moindre soupçon, ils pouvaient faire arrêter une meunée soit au bateau soit au moulin, et la faire vérifier par les mesureurs assermentés. De même, tout compagnon qui surprenait un con-frère en flagrant délit, introduisant chez lui, de nuit ou de jour, des écorces cachées dans des bateaux ou dans des charettes, *paquetées ou déguisées en forme de balots de laine*, devait les saisir et avertir immédiatement les officiers. Si, par erreur ou par ha-sard, un compagnon se trouvait posséder plus d'écorces qu'il n'en pouvait user dans sa tannerie, il était obligé d'en faire part aux offi-ciers; le Conseil lui permettait de céder son surplus ou le vendait publiquement aux enchères.

Le réglement de 1707 interdisait au propriétaire d'écorces mou-lues ou en creppes, de les faire décharger ailleurs que dans sa propre maison. Cette mesure avait déjà été prise par le prince, à la suite d'une supplique que lui adressa le métier en 1685.

Toutes ces défenses, relatives à la quantité limitée des écorces, furent quelquefois momentanément levées à la suite de circons-tances exceptionnelles. Il en fut ainsi, par exemple, en 1579, sur les réclamations des cordonniers, qui imputaient aux statuts des tanneurs sur ce sujet, la cherté de leurs marchandises. Le Conseil de la cité octroya à ces derniers la permission d'acheter et de faire moudre, pendant un certain temps, autant d'écorces qu'ils pouvaient en employer dans leurs ateliers.

Lorsque les besoins du métier l'exigeaient, les compagnons assemblés en sieulte pouvaient décréter un impôt sur la mouture des écorces, tout en maintenant le tarif. C'est ainsi qu'en 1618 ils établirent une taxe de 16 pattars sur chaque meunée, pour subvenir à quelques dépenses extraordinaires. En 1693, la cité elle-même ayant imposé toutes les denrées, exiga pour chaque meunée d'écorces une taxe de 25 florins de Brabant. Elle ne se pressa pas de lever ou de diminuer cet impôt énorme; car, jusqu'au 14 février 1697, nous trouvons des suppliques et des réclamations adressées par les tanneurs au prince pour en obtenir la suppression ; à cette dernière date seulement, leur requête obtint une apostille favorable.

On a pu juger par ce qu'on vient de lire, de l'importance qu'attachait le métier à cette question des écorces ; elle était pour lui l'objet d'un soin tout particulier (1). Mais, malgré toutes ces précautions, en dépit des ordonnances et de peines sévères qu'elles comminaient, il eut à toutes les époques des difficultés et des procès sans nombre avec des compagnons indisciplinés ou fraudeurs (2). En 1569 trois des principaux tanneurs allumèrent dans la corporation un brandon de discorde qu'on eut beaucoup de peine à éteindre. Cette année, le moulin de Longdoz ayant dû subir des réparations fort onéreuses, le métier décida

---

(1) Sur 22 articles qui composent le réglement de 1707, quinze sont consacrés à cette matière. Le réglement de 1775, formé de 55 articles, y en consacre 40. De plus, il était ordonné que ces réglements fussent imprimés à un grand nombre d'exemplaires, afin que chaque tanneur pût en posséder un.

(2) V. dans le livre des *Chartes et priviléges*, les procès contre Manigar et Cheratte. T. II, pp. 262 et 264.

que tous ceux qui feraient moudre plus de huit meunées par an, payeraient, pour chaque meunée en plus, un daler au dessus du prix ordinaire. Louis de Chokier, Servais de Gré et Collart Thonnar prétendirent que le métier outrepassait ses droits en violant les chartes jurées, et refusèrent de payer la taxe. Les gouverneurs leur firent interdire l'usage du moulin. Mais les trois tanneurs leur ayant intenté une action devant le tribunal des échevins, ces officiers furent condamnés par défaut ; ils reçurent l'ordre, sous peine de bannissement, de donner aux plaignants accès au moulin à tan. Les gouverneurs portèrent la cause devant l'official qui confirma leur décision ; de leur côté, les trois maîtres obtinrent du même official une déclaration par laquelle il protestait de ne pas vouloir, par son mandement inhibitoire, empêcher l'exécution d'une chose jugée ; en conséquence, ils firent publier le bannissement de trois officiers du métier ; ceux-ci ayant été saisis, tous les compagnons prirent fait et cause pour l'une ou l'autre partie et l'affaire prit une tournure inquiétante. On parvint enfin à faire remettre l'examen de la question entre les mains de Jean de Streel et de Pierre Bex, bourgmestres de la cité. Les discussions, et les plaidoieries durèrent plusieurs jours. Enfin le 18 janvier 1570, les deux arbitres prononcèrent une sentence où ils déclaraient que l'ordonnance de 1569 avait été plutôt émise sous forme de contrat entre les compagnons du métier considérés comme personnes privées, que sous forme de statut ; que toutes les personnes présentes au moment où fut passé ce contrat étaient censées y avoir consenti ; que les trois tanneurs en cause avaient assisté à la séance où l'impôt fut proposé ; qu'ils étaient dans leur tort et condamnés aux dépens ; qu'enfin toutes les décisions antérieures étaient annulées.

II

LES PEAUX (¹).

L'achat des peaux était, comme celui des écorces, soumis à des réglements de police. Les premiers statuts du métier, en date du 29 décembre 1418, contiennent déjà quelques dispositions à ce sujet. Ils défendaient aux maîtres tanneurs d'en vendre à des confrères. Ils ne pouvaient par conséquent se procurer que le nombre de peaux strictement nécessaire pour leurs propres travaux. Cette loi était protectrice; elle permettait à tous les compagnons de se fournir de leur matière première au plus bas prix, sans qu'elle eût passé par les mains des revendeurs. Elle fournissait en même temps aux petits tanneurs une garantie nouvelle contre le monopole des grands fabricants. Les officiers pouvaient en effet s'assurer de cette façon si la quantité de peaux qu'un maître achetait était en rapport avec le nombre de meunées qu'il consommait par an, et réprimer les travaux clandestins. Pour mieux assurer ce contrôle, le réglement de 1493 ordonna que dans chaque ménage de tanneur, une seule personne fût désignée pour aller, pendant un an entier, faire l'emplette des peaux dont on avait besoin. Un empêchement grave et légitime, pouvait seul autoriser l'emploi d'une autre personne. La veuve d'un tanneur, avec l'autorisation des gouverneurs, avait la faculté de déléguer son maître-ouvrier ou tout autre, pour acheter en son nom les peaux qu'elle pouvait employer dans l'espace d'un an. Pendant ce même laps de temps, le délégué n'osait en acquérir pour lui ni pour l'usage d'un autre fabricant.

Il était défendu aux tanneurs d'acheter la peau d'une bête encore vivante, comme d'un vieux cheval, d'une vache, etc. Il fallait même que l'animal fût écorché, pour que l'acquisition de sa dépouille fût

---

(¹) Le mot *cuir*, que l'on rencontre fréquemment dans les documents des tanneurs, signifiait autrefois, comme encore aujourd'hui dans la langue wallonne, une peau de grosse bête, d'un bœuf, par exemple. On trouve aussi dans le même sens *cuir poillu*.

autorisée. Il était de même défendu d'acheter la peau d'un animal mort de maladie (*de la morye*, disent les chartes, mort de lui-même), sous peine d'être rejeté pour toujours du nombre des compagnons ; les officiers pouvaient exiger le serment d'un individu qui aurait simplement été soupçonné du fait.

La vente ou l'achat des peaux portant une marque quelconque étaient également interdits, parce qu'il était dès lors évident qu'elles provenaient d'un vol. Étaient exceptées « les peals de moutons, de » brebis et d'angneaux qui point ne sont denrées de loy. » C'est pour le même motif que l'achat de peaux salées ou mises dans l'eau était aussi prohibé ; cela dénotait, en effet, qu'elles avaient déjà subi une certaine préparation, et, dans le second cas, qu'on avait voulu en effacer les traces en les trempant dans l'eau.

Lorsqu'un compagnon était en marché pour acheter des peaux, un confrère ne pouvait renchérir sur le prix que le premier en offrait.

Il ne paraît pas qu'il y ait eu de local, ni des jours de marché fixés pour ce commerce ; les compagnons faisaient leurs acquisitions où et quand ils voulaient, excepté le dimanche, les jours de Noël, de Pâques, de Pentecôte, de l'Ascension, de l'Assomption, de Tous les Saints ou des Apôtres, sous peine d'une amende de 40 livres.

Un récès du métier de l'an 1579, nous apprend qu'à cette époque, les cuirs *forts*, c'est-à-dire les peaux de grosses bêtes, provenaient généralement de Hollande, de Zélande et d'autres lieux des Pays-Bas.

III

LES CUIRS.

1° *Fabrication*.—Les documents relatifs au métier des tanneurs, que nous avons eu l'occasion de consulter, ne contiennent aucune espèce de renseignement, quant à la méthode suivie autrefois à

Liége pour la préparation des peaux. Cela se conçoit du reste ; le métier n'avait aucune mesure à prendre à cet égard et chaque tanneur était libre d'adopter le mode de fabrication qui lui paraissait le plus convenable. On sait toutefois, par le rapport des écrivains français, que la tannerie liégeoise était réputée la meilleure de l'Europe, et qu'elle avait une méthode spéciale appelée *méthode à la jusée*. C'est à tel point qu'on ne la désignait à l'étranger que sous le nom de *façon de Liége*. Elle est encore généralement en usage aujourd'hui à Liége (¹).

L'industrie des tanneurs à Liége se bornait presqu'exclusivement à la fabrication du cuir de semelle (²).

Les quelques dispositions que nous trouvons au sujet de la fabrication, sont encore des mesures administratives prises en vue de faire respecter la grande loi de l'égalité, la première de toutes aux yeux des bourgeois de Liége.

Aucun compagnon ne pouvait travailler sur commande, sous peine d'être privé de l'usage de la halle et du moulin pendant un an entier et de payer un marc d'amende. Les cordonniers, les selliers, les bourgeois, etc., étaient également punis s'ils faisaient marché avec un tanneur pour la livraison de marchandises que celui-ci n'aurait pas eues en magasin. Ils ne pouvaient pas davantage lui fournir des peaux à préparer, à moins que ce ne fût une fois en passant, pour obliger un parent, un ami ou des gens de la campagne. S'il arrivait, par exemple, à l'un de ces derniers de tuer un mouton ou toute autre bête, il avait la faculté de faire tanner la peau pour son propre usage.

(¹) On disait *du cuir de Liége* pour du cuir travaillé à la façon de Liége ; *du cuir travaillé en Liége* pour du cuir travaillé suivant la méthode de Liége, c'est-à-dire à la jusée (V. De la Lande, *Art du tanneur*, 1764, p. 75. Cet auteur déclare que cette manière de tanner les peaux était la meilleure connue de son temps).

(²) En 1792, dit un document, plus de 80 familles travaillaient à Liége du cuir fort, occupant plus de 2000 bras à le préparer, entretenant des relations avec les principales villes de France et rendant tous les étrangers jaloux.

Les compagnons ne pouvaient s'entr'aider dans les travaux d'atelier, pas même gratuitement. Il leur était surtout sévèrement défendu d'entrer dans la tannerie d'un cordonnier ou d'un corbesier, pour lui rendre service.

Chaque maître devait avoir chez lui les fosses et les cuves qui lui étaient nécessaires pour tanner le cuir de semelle et de *devantraine* (¹). Les petits tanneurs, qui ne préparaient que du cuir d'empeigne, pouvaient, avec la permission des officiers, se servir des fosses de leurs confrères. Ils encouraient une peine de 10 florins d'or d'amende s'ils n'observaient pas la condition mentionnée.

Le réglement de 1418 nous apprend qu'antérieurement à cette époque, on usait déjà de ruse pour tromper le public en salant les peaux indigènes qui, de cette manière, pouvaient passer pour du *cuir fort*, c'est-à-dire pour des peaux étrangères, propres à faire du cuir de semelle.

En vertu d'un privilége tout particulier et qui n'étonnera personne, les couvents et les monastères avaient le droit de préparer chez eux les cuirs, mais dans les strictes limites de leur consommation. Ils ne tardèrent pas à abuser de cette permission et firent bientôt un véritable commerce qui portait aux corporations des villes un préjudice considérable. Le 21 novembre 1719, les tanneurs de Liége, de Huy et d'autres villes exposèrent ces griefs au prince en signalant particulièrement l'abbaye des dames du Val N. D., qui non-seulement fabriquait du cuir au-delà de ce qu'elle pouvait consommer, mais en fournissait à presque tous les cordonniers du pays (²).

Les entraves sans nombre apportées à l'industrie des tanneurs par les statuts étroits de la corporation, les charges de toute espèce imposées aux compagnons, inspirèrent au XVIIIᵉ siècle à quelques étrangers l'idée de s'établir à proximité de la ville dans la libre et franche baronnie de Herstal, terre du Brabant. Personne

(¹) V. le Glossaire.
(²) Liasses du Conseil privé.

n'étant là pour leur dicter le nombre d'ouvriers et de meunées d'écorces qu'ils pouvaient employer, ils donnèrent bientôt à leurs huit établissements une extension assez considérable pour pouvoir approvisionner une grande partie de la ville. D'un autre côté, le bas prix de leurs marchandises, dont il leur était facile de frauder de grandes quantités, leur attirait une foule de commandes. Il devint bientôt impossible aux tanneurs de Liége de lutter contre cette concurrence. Après avoir fait élever coup sur coup [1] les droits d'entrée sur les cuirs étrangers jusqu'à 5 florins, ils se virent enfin obligés d'en demander la prohibition absolue. L'empire qu'exerçaient encore sur le peuple les mots de *franchises* et de *priviléges*, l'asservissement où les masses se trouvaient aux vieilles et étroites coutumes du moyen-âge, furent cause que les tanneurs obtinrent pour leur requéte une réponse favorable. Cependant, les idées économiques avaient fait du progrès dans l'esprit des administrateurs et des hommes politiques. Ils commençaient à s'apercevoir des effets pernicieux qui résultaient des réglements disciplinaires des corporations qui, dans leurs statuts égoïstes, enchaînaient l'essor du commerce et étouffaient l'émancipation de l'industrie. Ce qui le prouve, c'est l'octroi accordé à cette même époque par le prince à un fabricant étranger, octroi qui viole d'une manière formelle les antiques priviléges du métier, quelque sacrés qu'ils fussent.

Immédiatement après l'interdiction du libre échange, un nommé Léonard Schuarts, tanneur de Herstal, adressa aux seigneurs de de l'État noble la supplique suivante :

[1] Le 5 août 1743, le métier supplia les États de porter remède à l'état languissant où se trouvait leur industrie, qui depuis dix ans avait perdu plus du tiers de son commerce. Le motif en était que le cuir étranger entrait à Liége en payant un simple 60ᵉ (surtout les cuirs d'empeigne des 5 tanneurs qui se sont établis depuis quelques années à Coronmeuse), tandis que celui de Liége était fortement imposé pour entrer chez l'étranger. Ils demandaient en conséquence qu'une taxe de 25 sous fût exigée sur chaque livre de cuir entrant dans la cité.

« Messeigneurs ,

« Léonard Schuarts , seul possesseur du secret de faire et tra-
» vailler les cuirs d'empeigne sans pareils, représente qu'ayant fait
» depuis plusieurs années quantité d'épreuves tant pour la bonté
» du cuir que pour la grande utilité et facilité des cordonniers, il
» l'emporte sur toutes les empeignes étrangères. En conséquence,
» l'établissement de sa manufacture dans cette ville sera d'une uti-
» lité d'autant plus grande qu'il lui faut un grand nombre d'ou-
» vriers; qu'au lieu de faire passer des sommes considérables à
» l'étranger pour l'achat des dites empeignes qui se consomment
» dans le pays, elle y fera au contraire rentrer des sommes impor-
» tantes par le débit de cette manufacture. Il demande en outre
» qu'attendu qu'il ne peut moudre au moulin commun des tanneurs
» ses écorces , il est obligé de le faire à Dinant , qu'il soit exempt
» du soixantième à l'entrée. »

Le 9 mai 1747, Jean Théodore de Bavière lui accorda pour 25
années le droit de s'établir dans la ville de Liége pour exploiter son
secret et d'employer autant d'ouvriers qu'il en aurait besoin, déro-
geant ainsi en sa faveur aux chartes , priviléges et réglements du
métier des tanneurs; il lui donnait en même temps le droit de faire
l'acquête du métier moyennant une somme de 200 florins de Brabant (¹).

2° *Vente*. — La charte constitutive de 1331 permettait aux tanneurs de Liége de vendre leur cuir partout où ils voulaient à la
seule condition que leur marchandise fut de bonne qualité et jugée
telle par les rewards. L'acquéreur qui avait à se plaindre sous ce
rapport d'un objet vendu, devait en donner connaissance aux officiers ; ceux-ci, après vérification faite , ordonnaient au vendeur de
de restituer l'argent qu'il avait reçu et de retravailler son cuir dans
les trois mois sous peine de sept sous d'amende.

Le réglement de 1418 vint modifier ces premières dispositions,
en défendant aux tanneurs de vendre ailleurs qu'à la halle commune

(¹) Liasses du Conseil privé.

ou dans leurs boutiques. Ils ne pouvaient en conséquence colporter leurs cuirs, ni les présenter chez les cordonniers, selliers, etc. Pour empêcher toute fraude à cet égard, il leur était même interdit de faire porter chez un cordonnier ou corbesier, etc., des marchandises que ces derniers avaient achetées chez lui. L'acquéreur lui-même devait les faire prendre.

Un point essentiel à observer pour chaque maître était de n'exposer en vente que les seuls produits de sa fabrication. Les peines les plus sévères punissaient les violateurs de ce décret.

Toute marchandise, avant d'être vendue, devait avoir été visitée et marquée par les rewards. Elle devait donc, pour être dans les conditions voulues, porter deux marques, car le tanneur lui-même devait avoir *stampé* tous ses cuirs, de quelque nature qu'ils fussent, de son propre sceau, portant les premières lettres de son nom et de son prénom, sous peine de confiscation des cuirs non marqués.

Il était aussi défendu de faire passer pour du cuir fort un autre cuir beaucoup plus mou appelé *anteneuse* (¹) et qui n'avait que six ou sept semaines de fosse. Le prix de ces derniers était fixé en 1433, à dix bodd. On ne pouvait en préparer que de petites quantités, pour sauvegarder la réputation du métier.

Les statuts de la corporation interdisaient encore aux tanneurs de vendre à crédit dans la cité; il leur était permis de le faire à l'étranger pourvu que le marché n'eut pas été conclu dans la banlieue.

On voit qu'avec toutes ces restrictions et toutes ces défenses, il eut été impossible de faire le commerce en gros. Un tanneur ne pouvant vendre à un autre les produits de sa fabrication, il était obligé de s'en défaire en détail; c'est pour ce motif que chaque compagnon était obligé de posséder un établi à la halle et un comptoir chez lui.

La défense imposée aux membres du métier d'acheter du cuir pour le revendre, faisait l'objet de l'article 33 du réglement de

(¹) *Documents inédits*, n° X. V. aussi le *Glossaire*.

1560, et de l'article 19 de celui de 1707. Six mots de cet article suscitèrent dans la corporation un démêlé mémorable, dont le livre des *Chartes et priviléges* fait une longue mention et qu'il convient de rappeler ici.

L'article 19 était conçu comme suit : « Personne dudit métier » ne peut acheter cuir tanné dans cette Cité pour le revendre dans » la même Cité, sur peine de trois florins d'or répartissables : est » ordonné aux contraventeurs dudit article la même peine *et qu'ils* » *soyent faussaires à leurs serments* , comme étant cet article con- » traire au bien public et avancement des jeunes tanneurs qui s'éta- » blissent, et afin qu'ils puissent de temps en temps avoir chalands » et marchands aussy bien que les vieux. »

Le 12 mars 1708, le chancelier et les membres du Conseil impé- rial portèrent l'amende de trois florins à cent écus. Peu après, sur l'avis du métier, elle fut fixée à 200 écus. Tout à coup, le 8 mars 1710, le même chancelier , à l'instigation de quelques officiers du métier, la réduisit à 50 écus et déclara que le mot *parjure* devait être rayé de l'article ; mais immédiatement surgirent des réclama- tions. Il fut obligé de le rétablir comme il était précédemment. Cependant un tanneur , nommé Jean Médart, avait profité de l'oc- casion où sa conscience se trouvait plus à l'aise, pour acheter du cuir et pour le revendre comme provenant de sa fabrique. Il fut poursuivi et condamné comme parjure. Jean Médart protesta , en faisant observer que le mot *parjure* ayant été supprimé dans l'ar- ticle, les officiers avaient porté contre lui un jugement mal fondé. Il lui fut répondu que le serment général prêté par tous les com- pagnons, d'observer les statuts de la corporation , suffisait pour le condamner de ce chef. Mais cette opinion trouva un grand nombre de contradicteurs ; les tanneurs se partagèrent en deux camps. Les *directeurs* du métier persuadèrent aux officiers de sou- mettre le cas à la sacrée faculté de Louvain et à plusieurs théolo- giens de cette ville. On leur posa en conséquence les trois questions suivantes : 1° si, en conscience, et suivant le serment, on était obligé d'observer les réglements du métier? 2° si on pouvait sciem-

ment et de propos délibéré acheter dans le métier des cuirs tannés
pour les revendre ailleurs, sans commettre un péché et sans violer
le serment ? 3° si les confesseurs pouvaient absoudre ceux et celles
qui faisaient le trafic d'acheter et revendre au préjudice de leur
serment ? La sacrée faculté et les théologiens répondirent, avec
quantité de considérants, *oui* à la première question et *non* aux
deux autres.

Un des principaux débouchés pour les tanneurs de Liége était la
ville de Maestricht. Les cordonniers de cette ville, reconnaissant la
supériorité des cuirs de Liége, s'approvisionnaient presque tous à
St-Pierre, où les maîtres liégeois envoyaient leurs produits. En
1710, les tanneurs de Maestricht, jaloux de cette vogue qui les rui-
nait, parvinrent à faire établir sur chaque pièce qui entrait dans la
ville un impôt d'un escalin d'abord, puis, en 1738, d'un ducaton.
Le 20 septembre de cette année, les cordonniers de Maestricht en-
voyèrent une supplique au duc de Brabant et au prince de Liége,
leur remontrant que si on les mettait dans l'impossibilité de se
procurer du cuir de Liége, ils se verraient livrés à la merci des 5 ou
6 tanneurs de Maestricht ; ceux-ci pourraient dès lors exiger tel
prix qu'ils voudraient de leurs produits ; « outre, disaient-ils, qu'il
» est notoire à tous et un chacun que le cuir de Maestrecht est un
» mauvais cuir non tanné ; mettant en considération aussi que les
» cordonniers de Maestrecht avec le cuir de Liége manufacturent
» des bottes renommées 50 lieues à la ronde par leur bonté et
» qualité. » Ils font enfin observer ironiquement que les tanneurs
de Maestricht ont la faculté de vendre leur cuir à Liége, *pourvu*
qu'il soit rewardé. Le 9 octobre, le duc et le prince rejetèrent de
commun accord la taxe d'un ducaton récemment imposée.

Les étrangers pouvaient en effet vendre du cuir à Liége, pourvu
qu'il fût bien tanné et reconnu tel par les rewards. Dans ce but,
toute marchandise étrangère devait, avant d'être exposée en vente,
avoir été étalée à la Goffe, sur le Marché ou à la Halle. Là, les
rewards, à la demande des marchands et sur l'ordre des gouverneurs, allaient en prendre inspection et imprimer leur marque sur

chaque pièce. Les gouverneurs négligèrent pendant un certain temps de faire remplir cette formalité. Lorsqu'en 1739, d'autres fonctionnaires plus zélés voulurent la rétablir, ils suscitèrent de la part des cordonniers de vives réclamations et même une opposition formelle. Le métier fut obligé d'adresser au prince la supplique suivante :

« Prince sérénissime,

« Les tanneurs de votre Cité de Liége remontrent à V. A. que
» pour empêcher le débit des mauvais cuirs dans la Cité, Adolphe
» de la Marck, par octroy du 5 septembre 1331, avait ordonné que
» tous les cuirs achetés des étrangers devaient être bons, vus par
» les rewards à peine de 7 sous d'amende, alors considérable ;
» qu'ensuite par un accord du 17 août 1480, il fut ordonné que
» les cordonniers pourraient employer du cuir étranger pourvu
» qu'il fut rewardé par 5 rewards ; que par une ordonnance du 25
» mars 1561, art. 48, il fut décidé que ceux qui voudraient user
» et revendre dans la Cité cuirs étrangers tannés, devraient les
» apporter sur le Marché à Liége, ou à la Goffe ou à la Halle des
» tanneurs, sans les cacher dans les maisons, sous peine d'un
» florin d'or d'amende par cuir. Malgré tous ces soins pris pour le
» bien du public, les étrangers amènent tous les jours cuirs d'em-
» peigne mal tannés ; des cordonniers vont en acheter à Coron-
» meuse, les fraudent et les travaillent sans avoir été visités par les
» rewards au grand préjudice du métier et du public. C'est pour-
» quoi nous mandons à V. A. de défendre de vendre des cuirs
» étrangers s'ils n'ont été rewardés, sous peine de six florins d'or
» d'amende applicables en partie à l'hôpital St-Georges. »

Lorsque cette supplique fut communiquée aux cordonniers, ceux-ci allèrent jusqu'à contester l'authenticité des chartes invoquées par les tanneurs, prétendant que de tout temps les fabricants étrangers avaient pu librement vendre leurs cuirs à Liége, sans avoir jamais été soumis à la visite des rewards. Mais ces assertions furent réfutées par les tanneurs ; ils démontrèrent au prince que

toutes ces allégations n'avaient d'autre but que de consacrer légalement la liberté dont ils jouissaient depuis un certain temps « de
» mettre telle marchandise en œuvre qu'il voudront, souvent très
» mauvaise pour le bon marché au grand préjudice du public,
» comme la pluspart des cordonniers et corbesiers font aujour-
» d'hui, employant en partie des empeignes de Philippeville, de
» Givet, de Dinant, de Malines, de Ruremonde, etc., qui ne vaillent
» rien du tout ([1]). »

Le 25 juin 1739, le prince confirma l'ancienne coutume stipulée
par les réglements de la corporation et ordonna aux cordonniers de
s'y soumettre.

Dès le XVIIIe siècle, les gouverneurs accompagnés d'un halle-
bardier du souverain mayeur, allaient chaque année faire la visite
des magasins appartenant aux marchands de maroquin et de cuir
étranger.

IV.

LES RECOUPEURS.

On entendait primitivement par recoupeurs , les compagnons
non moulants qui avaient pour profession particulière d'acheter des
peaux et des cuirs aux marchands de la ville ou de l'étranger, pour
les revendre ensuite dans la cité ou ailleurs. Tant que cette classe
de marchands exerça honnétement et dans de justes limites son
industrie , elle fut utile au métier et protégée par la loi. En effet
elle facilitait l'écoulement des produits fabriqués et approvisionnait
le marché de la matière première. Aussi le réglement de l'an 1418
contient-il déjà en leur faveur la disposition suivante : « S'il y avoit
» aulcuns de nostre dit mestir, unk ou pluisseurs, qui n'awisse ou
» n'awissent point de puissanche de tanneir ne d'avoir cuirs ou
» peauls qui leurs fussent, que dont iceulx posist ou posissent

([1]) Liasses du Conseil privé.

» acapteir cuirs, peaulx et denrées et revendre et *recoper* avant
» a altres personnes de nostre dit mestir, voire qu'ils les doient
» et deveront acapteir sy cortoisement, qu'ils ne sachent point de
» dommaige az altres personnes de nostre dit mestir, et que teils
» personnes ne puissent tanneir cuirs, ny peaulx coureir par eulx
» ne par aultruy, ne par bin fait prendant, et aussy qu'il ne puist
» avoir en une maison qu'un acapteur. »

Plus tard, les recoupeurs ayant abusé de leur privilége pour monopoliser, ce mot devint synonyme d'*accapareurs*. Dès lors on usa envers eux de mesures répressives.

Les recoupeurs ne pouvaient se livrer à la fabrication du cuir; ils ne possédaient du reste pour la plupart que la petite rate du métier. Aucun étranger n'avait le droit de recouper dans la cité; le compagnon qui aurait acheté un objet quelconque à un étranger encourait une amende de 10 florins d'or.

En vertu des mêmes principes, aucun tanneur *pratiquant le métier* n'osait faire le commerce de recoupeur sous peine d'une amende de 9 florins d'or. Nous savons déjà que cette punition fut portée successivement, en un an de temps, à cent, puis à deux cent écus.

L'article 39 du réglement de 1493 avait mis les revendeurs dans l'impossibilité de faire du tort aux maîtres en leur défendant d'acheter les peaux des bêtes tuées le jour même; de cette façon les tanneurs pouvaient se fournir au plus bas prix possible.

En 1503 on limita encore leur liberté en leur interdisant d'acheter des peaux dans la cité, excepté « entre les deux rues du Marché, » sous peine de 40 livres d'amende et de confiscation des objets achetés.

En 1559, le prix des cuirs monta tout à coup à un taux fort élevé; on força les recoupeurs d'aller s'approvisionner au dehors et de ne plus amener sur le marché que des peaux étrangères, ce qui devait occasionner nécessairement une baisse.

Le commerce des recoupeurs était moins important à l'égard des cuirs qu'à l'égard des peaux. Cependant, en 1598, la disposition de

1559, relative à l'achat des peaux, fut étendue à celui des cuirs fabriqués. Ne pouvant plus en acquérir dans la cité, les revendeurs furent obligés de les importer du dehors. Cette ordonnance était, nous paraît-il, défavorable aux compagnons, en ce sens que la faculté de vendre dans la ville des cuirs étrangers devait nuire au débit de leurs propres produits.

Dans l'intervalle de 1598 à 1676, il survint probablement d'autres décrets qui modifièrent les précédents ; peut-être aussi ces derniers, après avoir reçu une exécution passagère, tombèrent-ils d'eux-mêmes en désuétude. A cette dernière date, en effet, les tanneurs, attribuant le prix excessif du cuir à l'accaparement des peaux par les recoupeurs, demandèrent au prince leur proscription absolue ; ils voulaient que tout compagnon payât 10 florins d'or d'amende pour chaque peau ou cuir qu'il aurait acheté à un revendeur, que celui-ci fût étranger ou bourgeois du métier. Cette mesure fut pour les cordonniers et corbesiers un prétexte de chercher noise aux tanneurs ; ils en demandèrent la suppression en déclarant que cette défense, loin d'être avantageuse au public, lui serait au contraire fort préjudiciable ; effectivement, les recoupeurs ne pouvant revendre dans la cité les peaux qu'ils achetaient de divers côtés, allaient s'en défaire à Maestricht et ailleurs, ce qui dégarnissait le marché de Liége et permettait aux artisans des autres villes de livrer leurs produits à meilleur compte. Sur de semblables représentations, cette fois accueillies par les tanneurs, la sentence de 1598 fut révoquée le 23 novembre 1679 ; on se borna à défendre aux recoupeurs d'acheter des peaux dans la cité et banlieue, sous peine de 10 florins d'or d'amende.

CHAPITRE V.

DES PROPRIÉTÉS DE LA CORPORATION.

Les registres aux comptes du métier des tanneurs sont perdus.
Il est, par conséquent, impossible de fixer le montant de ses
revenus. On sait qu'ils consistaient dans les droits d'acquête et de
relief, dans le produit des amendes et surtout dans les cens et
rentes de ses propriétés immobilières, consistant en quelques
maisons situées en Volière et en Mangonrue, dans la vouerie de
Grâce qui, lors du bannissement de W. d'Athin, lui échut en partage. Les places de Gravioule dont le métier fit l'acquisition, en
1333, lui procuraient encore un revenu annuel par la foire qui s'y
tenait au mois de novembre.

Outre les propriétés que nous venons de mentionner, les tanneurs possédaient encore une halle et un moulin ; il nous reste à
donner quelques notes sur ces deux établissements.

I

LA HALLE.

Les halles des métiers étaient les marchés couverts où, à certains jours de la semaine, les compagnons exposaient leurs marchandises en vente (¹). Celle des tanneurs était située sur le

(1) Il n'y avait que cinq halles de métiers à Liége : 1° celle des tanneurs ; 2° celle des drapiers, rue Féronstrée ; 3° la petite halle des
drapiers, appelée *aux pessots*, parce qu'on y vendait de petites pièces pour
les habitants du marquisat de Franchimont : elle était située rue Sainte
Ursule; 4° la halle des vignerons, au coin de la rue du Pont, vers Féronstrée :
les vignerons y vendaient de la viande ; 5° la halle des bouchers, entre
l'Hôtel-de-Ville et l'église de la Madeleine.

12

grand Marché, entre l'Hôtel-de-Ville et la halle des mangons. Il est impossible de déterminer d'une manière précise la position qu'elle occupait entre ces deux bâtiments ; il n'existe même plus aucune tradition à cet égard. Si l'on prenait à la lettre un document de l'an 1422, la halle des tanneurs touchait à celle des bouchers , qui se trouvait du côté de la Madeleine. D'un autre côté, un document de l'an 1480 semble indiquer qu'elle joignait immédiatement à la Violette. On peut conjecturer qu'elle était sur l'emplacement occupé aujourd'hui par la rue qui longe l'Hôtel-de-Ville et quelques maisons entre les rues Grande et Petite Tour.

L'usage d'étaler les cuirs dans une halle existait déjà avant l'année 1331 , puisque la charte d'Adolphe de la Marck permettait aux tanneurs « que ly marchiet de leur denrée générale soit sur *leur* halle. » Etait-ce la même, à cette époque , que celle qu'ils ont toujours possédée depuis ? Tout porte à le croire ; dès 1425 , en effet , nous trouvons une délibération du métier assemblé , qui, considérant que sa halle du Marché était si vieille qu'elle menaçait de tomber en ruine ; que ce bâtiment lui était indispensable pour son négoce ; qu'il y allait de son honneur de ne pas laisser périr *ce qu'ils avaient reçu de leurs ancêtres* , « qui est un des plus beaux « hirelaiges et juweaulz que nous ayons », décide que, pendant un an, il serait établi un impôt sur chaque cuir suivant sa valeur, pour couvrir les frais d'une reconstruction. A cet effet, on nomma une commission, composée des deux gouverneurs, du rentier, et de deux maîtres députés, qui s'installa dans une maison de la rue des Tanneurs ou des Ecoliers. Tous les cuirs préparés dans le métier, munis de la marque du fabricant , devaient y être envoyés au fur et à mesure de leur confection. Chaque dimanche , les propriétaires allaient payer l'assise sur leurs produits de la semaine et faisaient reprendre ceux-ci. La commission rendait ses comptes tous les mois (1).

Après le sac de Liége par Charles-le-Téméraire, la Violette ayant

-----

(1) V. *Documents inédits*, n° VII.

été brûlée, le Conseil de la cité résolut de reconstruire une maison commune plus belle et plus grande qu'elle n'était auparavant,
afin, disait-il, qu'elle fût digne de la ville , que l'on pût y donner
de belles fêtes aux jours habituels , et y recevoir convenablement
les ambassadeurs étrangers. A cette fin , le conseil s'entendit avec
les officiers du métier des tanneurs , pour obtenir une partie de
l'emplacement qu'occupait sa halle. La corporation céda 15 1/2
pieds de terrain à la ville , à condition que celle-ci lui permît d'en
prendre autant du côté opposé de sa halle , vers la rue des Mangons, ce qui lui fut accordé ([1]). Dans l'acte de cession qui fut passé
le 4 mars 1480, la cité approuva cette transaction et déclara que
jamais les tanneurs ne pourraient être inquiétés du chef de leur
empiétement ([2]).

Pour rebâtir sa halle sur ce nouvel emplacement, le métier, ruiné
par les guerres précédentes , engagea la vouerie de Grâce à Renier
Péronne pour une somme de 460 florins.

Ces actes prouvent à l'évidence qu'aux dates où ils furent passés,
la halle du Marché appartenait en toute propriété à la corporation.
Il semble cependant qu'après en avoir fait l'acquisition, les tanneurs
furent obligés, on ne sait à quelle occasion , de l'aliéner. Cela résulte de trois documents dont le premier, de l'an 1347, est une
donation sous forme d'acquête de la halle du Marché , et les deux
autres, des reliefs de cette même halle , en date du 13 mars 1422
et du 21 mai 1462.

Dans des moments de crise, on voit encore le métier forcé d'engager ses propriétés et même d'en vendre quelques-unes pour
pouvoir faire face à ses dépenses. En 1526, par exemple , et en
1532, il emprunta des sommes considérables en engageant sa halle

([1]) V. *Documents inédits*, n° XIV.

([2]) Loin d'être inquiétés, ce furent les tanneurs qui, en 1509, prétendirent avoir droit à une rente annuelle de 4 marcs, en reconnaissance de ce
qu'ils avaient cédé du terrain à la ville ; mais le rentier de la cité leur
exhiba la lettre du 4 mars 1480, par laquelle le métier reconnaissait avoir
reçu en échange un terrain équivalent ; leur réclamation resta sans effet.

et son moulin comme garantie hypothécaire (¹). Plus tard , leurs dettes dépassèrent même de beaucoup en capital la valeur de ces immeubles.

Le marché avait lieu quatre fois par semaine, le lundi, le mercredi , le vendredi et le samedi. Ces jours là , la halle devait être ouverte au public à six heures du matin , sous peine d'un gros tournois d'amende à encourir par les officiers, les rewards et le varlet. Celui-ci , chargé de l'ouverture de la salle , allait de grand matin chercher les clefs chez les gouverneurs. Ensuite les officiers et les rewards faisaient le tour des étalages et s'assuraient que les cuirs mis en vente étaient revêtus de leur marque; ils l'appliquaient sur ceux qui ne la portaient pas et qu'ils reconnaissaient pour de bonne marchandise ; ceux qu'ils jugeaient défectueux étaient confisqués et le maître condamné à l'amende.

Nul ne pouvait vendre ou acheter à la halle avant la visite des rewards, sous peine de trois florins d'amende (²). Aucun tanneur, après cette visite, ne pouvait offrir aux acheteurs des cuirs qui n'étaient pas sur leur établi dès le matin.

A part les temps privilégiés, c'est-à-dire les jours de foire, c'était à la halle, et seulement là, qu'il était permis aux étrangers de

(¹) La chose eut encore lieu en 1749 , pour établir une pompe sur un terrain que la ville lui concéda le 21 juillet, dans la rue des Tanneurs, comme il se voit par le recès suivant · « Supplique présentée par » les habitants en Tanneur-Rue; entendu le rapport de MM. les conseillers » avocat Hodeige et Lancet , accordé qu'il soit mis une pompe de pierre » vis-à-vis la maison du sieur Renier-Dothée, à l'enseigne de l'Arbre d'Or, » près de l'arbrisseau qui est vis-à-vis , en ouvrant le pavé vis-à-vis la » maison du sieur Malherbe, à l'enseigne du St-Esprit, et y fossoyant pour » y trouver la source d'eau qui doit être dans cet endroit. » (Recès de la ville, à la bibliothèque de l'Université).

(²) « Item que on ne peut vendre ny priser le jour de halle avant et anchois que les rewards et governeurs ayent estés autours et bouhiet le maillet, sous peine et amende de 4 libvres. » Nous donnons cet article parce qu'il a été omis par négligence dans le réglement du 25 juillet 1493, imprimé dans le livre des *Chartes et priviléges* , vol. II, p. 241 , où il doit figurer comme le 25ᵐᵉ.

vendre leurs marchandises. Pour jouir de ce droit, ils payaient au
métier une redevance de 7 sous pour chaque cuir vendu.

En 1684, lorsque l'édit de Maximilien de Bavière décréta la suppression des assemblées de métiers et la confiscation de leurs
chambres, la halle des tanneurs fut comprise dans la proscription
et consacrée aux réunions de la chambre de St-Séverin, dont ils
firent partie. Pendant plusieurs années, ils élevèrent des réclamations pour en obtenir la cession ou, en sa place, un autre local, où
ils pussent, comme auparavant, étaler leurs produits à certains jours
de la semaine. Mais il ne paraît pas qu'on fît droit à leur demande ;
ils durent se borner à vendre uniquement chez eux dans leurs boutiques respectives.

II

LE MOULIN (1).

Tant que les tanneurs habitèrent le quartier de l'Ile, ils se servirent d'un moulin placé sur un des bras de la Meuse ; une vague
tradition désigne le moulin Winand comme ayant servi à leur
usage.

Lorsqu'ils se furent transportés sur l'autre rive du fleuve, ils
firent l'acquisition par rendage perpétuel du moulin de Longdoz,
appelé aussi le moulin Pilchoule (2), situé sur le cours de l'Ourte
et de la Vesdre réunies. Le prix de vente était une rente annuelle
de six deniers, de six muids de mouture et de 14 muids d'épeautre.
Ce moulin, qui appartenait à la riche famille Curtius, était banal et
fournissait de la farine à tout le quartier d'Amercœur. Dans l'acte
de rendage, en date du 4 mai 1288, les tanneurs s'obligeaient

---

(1) Voir à la fin des *Recherches historiques* sur la corporation.

(2) V. *Documents inédits*, n° I. Bartholet (*Consilium juris*), cite parmi
les archives de la cité une charte de l'an 1069, concernant ce moulin :
*Littera molendini de Longdoz (per quam probatur quod de illo anno
exstiterunt Leodii burgimagistri).* Ce document est perdu.

non-seulement à l'entretenir en bon état, mais à consacrer à son amélioration une somme de 30 marcs d'argent par an. Ils s'engageaient de plus à ne jamais l'aliéner. Au commencement du XIVᵉ siècle, le moulin ayant changé de propriétaire, les tanneurs en firent relief comme à nouveaux seigneurs en 1301 (¹) et en 1324, aux mêmes conditions.

Jusqu'en 1363, l'établissement de Pilchoule resta un moulin à grains qui continuait à être banal et desservait les brasseries d'Amercœur, de Longdoz, de Péville et de Robermont; il s'appelait alors le moulin Grégoire et le métier le sous-louait. Mais à côté de ce moulin, il y en avait un autre plus petit, qui formait une dépendance du premier et dont la corporation se servit probablement dès 1288 pour moudre ses écorces. Toutefois on n'en trouve aucune mention avant l'année 1301.

Pendant les 50 premières années après l'établissement des tanneurs dans le quartier d'Outre-Meuse, ce petit moulin put suffire aux besoins des compagnons. Mais au milieu du XIVᵉ siècle, leur nombre s'était accru à tel point, que le moulin ne fut plus en état de fournir les écorces nécessaires à leurs travaux. Le 30 septembre 1373, ils furent obligés d'acheter aussi, par rendage perpétuel, le moulin appelé Folerêche et plus tard Mal-content, joignant aussi à leur petit moulin et formant une autre dépendance de celui de Pilchoule (²). Il devint le grand moulin à tan du métier; il l'est encore aujourd'hui et s'appelle le moulin des *hwersâs*. Peu après, ils en devinrent propriétaires fonciers, par la cession que leur en fit le chevalier Amel Baré de Streel, sous condition de ne pouvoir l'aliéner sans le consentement de tout le métier. Cet acte fut passé par devant la cour allodiale de Liége, le 30 mai 1421.

On doit supposer que pour des raisons qui nous sont inconnues la corporation toute entière fut amenée à consentir à une nouvelle

---

(¹) V. *Documents inédits*, nᵒ II.

(²) Le document dit qu'il était près du pont d'Amercœur. Mais ce *près* ne doit pas être pris à la lettre; il indique seulement la direction.

mutation, puisque, en 1436, on trouve un acte par lequel elle relève
ce moulin devant la cour des Bons-Enfants, pour 7 marcs, 15 sous
17 deniers de rente, à la condition de payer aux nouveaux propriétaires du fond leurs droits accoutumés, et de restaurer l'édifice
chaque année. En 1440, elle en fit encore relief à un nommé Jean
Olivier, qui lui en fit vesture comme nouveau seigneur. A partir de
là, les documents font défaut ([1]).

Il ne paraît pas que le métier possédât d'autre moulin à écorces,
quoique, dans sa réponse à la requête des cordonniers de l'an 1579,
il dise que ces derniers étaient *senestrement informés* en prétendant
qu'ils n'en avaient qu'un ; qu'ils en avaient deux, « forts et puis-
» sants et en points de tous cas de broyer et servir ledit métier, et
» auquel on mollait plus d'eschorches que l'on avait fait passé 30
» ou 40 ans ci-devant » ([2]). En parlant d'un second moulin, ils
avaient probablement en vue le petit moulin dont ils s'étaient longtemps exclusivement servis.

Pour payer la rente stipulée par l'acte de 1440 et couvrir les
frais d'entretien de leurs bâtiments, les tanneurs avaient imposé
une taxe sur chaque meunée d'écorces qu'ils recevaient ; en 1590,
la taxe était de 50 pattars de Brabant pour les 6 premières meunées
et du double (5 florins de Brabant) pour les 6 dernières. Ils consacraient même à cet usage le produit de plusieurs amendes, par
exemple, les 60 sous parisis que payaient les compagnons rentrant
dans les limites du quartier.

Lorsque, par son réglement de 1684, Maximilien Henri confis-

([1]) Bien que ce moulin existe encore aujourd'hui, nous ne pouvons
plus nous faire une idée exacte de l'établissement des tanneurs à Longdoz.
Nous avons trouvé la mention d'un document qui aurait pu nous édi-
fier complètement à cet égard ; c'était une *lettre concernant les limites
et l'étendue des prés et des iles du moulin, accompagnée d'un plan* ; malheureusement cette pièce est perdue. Un passage d'un autre document
nous apprend que l'île sur laquelle est situé le moulin, avait 4 arcs d'étendue, qu'elle était garnie de plus de 10,000 pilotis, de 4 grands murs d'eau
et d'une digue de plus de 600 mètres.

([2]) V. des *Charles et priviléges*, T. II, p. 257.

qua tous les biens des métiers au profit de la cité, le moulin à tan
fut du nombre des propriétés exceptées (³).

Tous les compagnons étaient sévèrement obligés de faire moudre
toutes leurs écorces au moulin du métier. Ce ne fut que dans des
circonstances tout à fait exceptionnelles et jusqu'en 1773, à la suite
d'une décision prise en assemblée générale, qu'il fut permis de s'a-
dresser ailleurs, par exemple en cas d'incendie (⁴), d'inondation
ou comme en 1579 dans un but d'utilité publique. « Si par mal-
» heur il survenoit un incendie au moulin commun, ou quelqu'autre
» accident qui empêcheroit de pouvoir moudre et servir les com-
» pagnons, en tel événement les gouverneurs, officiers et députés,
» assemblés en corps , pourront accorder la permission par écrit ,
» et non autrement, aux compagnons de faire moudre leurs écorces
» aux moulins étrangers : mais ces écorces moulues étant arrivées
» dans les bornes et limites du métier, le compagnon propriétaire
» d'icelles , aussitôt et avant le déchargement, en avertira les gou-
» verneurs et députés , qui en feront mesurer et distribuer à ce
» compagnon, par les mesureurs sermentés , le nombre des me-
» sures à racle selon le rapport et produit qui sera trouvé d'une
» meunée moulue au moulin commun de 140 mesures en creppe;
» et s'il se trouvoit de l'excédent, il sera séquestré, pour ensuite le
» laisser suivre au propriétaire de la meunée suivante, qu'il char-
» gera à son tour, en payant néanmoins le droit de mouture au
» rentier, tout de même que si ces écorces avoient été moulues au
» moulin commun ; et tout compagnon étant en défaut de se con-
» former au présent , les écorces moulues seront confisquées et
» tout contrevenant payera en outre une amende de 50 écus. »

(³) V. l'article 63 de ce réglement.

(⁴) Les incendies étaient extrêmement fréquents au moulin à tan. On
a vu dans le chapitre du *Groumet* quelles précautions on était obligé de
prendre pour les prévenir. Une seule étincelle suffisait pour réduire en
cendres ce bâtiment entièrement construit en bois et toujours couvert
d'une épaisse couche de poussière sèche. Dans un espace de 50 ans, il fut
7 fois consumé par les flammes.

On a vu dans le chapitre des serviteurs du trinay, que les compagnons observaient, pour moudre leurs écorces, un certain rang fixé chaque année à la Sainte-Anne. Ce jour là, les tanneurs pouvaient se présenter chez le rentier et lui déclarer *quelle oulne ils vouloient tenir*. Celui qui devançait son tour payait une redevance de ce chef. Le réglement de 1773 modifia quelque peu cet ancien usage. Voici comment il s'exprime : « Chaque année, la veille de la » Madeleine, après les comptes généraux rendus par le rentier du » métier, on ballotera les quartiers pour connoître par quel endroit » commencera et suivra le premier tour de moudre ou oulne ; » mais après le premier tour, le rentier distribuera ensuite la me- » sure aux compagnons qui auront été les plus anciens en tour et » par préférence aux postérieurs. » Ceux qui laissaient passer un mois entier sans profiter de leur tour perdaient pour cette fois le privilége de moudre, à moins de payer une amende de 3 flor. d'or.

Le rentier s'informait auprès de chaque maitre du nombre de meunées qu'il pouvait employer par an ; il tenait note de cette déclaration , qui lui servait de base pour établir les revenus du moulin.

La jouissance des terres et autres dépendances du moulin était donnée au meunier (¹). En 1774, le métier chercha à tirer un meilleur parti de ses propriétés, en les louant au chef du moulin ; il fit afficher le rendage proclamatoire *d'une maison et tous bâtiments y annexés, situés à Longdoz avec un jardin et prairie contenant environ 2 bonniers, appelés communément* moulin des Écorces. Voici quelques-unes des conditions stipulées dans l'affiche. Le repreneur était obligé à entretenir, à ses frais, le moulin, l'usine, les ustensils, les nacelles, les tourailles *(terrés)* ; à réparer les dégats des inondations ; à rendre l'eau navigable 10 pieds plus

---

(¹) Voyez le chapitre du *Groumet*. Nous donnons ici plusieurs détails qui auraient peut-être mieux trouvé leur place ailleurs. Mais nous ne les avons obtenus que tout récemment, lorsqu'il était trop tard pour en faire usage en leur lieu. C'est à l'obligeance de M. Wauters-Cloes que nous les devons.

haut que le rivage de St-Jacques et 10 pieds plus bas que la pointe
de la Hamaide ; à soigner le chemin de halage, à faire haver le biez,
à couper les herbes, etc., à cultiver et engraisser les jardins et les
prairies ; à ne pas sous-louer le moulin ; à ne pas permettre le
passage dans le moulin après la soirée ; à tenir en bon état la pompe
à incendie et les seaux. Le métier se réservait la propriété du
passage d'eau qu'il affermait chaque année. Le futur meunier s'engageait à moudre chaque meunée suivant le désir des compagnons,
exprimé par écrit ; il devait faire chercher par des employés les
meunées en creppe et les faire reporter moulues aux propriétaires,
le tout à sa charge ; les mesureurs et *étesseurs* continueraient à
être payés par les compagnons. Il lui était interdit de moudre pour
des étrangers et en général aucune écorce qui n'eut d'abord été
mesurée par les employés du métier. Il devait faire balayer les
murailles et *harnats* du moulin toutes les semaines et distribuer le
tan à tous les tanneurs par portion égale. S'il ne pouvait faire
moudre qu'à un seul tour, il était obligé de travailler la nuit et le
jour sans interruption.

Le métier eût à soutenir de nombreux procès à propos de son
moulin, tantôt avec les bateliers, tantôt avec les meuniers et les
usiniers du même cours d'eau. Les contestations étaient d'abord
portées devant les officiers du métier, qui, après avoir fait faire
des expertises par les voir-jurés des eaux, tâchaient d'arranger le
débat à l'amiable. S'ils n'y réussissaient pas, on nommait des arbitres, dont on promettait d'exécuter la sentence, ou on déférait le
cas au tribunal des échevins.

Le métier eut également de fréquents démêlés avec les pêcheurs,
auxquels il faisait une espèce de concurrence, non pour la vente,
mais pour la pêche qui fournissait à tout le quartier d'Outremeuse
le poisson nécessaire à la consommation des ménages. Les pêcheurs,
ayant leur principale pêcherie, nommée Martea, à la Hamaide, non
loin de celle des tanneurs qui s'appelait *la Golette*, ne pouvaient
éviter d'avoir souvent des querelles. Pendant longtemps les tanneurs louèrent leur pêche à des particuliers ; c'est ainsi qu'en 1488

ils la continuèrent en stuit pour un terme de 7 années à W. de Longdoz. Mais en 1520, à la suite d'une nouvelle contestation avec les pêcheurs, il la louèrent à ceux-ci mêmes pour un terme de 101 ans, à raison de huit florins de cens par an.

CHAPITRE VI.

DES MARQUES DISTINCTIVES DU MÉTIER.

Chaque métier avait, comme marques distinctives, ses armoiries, ses bannières, ses sceaux et sa livrée. Relativement à la livrée des tanneurs, on ne sait qu'une seule chose : c'est qu'elle était de drap rayé, et que leurs officiers portaient une houppelande et un chaperon. Nous n'avons aucun renseignement ni sur la couleur de ces vêtements, ni sur leur forme.

I

LES ARMOIRIES.

Des 32 bons métiers de Liége, deux seulement, les tanneurs et les drapiers, avaient de véritables armoiries. Tous les autres portaient dans leurs écussons, sur leurs sceaux et sur leurs bannières, les emblèmes allégoriques de leur industrie. Ces emblèmes étaient en général de gueules sur champ d'or. En 1673, nous ne savons à quelle occasion, la plupart des métiers changèrent leurs meubles ou varièrent leurs émaux (¹).

(¹) Voici les principales différences que nous avons remarquées en prenant pour base les gravures du livre des *Chartes et priviléges*.

1º Fèvres ; avant 1673, le champ était d'azur bordé de sable (la couronne doit avoir 4 fleurons).

2º Charliers ; avant 1673, la roue était d'azur.

5º Boulangers ; avant 1673, le champ était de sinople.

6º Vignerons; avant 1673, la grappe était remplacée par un arbre chargé de grains de raisins, desquels se détachaient les feuilles.

7º Houilleurs ; avant 1673, le champ était de sinople.

8º Poisseurs ; avant 1673, le perron était d'or.

9º Sclaideurs (cuveliers) ; avant 1673, au lieu du cercle (qui doit être

Les drapiers portaient : parti d'azur et de gueules à l'aigle au chef parti de sable brochant. La tradition rapporte que ce champ

d'or) et de l'instrument qu'il entoure, il y avait un tonneau et au-dessus un marteau de tonnelier, au naturel.

10° Porteurs ; avant 1673, un perron d'or accompagné de 2 hommes portant un sac au naturel surchargé d'un drapeau de sable.

11° Brasseurs ; avant 1673 le champ était d'azur et les meubles avaient une autre forme.

12° Drapiers ; avant 1673 le champ était parti de sinople et de gueules.

13° Retondeurs ; avant 1673, le perron était d'or.

15° Vairin-xhohiers ; avant 1673, deux écureuils étalant une pièce d'hermine bordée d'azur.

16° Vieux-wariers ; avant 1673, un fripier avec des chausses de gueules et des souliers de sable (au naturel?) tenant des deux mains une culotte de sinople ; après 1673 , champ de gueules à deux fripiers portant une jupe brune.

17° Naiveurs ; avant 1673, d'azur à l'ancre d'or.

19° Mairniers ; avant 1673 les deux gaffes accompagnaient perpendiculairement l'arbre à dextre et à senestre.

20° Charpentiers ; avant 1673 , les meubles étaient autrement disposés et il y avait de plus une tarière.

21° Couvreurs ; avant 1673 (ce métier était alors le 22°) le marteau seul était d'or ; après, les manches furent du même métal.

22° Maçons ; avant 1673 (ce métier était le 21°), au lieu de la palette il y avait un coin d'or , et au bas de l'écu une brique blanche qui disparut après cette date.

23° Cordonniers ; avant 1673 il n'y avait pas de perron ; les deux bottes d'argent n'étaient ni couronnées ni éperonnées ; après, les bottes furent de sable.

24° Corbesiers ; après 1673 deux bottines de sable accompagnaient en plus l'alène, une de chaque côté, ces meubles varient de place.

25° Tisserans ; le perron et l'instrument doivent être d'or.

26° Cureurs et toiliers ; avant 1673 l'écu était de sinople et au lieu du perron et de la règle, il y avait un rouleau d'argent et une espèce de coin d'or.

27° Fruitiers et harangiers ; avant 1673 les poissons, tournés en sens inverse, n'étaient pas couronnés.

28° Mangons ; avant 1673 le perron était d'or et la vache tournée à droite de sable.

29° Flokeniers et chandelons ; dans le livre des *Chartes et priviléges*, il

d'azur et de gueules représentait deux pièces de drap, l'une bleue, l'autre rouge ; en ceci le métier participerait à l'origine commune des 30 autres ; quant à l'aigle, il serait le fruit d'une concession impériale accordée à cette corporation à une époque très reculée. Nous ne pouvons admettre cette opinion, parce que l'aigle des drapiers, pas plus que celui des tanneurs, n'est un aigle impérial.

Les tanneurs portaient : d'argent à l'aigle au chef parti de sable. La version la plus accréditée attribue aussi l'origine de ces armes à une concession de l'empire. D'un autre côté nous trouvons dans une vieille chronique un récit gracieux et patriotique, d'après lequel les tanneurs devraient leurs armoiries au fait suivant :

Lorsqu'après la prise de Milan, que Henri V devait à son cousin l'évêque de Liége Obert, ce prince marchait en 1112 sur Rome pour s'y faire couronner empereur, il rencontra près de Bologne, à la tête d'une armée de cent mille guerriers, le duc de Bourgogne, (Henri duc de Lotharingie ?) qui venait lui disputer l'empire (1). Pour éviter un combat meurtrier et dont il avait peut-être à craindre l'issue, le duc fit proposer à son rival un combat singulier entre trois chevaliers de chaque armée ; la couronne impériale devait être le prix de la victoire. Henri V indécis, demanda conseil à son cousin Obert qui lui fit accepter le défi en ajoutant la condition que le duc mettrait son duché dans la balance ; ce qui fut accepté. Mais

ne doit y avoir que 4 chandelles tournées dans l'autre sens ; de plus les quartiers qui sont marqués de sinople doivent être d'azur ; avant 1675, écartelé : 1 de gueules, 2 et 3 d'or à 3 chandelles d'argent, 4 d'argent.

51° Merciers ; avant 1673 les gants et les chapeaux étaient de sable.

32° Orphèvres ; dans le livre des *Chartes et priviléges*, le 2ᵈ écu doit être d'azur et avoir la même forme que les trois petits ; avant 1673 les trois petits n'existaient pas et le 2ᵈ était parti d'azur et d'argent.

(1) Ce récit n'est pas conforme à l'histoire. Il est vrai qu'Obert, après la mort de Henri IV, se réconcilia avec Henri V ; mais nous ne trouvons aucune mention de l'épisode relatif au *duc de Bourgogne*. Voyez du reste de Crassier, *Notice sur le prince Obert*, dans les *Recherches sur la principauté de Liége*, p. 553.

lorsque cette nouvelle fut publiée dans le camp allemand , il ne se
présenta pas un seul champion pour entrer en lice, « de quoi les
» Liégeois furent grandement estonnés. » Alors s'avancèrent Oger
fils de Raes des Prez , Oger de Mangnie et Oger de Barxhon , qui
avaient accompagné leur évêque. Le duc ayant appris que les trois
chevaliers liégeois portaient le même prénom, choisit dans son armée trois fils de comtes portant le nom de Roland. L'un d'eux, fils
aîné du comte de Savoie, qui portait pour armes un aigle de sable
à deux têtes sur fond d'argent, fut l'adversaire d'Oger des Prez. Le
chevalier liégeois resta maître du champ de bataille et prit les
armes du vaincu jusqu'à la mort de son père ; « adonc il les donna
» en la chaucie des Prez, Outre Meuse, qu'ils portent encore entre
» les tanneurs comme estant les armes de leur quartier. » On peut
constater l'exactitude de ce dernier fait qui est rapporté par tous les
chroniqueurs ; lorsqu'ils décrivent la division de la ville en quartiers par St-Hubert, ils disent que chacun d'eux eut ses armoiries
et que celles du vinâve d'Outremeuse étaient un aigle noir sur fond
blanc (¹).

Il faut bien admettre que cette exception à la règle générale ait
eu des causes tout-à-fait exceptionnelles et significatives. Ce n'est
évidemment pas par pure fantaisie que les tanneurs avaient choisi
leur blason. Si un souvenir quelconque de gloire, une tradition de
bravoure ou de patriotisme ne s'était pas rattaché à cet aigle, ils ne
l'eussent pas adopté comme emblème symbolique; mais, imitant
leurs compatriotes et leurs confrères étrangers, ils eussent arboré
sur leurs bannières les principaux instruments qu'ils maniaient
chaque jour et qui les faisaient vivre.

Ce n'était pas seulement le métier en corps qui faisait figurer
l'aigle sur son drapeau et sur son cachet, comme marque distinc-
tive et caractéristique. Primitivement chaque tanneur le portait

(¹) Nigram et bicipitem aquilam gestavit in argenteo scuto Transmo-
sana (regio); idem hodie retinet insigne coriariorum Collegium, quod hanc
regionem inhabitent » (Fisen, *Hist. Leod.*, vol. II, p. 2).

dans ses armes soit comme pièce principale, soit en franc canton.
C'est ce qui se voit encore sur les sceaux des témoins qui appendent
aux chartes du XIVe siècle. Un grand nombre de familles conservèrent ce meuble malgré leurs alliances, leur changement
d'état, etc., et aujourd'hui encore, il sert souvent de point de
repère pour l'héraldiste qui cherche à pénétrer dans l'histoire
généalogique de nos familles bourgeoises.

II

LES BANNIÈRES.

Une très bonne chronique manuscrite de l'an 1527 ([1]) fait la
réflexion suivante, à propos des priviléges accordés aux bouchers
lors du siége de Bouillon : « Il convient remarquer ici que alors
» (en l'an 1139) nuls mestiers de Liége ne portaient aucunes ban-
» nières ny enseigne, mais marchoient touts soubs la bannière des
» eschevins; et icy les mangons eurent premier l'authorité d'en
» porter. » D'un autre côté, les historiens et Fisen, entre autres,
affirment qu'ils n'en avaient pas encore en 1297 ([2]).

Ces assertions contradictoires prouvent qu'on ne sait pas à quelle
époque les corporations de métiers commencèrent à se distinguer
l'une de l'autre en arborant chacune une bannière. Nous sommes
fort disposés à croire que cet usage s'introduisit aussitôt après que
les artisans se furent réunis en société; dans les combats, le drapeau
était le signe de ralliement de chaque corps d'armée ; or, nous
avons vu qu'au siége de Bouillon plusieurs métiers formaient déjà
des compagnies spéciales.

Quoiqu'il en soit, aux temps historiques, chaque métier avait
sa bannière ou pennonceau (*paingnichcal*); suivant Jean d'Outre-

----

([1]) Aux archives de l'État, à Liége.

([2]) « Descripta est in duodecim artificum sodalitates ; *ac tum quidem
sine signis et vexillis.* » (Fisen, *Hist. Leod.* ad annum 1297, vol. II,
p. 35)

meuse, elles étaient toutes primitivement d'une étoffe rouge chargées d'insignes brodés en or. Ces insignes représentaient des
instruments de travail; ils furent adoptés dans la suite comme
armoiries. Jusqu'au XIVe siècle, les bannières ont, dans les miniatures des manuscrits, une forme oblongue; plus tard, elles sont
représentées sous la forme d'un carré.

Chaque métier avait plusieurs bannières, témoin ce passage du
réglement des drapiers : « Avons accordé et ordonné que soit fait
» un escren pour ens mettre et conserver les joweaus d'argent que
» a nostre dit bon mestier sont appartenants, et avecque ce les
» bannières et pincheals de nostre dit bon mestier, hors mis et
» excepté un pincheal qui doit demeurer en nostre halle pour
» plutost et légèrement avoir si besongne et nécessité en estoit. »

D'anciennes peintures existant à Gand (¹) montrent chaque
compagnon porteur d'une bannière; mais nous ne croyons pas
que ce fût l'usage à Liége. Il n'en était certainement pas ainsi en
temps de guerre, puisque la lettre de 1464, dit expressément que
« toutes personnes de nostre dit boin mestier, soit à numbre ou
» sans numbre, en allant et venant hors, sub nostre dite bannière
» ou paingnecheal, soyent tenus delle y estre obeyssant à cely ou
» cheaux qui pourteront la bannière et aux députés de la part de dit
» boin mestier. » Ce texte nous apprend en même temps que celui
ou ceux qui portaient la bannière exerçaient sur les autres un certain commandement; c'étaient peut-être les gouverneurs, car le
même document dit un peu plus haut : « Il est ordonné que chacun
» doit prendre siége là enseigniet sierat par les gouverneurs ou
» députés de part nostre sovent dit boin mestier. »

Le compagnon qui portait la bannière dans les processions et
dans les cortéges s'appelait, par figure, *banneresse*; un autre s'appelait *pengnecheal* : « Item aura chascun an pour son sallaire la

(¹) *Recherches historiques sur les costumes civils et militaires des gildes*, etc., par M. F. De Vigne, avec une introduction historique, par J. Stecher. Gand.

» banneresse 2 griffons et le pengnecheal 1 griffon pour faire
» chaperon delivrée. »

Les bannières des métiers étaient pour les artisans le symbole
de leur union, la marque publique de leur indépendance et de leur
pouvoir. On conçoit le prix qu'ils y attachaient et l'empressement
que mettaient les princes, ennemis du peuple, à les faire disparaître.
En 1212 et en 1408, elles furent, au dire des chroniqueurs, livrées
aux flammes avec les chartes et franchises des corporations.

III

LES SCEAUX ([1]).

La corporation des tanneurs portait sur ses sceaux l'aigle de leur
blason. D'après les neuf débris qui nous sont parvenus appendant
encore aux chartes, nous avons pu constater qu'elle en avait quatre
différents. Il a été possible, en rapprochant divers morceaux,
de les compléter à peu près et de les reproduire par la gravure
(Voir planche III).

Le n° 1 est, sans aucun doute, le plus ancien, et s'appelait le
grand scel du métier; on le trouve déjà mentionné dans les statuts
et ordonnances de l'an 1418, mais il doit être postérieur à l'an
1333, puisque dans le diplôme d'Adolphe de la Marck, il est dit :
et partant que nous n'avons pas de scel commun. On s'en servait
pour sceller toutes les pièces importantes émanées du métier tout
entier, les réglements, par exemple, « en signe et corroboration de
vériteit. » Il en subsiste quatre fragments attachés aux languettes

---

([1]) Le corps des 32 métiers de Liége, n'avait pas, comme celui de Gand
par exemple, un seul grand sceau pour représenter toutes les corporations
réunies ; témoin cet énoncé d'une charte : « Lettre passée et saielée des
32 bons mestiers le 25 mai 1558 ; contenant le maintien des anciennes paix
faites et priviléges, et de non avoir rabas des aucuns sans l'adveu des 32
mestiers... En tesmoignage de quoy nous burgmestres, etc., avons fait
appendre à ces présentes le scel de la dite cité, et nous 32 bons mestiers
d'un chascun le nostre. »

de parchemin de 4 chartes des années 1427, 1433 (deux), 1439. Mais ils sont malheureusement si ébréchés et si frustes qu'un mot de la légende est resté illisible.

Ce sceau, de forme ovale, est deux fois accompagné d'un contre scel rond appelé *signette* (n° 2), dont les caractères accusent également une époque assez reculée ([1]). Il servait aussi quelquefois seul pour attester des copies de chartes délivrées par le métier (Document de 1586).

Le sceau ordinaire du métier (n° 3) était ovale, de la même grandeur que le premier ; il était accompagné d'une exergue en lettres gothiques ; mais les deux fragments qui en restent ont été insuffisants pour la rétablir ; ils pendent à deux documents des années 1478 et 1503.

Nous trouvons enfin le quatrième à une pièce de l'année 1503, où il est appelé *le petit scel de nostre dit bon mestier*.

Les deux derniers paraissent avoir été employés indistinctement pour sceller les pièces non administratives de la corporation, les ventes de terres, par exemple, les baux, et en général toutes espèces de transactions.

[1] « Avons mis et appendu... à ces présentes lettres, le grand sceau de nostre dit mestier et le petite sceaul ou signette desus alle encontre (*Documents inédits*, n° VII).

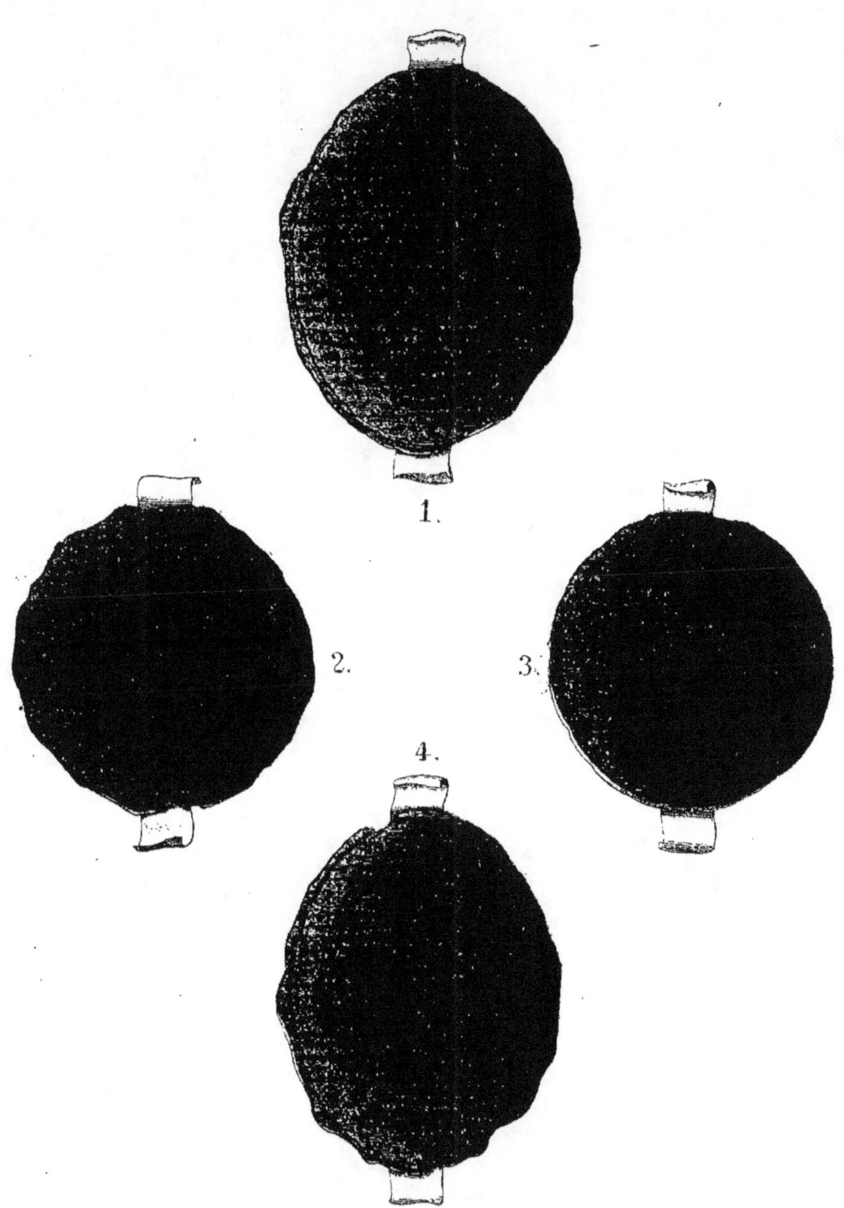

SCEAUX DU BON MÉTIER DES TANNEURS DE LIÉGE.

1. Grand sceau, entre 1333 et 1418.   2. Contre-sceau antérieur à 1425.
3. Petit sceau, antérieur à 1503.   4. Sceau ordinaire, antérieur à 1478.

CHAPITRE VII.

DES ARCHIVES.

Les corporations liégeoises avaient trois catégories d'archives :
1° les *documents sur parchemin*, comprenant d'un côté les chartes
et diplômes des princes, les priviléges, les réglements, les statuts,
d'un autre les titres de propriété ; 2° les registres. Il y avait plusieurs espèces de registres ; ceux aux chartes et priviléges ; ceux
aux sieultes, aux récès ; ceux aux admissions , acquétes et reliefs ;
ceux aux comptes , paies, recettes , cens et rentes. Quelques-uns
avaient en outre des registres stock, d'autres aux rols de procé-
dures ; 3° des *documents sur papiers détachés* , consistant le plus
souvent en suppliques et en procès. Il ne reste de ces derniers,
pour le métier des tanneurs , qu'une douzaine de pièces dans les
liasses du conseil privé, aux archives de l'État à Liége.

I

LES CHARTES.

Quelques historiens assurent que les archives des métiers furent
brûlées avec leurs bannières et les chartes de la ville en 1408, par
le duc de Bourgogne ; d'autres pensent avec plus de raison qu'elles
furent simplement enlevées et transportées à Mons ; le 12 août
1409, le duc rendit à la cité quelques-unes de ses chartes, mais
conserva toutes celles des métiers leur ordonnant d'en demander de
nouvelles à Jean de Bavière (¹). On prétend qu'elles furent resti-

---

(¹) « Retenons devers nous les lettres des mestiers tant de la dite cité
de Liége, comme des bonnes villes... et avons ordonné et ordonnons que
chascun des dis mestiers devera requerir de notre frère de Liége, leur

tuées plus tard, notamment en 1417 ([1]). Mais le passage suivant
d'un lettre du métier des porteurs, de l'an 1467, renverse cette
opinion sans laisser subsister aucun doute : ce métier, dépourvu
de réglement écrit, s'adressa au Conseil de la cité et aux 31 autres
corporations, déclarant que « deiz alle inchoation des confrairies et
» mestiers ordineis en la ditte Cité... il fut de prime face intitulé
» avec les autres, et pour fait spécial a icelluy donné et concédé
» banniers, pinceal, seelz, règle, franchises, prérogatives, droi-
» tures, gouverne et ordinances... desquels... apparoit suffisam-
» ment asseiz par lettres et chartes sus ce anciennement faites et
» ordinées, que ledit bon mestier très grand temps avoit gardé et
» par especial jusques à la piteuse confliction d'Othée, auquel temps
» toutes icelles lettres et chartes, avec généralement touttes les
» autres lettres et chartes appartenantes aux autres bons mes-
» tiers de la ditte Cité, furent violentement prinses, démaniées
» et oostées, en telle manière que oncques depuis ils ne les porent
» ravoir ne recovrer ([2])... »

Cependant, il est très certain qu'une grande partie au moins de
ces archives fut restituée avant l'année 1684, puisqu'à cette époque,
Maximilien-Henri de Bavière ordonna à tous les greffiers de métiers de déposer leurs chartes à son Conseil privé. On possède le
détail des remises qui furent faites alors, et on remarque dans cette
liste un grand nombre de documents sur parchemin ([3]). En 1730,
les métiers devaient de nouveau avoir été remis en possession de

seigneur, d'avoir ordonnances nouvelles sur le gouvernement desdis mestiers ; lequel notre frère lui sur ce requis leur devera bailler icelles ordonnances bonnes et raisonnables par l'advis de son conseil et autres qui en
ce se cognisseront » (Sentence du duc de Bourgogne).

([1]) Nous avons aussi émis cette opinion, sur la foi d'autres écrivains,
dans un Rapport sur les archives de la cité, 1862.

([2]) Livres des *Chartes et priviléges*, vol. 1, p. 185.

([3]) V. le Rapport fait au collège des bourgmestre et échevins, par la
commission spéciale chargée de rechercher les documents historiques dans
les archives communales, 1862 ; appendice n° III.

leurs archives puisque, cette année, le Conseil de la cité leur en demanda communication pour composer le recueil des *Chartes et priviléges*.

Nous ne savons si les chartes des tanneurs furent envoyées à Mons en 1408. Il est possible que le métier , pour avoir l'air de se conformer aux ordres du duc de Bourgogne, lui en remit une partie et que c'est à celles qui ne lui furent point restituées que fait allusion ce passage d'un récès de l'an 1479 : « les anchines lettres et chartes demorant tousjours en leur forche et viertut, se retrovées astoient. »

En 1684, les tanneurs déposèrent au Conseil privé du prince quelques registres qu'ils retirèrent peu de mois après ; mais ils ne se dessaisirent pas des parchemins qui leur restaient ou qui leur avaient été rendus.

Bes parchemins sont encore aujourd'hui presqu'au grand complet. Toutes les chartes importantes, à l'exception de trois ou quatre (¹), qui sont mentionnées dans le répertoire de greffier Jean Hogge fait en 1698 , existent encore. Ce sont les seules archives des 32 corporations de métiers de Liége que l'on ait découvert jusqu'à ce jour. Elles méritent donc à tous égards une attention spéciale.

Avant l'institution des seize chambres , c'était le rentier qui avait la garde des archives du métier. Les anciens documents étaient conservés dans une armoire placée dans la chambre des séances ; les registres et les papiers reposaient chez le rentier dans un coffre fermé de trois *clefs contraires* ; un gouverneur , un maître tanneur et le rentier en avaient chacun une.

Lettres et registres furent ainsi conservés jusqu'à la révolution française : « Alors , dit un document , les archives du ci-devant

---

(¹) Nous citerons la charte originale de l'an 1288, le réglement du 9 juillet 1560, et la donation de la halle des tanneurs en 1347. Les deux premières, dit le greffier, « étaient tournées dans une garde de peau pour leur conservation » en 1698.

métier des tanneurs ayant été déposées dans une chambre du moulin à tan , lors de la retraite des Autrichiens qui l'ont occupé deux mois, elles y furent spoliées, lacérées , et en partie brûlées. » La plupart des procès, des suppliques, des transports, des registres furent détruits. Heureusement les chartes , par là même qu'elles étaient en parchemin et sans aucune utilité , furent sauvées à peu d'exceptions près.

Lorsque la nouvelle société des tanneurs se constitua en 1808, ces précieuses épaves du naufrage social qui submergea la principauté de Liége, furent recueillies par le nouveau rentier Monsieur J. C. D. Malherbe qui les conserva avec soin et les transmit à son fils Monsieur Gilles Malherbe , rentier actuel ; celui-ci, avec une obligeance à laquelle nous nous plaisons à rendre un témoignage public de reconnaissance , nous a permis de les examiner et même d'en copier quelques-unes , que nous ferons suivre en appendice parce qu'elles ne se trouvent pas dans le livre des *Chartes et priviléges* et que leur importance est incontestable.

Les autres pièces intéressantes de ce dépôt seront mentionnées à la fin de ce chapitre dans un inventaire chronologique et analalytique, qui contient aussi l'indication des documents imprimés dans le livre des *Chartes* ou renseignés par le greffier Hogge qui nous ont principalement servi dans nos recherches. De cette façon, on connaîtra exactement les sources où nous avons puisé.

II

LES REGISTRES.

Les registres aux comptes étaient tenus par le rentier ; ceux aux sieultes ou procès-verbaux des séances, par le greffier ; ceux aux acquêtes et reliefs en double, par tous deux. Au XVIe siècle, le métier ordonna à son greffier de tenir un registre particulier pour y transcrire ses chartes. Cet ordre ne fut mis à exécution qu'en 1627 par le greffier Wathieu Hocht qui copia quelques-unes des pièces les plus importantes ; en 1698, le greffier Jean Hogge, son successeur, continua son œuvre et inséra au même volume, mais dans un désordre chronologique complet, un inventaire de toutes les pièces qui composaient alors les archives de la corporation. Il divisa son travail en cinq parties : 1° les procès ; 2° les suppliques et les apostilles ; 3° les transports et les obligations ; 4° les documents sur parchemin ; 5° les *lettrages*, documents et réglements sur papier.

Ce registre a été sauvé de la destruction avec un autre cahier contenant les reliefs des années 1497 à 1644. Tous les autres ont péri, probablement au moulin à tan pendant l'occupation autrichienne. Nous regrettons particulièrement les registres aux récès : c'était là la source la plus féconde en renseignements sur la vie active, tant intime que politique, du métier. Ils devaient en effet contenir les procès-verbaux des séances de la corporation. On conçoit combien de détails intéressants on aurait pu y puiser sur les usages, les coutumes, la fabrication des produits, les relations avec le Conseil de la cité, etc.

Le métier des tanneurs devait aussi posséder des registres où était indiqué le rang des compagnons pour aller au moulin chercher leurs écorces. Ils ont également disparu.

———

1288, 4 mai. Rendage du moulin de Pilchoule, fait par les enfants
de Jean de Dachues en faveur des tanneurs de Liége.
> Document inédit, n° I.

1301, 1er avril. Record de la cour de Jupille touchant la possession
de ce moulin.
> Document inédit, n° II.

1324, 15 septembre. Relief du moulin de Pilchoule, fait par Colons
de Lilées et Johan de Sumangne stipulant au nom du métier des tanneurs, par devant la cour des tenants d'Er-
nekins de Bois d'Awans, aux conditions prescrites par le
rendage de l'an 1288 et moyennant le trescens de mouture
et d'épeautre y stipulé.
> Copie authentique sur papier, signée du notaire de Housse.

1331, 5 septembre. Charte constitutive du métier des tanneurs,
donnée par Adolphe de la Marck ; dispositions touchant
l'élection des chefs, la police de la halle, etc.
> Imprimée dans le *Recueil des Chartes* et *priviléges des*
> *32 métiers*, vol. II. p. 217.

1333, 21 mai. Donation des deux places de Gravioule au métier des
tanneurs par Adolphe de la Marck et le Conseil de la cité,

moyennant 20 sous liégeois à payer par moitié à chacun de ceux-ci.
> Document inédit, n° III.

1347, 16 novembre. Donation de la halle des tanneurs en forme d'acquête.
> Document sur parchemin. perdu.

1363, 5 juin. Acte passé par devant les échevins de Liége, concernant le moulin bannal de Longdoz, appelé depuis le moulin *Grégoire*, représentant Ursins, et desservant les brasseries du Pont d'Amercœur, de Longdoz, de Péville et de Robermont.
> Document sur papier.

1373, 50 janvier. Lettre par laquelle les échevins de Liége, à la demande du métier des tanneurs, confirment un rendage proclamatoire du 50 sept. 1575, à la suite duquel ledit métier a acquis, comme plus haut offrant, le moulin appelé *Folereche*, joignant le moulin des tanneurs à Liége.
> Document inédit, n° IV.

1588, 9 novembre Transport de 4 marcs 12 deniers et 4 chapons de cens, sur le moulin de la *Follerie*, en faveur du métier des tanneurs.
> Original sur parchemin.

1405, 1er juillet. Jugement contre Lambert Bottin, moulnier, en faveur du métier.
> Imprimé (*Recueil des Chartes*) vol II, p. 218.

1406, 27 novembre. Visitation des voir-jurés du cordeau, touchant les boutiques des bouchers qui se trouvent sous la halle des tanneurs.
> Original sur parchemin.

1410. Thiery Fichon, *unus juratorum sive gubernatorum ministerii* (des tanneurs) et Laurent le Follon, alias le Tenneur, font un compromis et nomment des arbitres pour décider certains différends survenus entre eux et le métier.
> Orig. sur parchemin.

1418, 29 décembre. Statuts et ordonnances en forme de règlement.
> Imprimé (*Recueil des Chartes*). vol. II, p. 220.

1421, 19 janvier. Ordonnance du métier des tanneurs touchant l'élection des officiers de la cité et de la corporation.
Document inédit, n° V.

1421, 30 mai. Acquisition faite par le métier des tanneurs du moulin *del Pilchoule* (devenu depuis le grand moulin) sous forme de donation faite par devant la cour allodiale, par Amèle Baré de Streel, chevalier, à la condition de ne pouvoir le vendre, engager, échanger, ni donner sans le consentement de tout le métier.
Document sur parchemin, perdu.

1422, 13 mars. Relief de la halle des tanneurs, située sur le Marché, à Liége, *par deseur et deleis — le mangenne du métier des mangons*, et joignant vers N.D.aux-Fonts à la Violette; pour 4 marcs de cens annuel, devant Joh. Michelot et ses tenants. Même relief, fait le 21 mars 1462 à Alex. Borlé, héritier de Joh. Michelot, jadis maître de la cité.
Deux lettres sur parchemin annexées.

1425, 20 juin. Ordonnance du métier touchant la reconstruction de la halle qui tombait en ruine.
Document inédit, n° VI.

1426, 7 avril. Rendage d'une place sous la halle des tanneurs, fait par le métier en faveur de Gilet Chabot, mangon.
Orig. sur parchemin.

1426, 7 avril. Le métier des tanneurs de Dinant, à la demande de celui de Liége, défend à tout tanneur étranger de faire moudre des écorces à Dinant, comme cela s'était pratiqué jusque-là.
Orig. sur parchemin.

1427, 25 juillet. Lettre des offices.
Document inédit, n° VII.

1428, 1er avril. Deuxième lettre des offices.
Document inédit, n° VII.

1431, 29 janvier. Ordonnance du métier touchant les reliefs des
fils et des filles de maîtres, leur mariage, etc.
> Document inédit, n⁰ VIII.

1433, 27 mars. Lettre ou récès du métier, contre les bâtards.
> Imprimé (*Recueil des Chartes*, vol. II, p. 225.)

1433, 27 mars. Ordonnance du métier au sujet du prix des cuirs
appelés *anteneuses*.
> Document inédit, n⁰ IX.

1434, 16 mars. Sieulte du métier, touchant la quantité d'écorces
que chaque compagnon peut moudre par an.
> Document inédit, n⁰ X.

1436, 21 mai. Relief fait par le métier des tanneurs, devant la
cour jurée du couvent des bons enfants, pour le moulin
Folercche, situé dans la paroisse de St.-Remacle, au pont
d'Amercœur, aux conditions suivantes : 1⁰ de payer aux
cours et aux seigneurs tréfonciers dont le moulin *meut*,
tous les *treffons, deptes, droitures et redevabilités* qui leur
appartiennent ; 2⁰ de le restaurer quand il sera endom-
magé; 3⁰ de payer 7 marcs, 15 sous et 7 deniers de rente.
Présents : H. del Chachic, maitre de la cité, Jean Halbadea,
G. Copdroie, Colair le Bidart rentier du métier, etc.
> Orig. sur parchemin.

1439, 10 avril. Complément de la lettre des offices.
> Document inédit, n⁰ XI.

1440, 28 janvier. Récès du métier des tanneurs qui frappe d'une
condamnation Piron Steven et J. Voskin, dont les femmes
ont trahi et révélé les secrets du métier. Les femmes seront privées du droit de vendre et de fréquenter la
halle pendant un an, avec faculté de racheter la peine par
une amende d'un marc de fin argent; leurs maris paie-
ront 10 livres consacrés à l'achat d'une *affiche* que le
valet du métier portera aux processions et aux autres
solemnités ; ils seront privés du métier jusqu'au paiement
de l'amende.
> Orig. sur parchemin.

1440, 31 janvier. Relief du moulin dit des tanneurs à Longdoz , fait par le métier à Jean Olivier , dit de Prayon , comme nouveau seigneur, aux conditions énoncées dans l'acte de 1436, excepté pour la rente, fixée à 7 muids d'épeautre (2 deniers par muid). Témoins : Pierre Andrikas , Istas de Villers, G. d'Oborne.
Orig. sur parchemin.

1443 , 23 juillet. Rendage d'une maison située en Gravioule, fait par le métier en faveur de Jean Valye , pour 5 marcs de cens ; le 31 mars 1430 , il avait déjà été fait un relief de cette rente, et le 31 mars 1449 , le métier fit un purgement de saisine de la maison.
Orig. sur parchemin.

1447, 10 avril. Rendage de deux maisons situées en Pierreuse, au lieu dit Volière , paroisse St-Servais , joignant aux maisons de Poix-le-Vache des Balanches, fait par le métier à Ernou Hubert pour 9 marcs de cens.
Orig. sur parchemin.

1450, 4 juillet. Condamnation semblable à celle du 31 janvier 1440, pour révélation des secrets du métier.
Orig. sur parchemin, mais en si mauvais état , qu'il est impossible de le déchiffrer.

1450, 22 décembre. Rendage d'une maison , située en la Volière, et appelée la maison des Houlgreis (Holgrees), *alle poyet de fyer* , en faveur d'Ern. Mosson dit Dierseur.
Orig. sur parchemin avec 4 sceaux.

1453, 17 janvier. Jugement rendu par les échevins de Liége contre la compagnie des Archers de St-Sébastien qui élevait des prétentions sur le *desoubtraine pièce de terre sise en Gravioule* : les tanneurs exhibent la lettre de donation leur délivrée par Adolphe de la Marck le 21 mai 1333.
Orig. sur parchemin.

1455, 5 juin. Jugement et enseignement des voir-jurés des eaux, extrait du registre des échevins de Liége , touchant les

battes de Fourchufossé et les redevances dûes par les *moulniers tanneurs* et le seigneur de Kickempois pour l'entretien des dites battes.
> Orig. en parchemin, perdu.

1455 , 30 juillet. Visitation des voir-jurés du cordeau à propos d'un différend suscité entre le métier des tanneurs et deux mangons qui occupaient des *staz* ou boutiques sous la halle du métier. Ils déterminent l'emplacement d'un mur à élever par le métier à la dite halle et stipulent que quand il sera fait , les dits mangons pourront y attacher leurs *grailhes* et prendre leurs *aisemences.*
> Orig. sur parchemin.

1457, 8 décembre. Obligation donnée à Jean-le-Broin *pottier de sten,* pour livrance de 57 cuirs à 35 bod la pièce (10 sous, 6 deniers le bod).
> Orig. en parchemin.

1459, 14 octobre. Marie , veuve de Math. de Hornes , tanneur , étant privée du métier par la mort de son mari , obtient la permission de vendre les peaux non tannées qui lui restent ; elle promet de ne plus en vendre d'autres à moins qu'elle se remarie avec un bourgeois tanneur ou paie la rate du métier (100 fl. d'or de la marche du Rhin) , auquel cas elle peut continuer à user le métier.
> Lettre chirographaire sur parchemin ; débris d'un sceau.

1460, 19 novembre. Commission du tonlieu du cuir, donnée pour un stuit de 6 ans, aux gouverneurs du métier des tanneurs par Collard Sonck , céarier de l'évêque, à raison de 7 griffons (10 livres 10 sous pour le griffon) de rente annuelle.
> Orig. en parchemin.

1462 , 21 mai. Relief de la halle des tanneurs.
> Document en parchemin, perdu.

1464, 1er février. Sieulte de la corporation des tanneurs par laquelle elle déclare vouloir se conformer aux 31 autres métiers , pour observer les coutumes du pays. Il y est stipulé comment on doit agir en cas d'alarme , de siége , etc..., que tous les compagnons doivent suivre leur bannière, etc.

Imprimé (*Recueil des Chartes*, vol. II, p. 228.)

1464, 5 mars. Record des voir-jurés du cordeau, donné au métier des tanneurs à la requête des commis et députés par les XXXII de la cité *alle inquisition de belcoïste* , touchant le *spiez* et *stauble* de mangons , situé sous la halle des tanneurs. Les voir-jurés leur délivrent une visitation faite le 27 novembre 1406. (Voyez cette date).

Orig. sur parchemin.

1464, 26 mars. Lettre du métier des tanneurs, par laquelle il déclare que Jacquemin de Housse, ayant repris de la cité un *stau de mangon*, situé sous la halle des tanneurs, n'a pas voulu payer à ceux-ci le droit qu'ils réclamaient pour les *relonqe et usse* (ou usseric) *pris fours delle paroisse* (la porte qui se trouve dans la paroi) *delle halle de nostre mestier*, sur le marché, *venant sur les greis delle montée de la dite halle* ; qu'en conséquence ils lui ont ordonné de ne point appuyer son établi contre leur mur ; mais que Guill. de Champt, au nom de la Cité, dont il était jadis maître , avait pris en rendage perpétuel la location du mur et de la sortie, à raison de 4 marcs de rente.

Orig. sur parchemin.

1478, 30 mai. Cri proclamé au perron de Liége, ordonnant que tous ceux qui connaissent, tiennent et manient des biens ayant appartenus à Wathieu Dathin, ont à le déclarer.

Document sur papier, perdu.

1479, 9 février. Récès du métier en forme de règlement, défendant de vendre à crédit et de livrer des marchandises aux cordonniers à domicile.

Document inédit, n° XII.

1479, 22 juillet. Récès permettant aux corbesiers et aux cordonniers d'acheter des cuirs et de les tanner pour en faire des souliers, mais non pour les revendre.

> Document sur papier, perdu.

1480, 4 mars. Charte de la cité touchant la reconstruction de la Violette.

> Document inédit, n° XIII.

1480, 18 juillet. Transport de 20 muids d'épeautre à prendre sur les revenus de l'avouerie de Grâce, fait par le métier des tanneurs à Renier Peronne pour la somme de 20 1/2 fls. le muid, afin de pouvoir faire face aux dépenses de la réédification de la halle et à d'autres frais.

> Orig. sur parchemin.

1480, 10 août. Accord fait entre les corbesiers, les cordonniers et les tanneurs dans le but de terminer quelques différends qui avaient surgi entre eux au sujet de l'achat et de la vente des cuirs.

> Imprimé (*Recueil des Chartes*, vol. II, p. 227).

1481, 19 janvier. Rendage d'une maison située en la rue *condit desoub maingne* (la rue des bouchers), fait par le métier en faveur de Gertrude, femme de J. Renchon, mangon, pour 11 marcs de cens.

> Orig. sur parchemin avec le sceau de Ger. de Sclassins.

1481, 31 janvier. Copie d'une lettre authentique faite par chirographe, touchant les boutiques ou établis qui se trouvent sous la halle des tanneurs, du consentement du rentier de la cité.

> Document sur papier, perdu.

1481, 24 mai. Visitation des voir-jurés du cordeau à une boutique ou *estau*, sur les degrés de la halle des tanneurs.

> Document sur papier.

1485, 6 juin. Jugement des voir-jurés des eaux touchant la part que l'abbé de St-Laurent doit payer au nom du métier des tanneurs, pour l'entretien des battes de Fourchufossé.

> Document sur papier, perdu.

1488, 22 janvier. Transport de 10 fls. de cens fait à Wathier de Longdoz par le métier des tanneurs, qui lui continue le stuit de sa pécherie pour le terme de 7 ans.

Orig. sur parchemin.

1488, 23 janvier. Lettres par lesquelles le métier des tanneurs avance à la cité 100 fl. du Rhin pour le maintien de la neutralité du pays avec la France.

Orig. sur parchemin.

1493. Réglement du métier des tanneurs qui expose la façon dont le métier doit être gouverné, comment il faut en user; détails sur l'observance au fait de pratique; entrée, relief, etc. Renouvelé et confirmé par les échevins de Liége le 7 juillet 1560, avec quelques modifications.

Imprimé (*Recueil des Chartes*, vol. II, p. 231).

1493, 25 juillet. Ordonnance du métier en forme de réglement touchant le gouvernement et les usances du métier.

Imprimé (*Recueil des Chartes*, p. 238).

1497, 19 août. Rendage avec relief d'un îlot en Gravioule fait par le métier en faveur de Jean de Housse.

Orig. sur parchemin.

1500, 9 août. Lettre des voir-jurés des eaux touchant les *coursières* et le bassin du moulin des tanneurs.

Copie sur parchemin.

1501, 11 août. Relief fait par le métier des tanneurs devant le maire et les tenans de la cour jurée de Jean de Horne à Liége : 1° d'un pré gisant au lieu dit preis de Graveroule, joignant aux Ecoliers, à la Meuse, vers le Pont des Arches au cortil des tanneurs *où ils vendent en la fore*; 2° d'une pièce de terre nommée le Sauchy joignant aux Ecoliers, à la rivière de la Thour du riche homme, etc., moyennant 10 sous liégeois à payer au céarier de S. A. et 10 deniers de relief.

Orig. sur parchemin.

1503, 4 octobre. Lettres contenant les limites et l'étendue des prés
et des îles formant les appendices du moulin des tanneurs
à Longdoz.
Document sur parchemin, perdu.

1504, 8 octobre. Rechargement des échevins de Liége, d'une sentence portée par les voir-jurés des eaux, qui, à la requête
du métier des tanneurs, avaient constaté le dommage leur
fait par Wathieu de Preit, pêcheur, en établissant une
vanne au lieu dit Golea, ce qui empêchait les poissons
de monter à leur pêcherie. Le dit Wathieu prétendait
la maintenir parce qu'elle se trouvait plantée dans ses
eaux et non dans celles des tanneurs. Les échevins
déclarent qu'ayant été mise sans permission, la vanne
doit être enlevée.
Orig. sur parchemin.

1504, 12 décembre. Rédemption et transport de 9 muids d'épeautre,
faits par le métier des tanneurs en faveur de Lamb.
Bottin sur les *isleaux* du moulin aux écorces.
Orig. sur parchemin.

1505, 24 mai. Purgement de saisinne sur un îlot en Gravioule,
fait par J. de Housse, mangon, puis, le 12 juin 1515
par Frère Thiry, supérieur des Écoliers, hors des mains
du métier des tanneurs.
Orig. sur parchemin.

1509, 13 janvier. Deminement fait par J. Woulte, rentier du
métier des tanneurs, contre Cornelis Dans, rentier de la
cité, pour faute de paiement de 4 marcs de cens que le
métier prétendait lui être dûs pour avoir cédé du terrain
à la Violette, lors de sa reconstruction. Cornelis répond
qu'il y a eu compensation en ce que la cité a permis au
métier de reculer d'autant l'emplacement de sa halle.
Orig. sur parchemin.

1510   Octroi d'une foire franche de 8 jours sur la batte, où
un chacun, hormis les malfaiteurs et ennemis du Prince,

peut venir sans empêchement , sans *payer maltote ny toullieu quelconque.*
Document sur papier, perdu.

1512, 11 février. Sentence du Conseil de la cité pour les cordonniers et les tanneurs au sujet de l'achat des cuirs.
Document inédit, n° VX.

1512, 25 juin. Octroi des voir-jurés des eaux donné à J. de Berminolin de pouvoir asseoir *ung soul eaweresse* sur un coup d'eau à Wez , pour y établir un *marteal* ou autre *ouchynne* (usine), à la condition de réparer les dommages qu'il pourraient de ce chef occasionner au moulin des tanneurs.
Orig. sur parchemin.

1513, 22 juin. Approbation par Érard de la Marck d'un purgement rendu en faveur du métier des tanneurs contre ceux des corbesiers et des cordonniers.
Imprimé (*Recueil des Chartes*, vol. II, p. 243.)

1514, 3 juillet. Lettre concernant l'obligation qui incombe au métier des pêcheurs de fournir tous les matériaux pour réparer la batte de Fourchufossé.
Document sur papier, perdu.

1514, 20 octobre. Jugement porté par le métier des tanneurs contre Agnès Follon, accusée d'avoir commis un larcin à la halle; elle est privée pendant 4 ans de la fréquentation de la halle et condamnée à un marc de fin argent pour racheter le métier.
Orig. sur parchemin.

1515, 27 novembre. Renom fait par Guill. Dathin en faveur du métier des tanneurs de tous les biens, cens et rentes que lui avaient laissés son père et sa mère.
Document inédit, n° XVI.

1516, 19 juin. Sentence prononcée par des arbitres sur un différend survenu entre les tanneurs et les cordonniers.
Document inédit, n° XVII.

1516, 7 juillet. Accord entre les métiers des corbesiers , des cordonniers et des tanneurs relativement à l'ordonnance
d'Érard de la Marck.
>Orig. sur parchemin.

1517, 17 avril. Sentence en faveur des tanneurs contre les cordonniers et les corbesiers.
>Imprimé (*Recueil des Chartes*, vol. II, p. 243.)

1520, 28 septembre. Accord fait entre les pêcheurs de la Hamaide
et le métier des tanneurs. Les pêcheurs ayant voulu
fermer leur *stau des pêcheries* , appelées les *hameades* ,
pour les mettre sous la pêcherie des tanneurs, appelée la
golette et située au-dessus du moulin à écorces sur
l'Ourte, ces derniers rendent aux premiers pour un stuit
de 101 ans , leur dite pêcherie à raison de 8 fl. de cens
par an.
>Copie sur parchemin (voyez 1533, 10 août).

1526, 19 mars. Transport fait par le métier des tanneurs au profit
de Ger. de Sclassins , tanneur , de la maison appelée la
halle des tanneurs, sur le Marché , *par dessus la halle des
mangons*, joignant d'amont à la Violette, d'aval à la chambre des dits mangons , comme hypothèque de 20 fl. de
rente (20 aidans pour chaque florin , 24 sous pour chaque aidan) que le métier lui vend à raison de 400 fl.
>Orig. sur parchemin.

1532, 22 juin. Transport de 10 fl. de rente rédimibles, hypothéqués
sur tous les biens (halle, moulin, cens, rentes, etc.) du
métier , fait par les tanneurs à Rob. Woet , moyennant
une somme de 200 fls. qui sera employée au plus grand
profit du métier.
>Orig. sur parchemin.

1533, 10 août. Depuis le marché conclu le 28 septembre 1520,
les pêcheurs, ayant, sans enseignement de justice séparé
les deux pêcheries dont il y est fait mention, les tanneurs
élevèrent une batte devant la *Golette* (à eux appar-

tenante) et devant *Marthea* (pêcherie des pêcheurs).
Il s'ensuivit des discussions qui se terminèrent par
l'accord suivant : 1° le stuit susmentionné est maintenu ; 2° les pêcheurs devront chaque année avant
quarmea (carême) faire une batte pour *estoper la pêcherie
joindante a kou del neiche del pêcherie de golea* ; 3° la
dite batte devra être *fechie* de 2 1/2 pieds de hauteur,
au cas *qu'ils n'ayent empeschement de jallée ou de trop
grande eawe* ; 4° cette batte devra être maintenue jusqu'à
la fête de St.-Gilles et jusqu'à ce que l'eau soit assez haute
pour prendre et peschier anckerawes.
Orig. sur parchemin.

1537. Commission donnée à Collard de Marthea pour rechercher
et saisir tous les biens de Wathieu Dathin.
Orig. sur parchemin.

1537, 18 octobre. Record du maire et des tenants de la cour jurée
delle halle (de absentis) touchant les biens des *Couvegney*
(de Wathieu Dathin), donné à la requête du métier des
tanneurs qui voulait connaître sa part dans la distribution
de ces biens entre les 32 métiers et la compagnie des arbalétriers. Suit le détail des biens et des rentes qui lui
reviennent.
Orig. sur parchemin.

1559, 13 mars. Rénovation de diverses lettres et documents concernant la longueur et la largeur de Gravioule appartenant au métier des tanneurs, à propos d'un différend surgi
entre lui et la compagnie des archers au sujet d'une terre.
Orig. sur parchemin.

1559, 6 mai. Jugement du Conseil de Corneille de Berg, dans lequel
on voit que la part du métier des tanneurs dans les biens
de Wathieu Dathin était de 20 muids d'épeautre de rente,
placés sur la moitié de la vouerie de Grâce ; que, après
avoir perçu cette rente pendant un certain temps, ledit
métier l'avait transportée à Collard Peronne ; qu'ayant

ensuite voulu en *ravoir vestiture*, il avait eu des difficultés parce qu'il n'en avait pas fait relief aux tenants de la cour *de absentis* seuls juges compétents pour les affaires concernant ces biens.

> Orig. sur parchemin.

1542, 22 mai. Transport de 4 flor. de cens, fait par Martin de Fanchon, boucher, en faveur du métier des tanneurs, à raison d'une paroi lui accordée contre la halle dudit métier.

> Orig. sur parchemin.

1542, 10 juillet. Rendage du jardin dit des arquebusiers (plus tard François de Prez) situé en Gravioule, fait par le métier des tanneurs, en faveur des dits arquebusiers autrement dits *colevriniers*.

> Orig. sur parchemin.

1547, 5 septembre. Constitution des gouverneurs du métier des tanneurs, pour vaquer à ce que l'on ne construise pas un moulin à marteau près de Fourchufossé.

> Doc. sur parchemin, perdu.

1550. Acte concernant une maison *extante derrière mangine*, joignant par derrière à la maison communément appelée le *chastea*.

> Doc. sur papier.

1559, 7 août. Sentence touchant l'acquête du métier, la vente des cuirs, etc.

> Imprimé (*Recueil des Chartes*, vol. II. p. 253.)

1560, 9 juillet. Articles tirés du réglement de 1493. Reproduction des art. 12, 26, 28, 50, 53, 54, 57, 42.

> Imprimé (Ibid., p. 284.)

1560, 5 novembre. Sentence du Conseil de la cité pour les corbesiers et corduaniers contre le métier des tanneurs.

> Doc. sur parchemin, perdu.

1565, 14 avril. Louis Favereau, corroyeur, après avoir acquis la rate du métier, a été frappé de plusieurs amendes pour en avoir enfreint les statuts en achetant des cuirs poilus, en les revendant à des marchands de Maestricht et hors des limites prescrites, etc., mais ayant obtenu des mandements inhibitoires de juges ecclésiastiques, au grand détriment du métier des tanneurs, les deux parties nomment des arbitres pour terminer le procès, à savoir : Jean de Streel et Pierre Bex, bourgmestres ; Jacques de Chokier, échevin et Guillaume Gerardin dit Chapeaville notaire de la cour spirituelle de Liége. Se conformant à leur sentence, Louis Favereau renonce au métier pour lui et pour ses hoirs et paie 250 fl. d'amende.

Orig. sur parchemin.

1569, 18 janvier. Supplique des métiers des corbesiers et des cordonniers au Conseil de la ville pour se plaindre des tanneurs, qui, prétextant un nouvel impôt sur les écorces, ne travaillent presque plus et les oblige de s'approvisionner à grands frais à Maestricht et dans le Brabant ; ils se plaignent aussi de ce que les tanneurs n'apportent à leur halle certains jours que *des doz*, certains autres jours que des cuirs d'empeigne.

Récès de la cité, à l'Université.

1569, 18 janvier. Sentence rendue par les bourgmestres de la cité, en faveur du métier contre quelques tanneurs qui ne s'étaient pas conformés aux réglements.

Imprimé (*Recueil des Chartes*, vol. II, p. 254.)

1574, 26 juillet. Rechargement d'une sentence portée par les voir-jurés du cordeau qui défendait à Claes le Parmentier d'établir une cheminée contre les parois de la halle des tanneurs et d'y percer une fenêtre.

Orig. sur parchemin.

1579, 19 février. Ordonnance du Conseil de la cité pour apaiser les corduaniers et les corbesiers qui se plaignaient de la cherté des cuirs tannés.

Imprimé (*Recueil des Chartes*, vol. II, p. 256.)

1580, 2 mars. Rendage des *isleaz de xhorsal* (*hwersâs?*) *molins* appartenant au métier des tanneurs ; savoir : le *grand islea*, qui

est par de là le pont situé entre les deux moulins; plus un
petit *islea a joettes* (*légumes ?*) au-dessus du grand, avec
les *souppes dessus* de l'ile de Wath. Daveroit, plus une
houbbière qui est le long de Golleaz ; pour un stuit de
6 ans, à Math. Michon à raison de 180 florins liégeois.
Document sur papier.

1580, 8 mars. Edit prorogeant l'ordonnance de Gérard de Groesbeck du 14 mai 1579 (ordonnance perdue) qui accorde aux
compagnons du métier de pouvoir, pendant 6 mois, moudre où bon leur semblera sans encourir d'amende.
Conseil-privé (*Dépêches*, 1579-1580, fo 233.)

1585 et 1586. Sentences rendues par le Conseil de la cité ordonnant
de moudre au moulin banal, sauf en cas de nécessité.
Mentionnées dans le document du 19 juillet 1596, perdues.

1586 , 3 septembre. Récès du métier touchant un pécule demandé
par S. A. et repris par les gouverneurs du métier, comme
plus haut offrants. Il est statué que les deniers seront le-
vés sur les meunées d'écorces, haussées à cet effet de
6 fls. chacune , ce qui fait 11 fl. 5 aidans la meunée au
moulin des tanneurs et 13 florins à tout autre moulin.
Orig. sur parchemin.

1589, 1er août. Récès du métier defendant de distribuer les écorces
sans la mesure et le mesureur du métier ; ordonnant
aussi de reporter la mesure dans la maison du rentier
sans la retenir chez soi et sans la donner à autrui.
Imprimé (*Recueil des Chartes* , vol. II, p. 259.)

1590, 16 juillet. Rendage fait par le métier des tanneurs à Jean
Curtius d'un terrain long de 360 pieds et large de 80,
situé à côté de sa maison en Gravioule (sans y comprendre le passage privé pour lui et ses voisins, qu'il devra
pour la première fois faire accomoder et livrer au magistrat de la cité quand il en sera requis) moyennant 80 fls.
de cens de rente, pour contrepant de laquelle ledit Curtius engage une maison, moulin, by, usine qu'il a récem-

ment fait construire près de là. Ce contrat fut approuvé
par le métier, réuni en sieulte dans son jardin, lieu accoutumé, le 19 juillet suivant.

> Orig. sur papier.

1592, 12 mai. Sieulte du métier confirmant l'art. 12 des *Chartes*
par lequel il est défendu aux compagnons du métier *usant
de l'art et pratique d'icellui*, de mettre en œuvre aucun
serviteur ou compagnon qui ne soit de la rate, sous peine
de 10 fl. d'or d'amende. Approuvé par le Conseil de la cité
le 27 juin.

> Orig. sur parchemin.

1592, 27 juin. Sentence confirmée par S. A. le 20 septembre
1700, contre l'emploi de ceux qui ne sont pas de la rate
du métier, *ce qui cause préjudice, dommage et ruine des
pauvres compagnons travaillant actuellement pour les
maîtres, et par telles contraventions sont privés de l'ouvrage et salaire si nécessaires à l'entretien de leur
pauvre vie.*

> Orig. sur parchemin.

1592, 11 septembre. Rendage fait par le métier des tanneurs, des
deux tiers de son jardin, en faveur de Jean Aymond,
charpentier (¹).

> Doc. sur parchemin, perdu.

1596, 9 juillet. Ordonnance qui défend aux compagnons du métier de moudre plus de 12 meunées d'écorces par an; mise
en garde de loi, le 11 février 1597.

> Imprimé (*Recueil des Chartes*, vol. II, p. 259.)

1596, 19 juillet. Circonduction de l'ordonnance du Conseil de la
cité, en date de 1585, défendant, à moins de nécessité

(¹) L'original de cette pièce était déjà perdu en 1633; mais il en existait une copie dans un registre du métier. Les échevins de Liége en
donnèrent une nouvelle confirmation le 12 avril de cette année, en reproduisant la mise en garde de loi.

urgente, de moudre ailleurs qu'au moulin du métier et plus de 12 meunées par an.

> Document inédit, n° XIX.

1597, 24 et 29 juillet. Rendage de places de Gravioule, fait par le métier des tanneurs, en faveur de Jean Curtius, pour 20 fls. de rente.

> Orig. sur parchemin.

1598, 13 août. Sieulte touchant les recoupeurs; mise en garde de loi le 29.

> Imprimé (*Recueil des Chartes*, v. II, p. 261.)

1598, 24 novembre. Réglement par lequel il est défendu aux meuniers de tirer les *ventas* de leurs moulins quand ils n'ont point à moudre, afin de ne pas perdre l'eau.

> Doc. sur papier, perdu.

1602, 6 septembre. Ordonnance de porter la mesure dans la maison du rentier, sous peine de 3 fls. d'or d'amende; mise en garde de loi le 10.

> Imprimé (*Recueil des Chartes*, vol. II, p. 262.)

1613, 8 octobre. Diplôme de l'empereur Mathias pour l'élection magistrale.

> Louvrex. T. 1, p. 49.

1618, 17 septembre. Récès du métier des tanneurs, établissant 30 patars sur chaque meunée d'écorces pour subvenir aux nécessités du métier.

> Doc. sur papier, perdu.

1620, 22 juin. Visitation, enseignement et estimation des voirjurée des eaux, touchant les ouvrages et réparations à faire au moulin des écorces.

> Doc. sur papier, perdu.

1620, 2 décembre. Défense d'exposer en vente sur les ponts et en d'autres lieux publics, des peaux de moutons ou autres, sous peine de confiscation.

> Récès de la cité, à l'Université.

1624, 2 mai. Réglement du Conseil de la cité pour la capitation ou
taxe personnelle des membres du métier des tanneurs.
Document sur papier, perdu.

1624, 11 mai. Récès du Conseil de la cité touchant les feux de garde.
Document sur papier, perdu.

1624, 15 juin. Taxe accordée par le métier en raison de la suppression de l'impôt du double pécule.
Document sur papier, perdu.

1629, 26 mai. Jugement rendu par le Conseil de la cité en faveur
du métier des tanneurs contre Denis Cheratte, pour
contravention aux statuts et aux usages du métier.
Imprimé (*Recueil des Chartes*, t. II, p. 264)

1629, 29 mai. Jugement en faveur du métier contre H. Manigar.
Imprimé (*Recueil des Chartes*, t. II, p. 262.)

1637, 17 septembre. Supplique à S. A. pour obtenir l'autorisation
de s'assembler pour traiter des affaires du métier.
Perdu.

1651, 31 mars. Requête du syndic de la cité aux bourgmestres,
réclamant son droit de connaître des faits des métiers,
contre le mayeur Germeau qui, à l'instigation des officiers
des tanneurs, s'était emparé de ce pouvoir.
Supplique sur papier.

1654, 5 septembre. Assemblées du métier accordées par S. A.
les 19 avril 1655, 14 août 1692, 30 août 1660, etc.

1654, 7 septembre. Récès fait au Conseil de la cité par le métier des
tanneurs y assemblé, ordonnant que chaque compagnon
doit déclarer le nombre de meunées qu'il prétend moudre,
pour payer 6 fl. brabant sur chacune.
Document sur papier, perdu.

1655 23 janvier. Supplique des marchands d'écorces en creppe
pour avoir un mesureur nommé par eux et pour faire
sceller la mesure.
Document sur papier, perdu.

1655, 1ᵉʳ avril. Ordonnance du Conseil du métier qui déclare vouloir établir lui-même les serviteurs du moulin.
Document sur papier.

1655, 16 avril. Ordonnance du Conseil de la cité déclarant que le
métier des tanneurs a le droit d'établir et de changer tous
les serviteurs de son moulin, et désavouant les commis-
sions données à P. Halet, etc., qui prétendent se maintenir dans le bateau malgré le métier.
Document sur papier.

1656, 4 mars. Ordonnance des trois États de refournir au métier
des tanneurs les sommes avancées par lui à Sparck.
Document sur papier, perdu.

1658, 12 août. Le métier nomme des députés pour exposer à proclamation devant les échevins de Liége un jardin gisant
en Gravioule, appartenant au métier ; ces députés pourront, comme indemnité, moudre une meunée tous les
quatre mois sans attendre leur tour.
Récès de la cité, à l'Université.

1663, 18 janvier. Supplique pour obtenir la confirmation des points
suivants : 1⁰ que le métier pourra élire les trinay quand
il y aura des places vacantes ; 2⁰ que les mesureurs du
trinay seront obligés de prêter serment devant les officiers du métier , tous les ans, de l'acquit de leur charge ;
3⁰ que tout compagnon tanneur et sa femme seront obligés de prêter serment quand ils en seront requis, sur
l'application de leurs écorces. Confirmé le 16 avril.

1663, 30 mai. Lettre de la cité , ordonnant aux officiers du métier
des tanneurs, d'apporter en son Conseil, tous les papiers
concernant ses priviléges.
Document sur papier.

1664, 4 avril. Fournissement à une ordonnance de S. A., par laquelle est suffisamment prouvée la réelle et immémoriale
possession de la place Gravioule par les tanneurs.
Document sur papier, perdu.

1664, 24 juillet. Défense faite par Gérard de Groesbeck aux corroyeurs, aux tanneurs et aux *accoustreurs* de cuir, d'acheter des peaux de cerfs, biches, chevreaux *ou autre rouse
venaison* à des gens suspects et qu'ils ne connaissent pas
sous peine de six florins d'amende.
Conseil privé. *Dépêches*, 1660-1667, f° 62.

1664, 23 octobre. Mandement du prince défendant aux cordonniers
de vendre leurs cuirs autre part que sur le vieux Marché.
(*Ibid.*)

1664, 6 novembre. Supplique des marchands d'écorces et des bateliers à S. A., prétendant que la mesure dont on se servait alors était plus grande qu'antérieurement.

1665. Différentes pièces concernant une discussion survenue entre
les tanneurs et les bateliers au sujet d'une *houx* que les
premiers voulaient asseoir à la nouvelle voie de la Hamaide;
les autres prétendaient qu'elle gênait la navigation.

1667, 19 décembre. Trois articles additionnels au réglement des
tanneurs (confirmés par le Conseil de la cité le 6 janvier
1668) : 1° qu'il ne faut pas retenir la mesure quand on a
chargé les écorces sous peine de 21 fls. d'or d'amende;
2° qu'on ne peut dépasser 52 mesures, sous la même peine;
3° qu'il ne faut pas rehacher des écorces étrangères déjà
hachées sous peine de 9 fls. d'or.
Imprimé (*Recueil des Chartes*, t. II, p. 267).

1668, 13 décembre. Supplique et éclaircissement à S. A. par le syndic de la cité, touchant l'office de Trinay, conféré par le
Conseil du métier à Jean Dispa.

1669, 8 janvier. Ordonnance de S. A. au sujet de la collation des
offices.
Document perdu.

1670, 24 mai. Touchant le pouvoir d'élire un remplaçant pour
l'office de Trinay.
Document perdu.

1676, 28 septembre. Réglement du prince Maximilien Henri par laquelle il défend à tout compagnon d'acheter des cuirs aux recoupeurs. Mis en garde de loi le 3 octobre et approuvé par le Conseil de la cité le 13 janvier 1677.
Imprimé (*Recueil des Chartes*, t. II, p. 267).

1677, 6 juillet. Députation de quelques personnes du métier des tanneurs, avec pouvoir d'emprunter la somme de 5,000 fls. bbt, à Lambert Seronx au denier 30.
Doc. sur papier, perdu.

1678, 7 septembre. Ordonnance publiée à la demande des cordonniers. Elle défend à tout recoupeur d'acheter des peaux dans la cité, banlieue et franchise de Liége, pour les y revendre, sous peine de 10 fls. d'or d'amende.
Imprimé (*Recueil des Chartes*, t. II, p. 270).

1679, 10 juillet. Nouvelle supplique des corbusiers et des cordonniers à S. A. touchant les recoupeurs. Ils demandent que ceux-ci puissent vendre et non acheter dans la cité.
Imprimé (*Recueil des Chartes*, t. II, p. 271).

1679, 23 novembre. Réponse des tanneurs, favorable à la supplique qui précède, et ordonnance de S. A. mise en garde de loi le 28.
Imprimé (*Recueil des Chartes*, t. II, p. 272).

1685, 13 janvier. Supplique pour obtenir des députés du métier des tanneurs, afin de défendre la décharge des écorces par les compagnons, si ce n'est dans leur demeure fixe et respective. Suit l'apostille favorable.
Ordonnance citée dans une pièce du 21 août 1690 (*Recueil des Chartes*, t. II, p 288).

1685, 16 février. Contenu de la mesure aux écorces moulues.
Registre du métier.

1685, 28 juin. Supplique à S. A. pour pouvoir reprendre quelques registres du métier, emportés à la chancellerie par ordre S. A.

1686, 15 janvier. Réglement additionnel défendant de tanner

pour autrui, de remettre les cuirs dans d'autres cuves, etc.

Imprimé (*Recueil des Chartes*, t. II, p. 273).

1686, 19 septembre. Ordonnance approuvant la création d'une confraternité de secours entre les artisans du métier des tanneurs.

(*Recueil des ordonnances de la principauté de Liége*, 3e série, 1er vol., p. 77).

1686, 26 septembre. Édit qui défend à tout compagnon du métier des tanneurs, d'acheter les écorces en creppes venant des pays étrangers au delà de leurs besoins, et d'acheter des écorces en creppes de la cité et banlieue *pour recouper en icelle.*

Ibidem, p. 79.

1687. Rendage de l'impôt des écorces fait par la cité au métier des tanneurs, pour 5,000 fls. bbt, et à certaines conditions.
Doc. sur papier, perdu.

1687, 19 juin. Requête au commissaire Coune, autorisé à lever les rentes des 32 métiers.
Document sur papier.

1687, 25 août. Supplique pour obliger chaque compagnon d'avancer les droits des meunées mentionnées, pour pouvoir réparer le moulin aux écorces.

1687, 3 août. Ordonnance de S. A. de remettre tous les papiers concernant les rentes du métier, en main des bourgmestres.
Document sur papier, perdu.

1687, 25 septembre. Sentence du Conseil de S. A. supprimant l'impôt accordé par les Chambres pour 3 ans, en payant 12,000 fl. brabant au profit de la cité.
Document sur papier.

1690, 9 août. Confirmation du récès du 16 fév. 1685, par S. A.

1690, 21 août. Permission donnée par S. A. au métier des tanneurs

de pouvoir s'assembler pour faire une proposition dans l'intérêt du métier.
Imprimé (*Recueil des Chartes*, t. II, p. 288).

1690, 9 septembre. Ordonnance de Jean Louis d'Elderen réglant la largeur des écorces et fixant la mesure de ces écorces à charger ou à hacher en creppe à la longueur de 3 jointures du doigt, etc., et autres points.
Imprimé (*Recueil des Chartes*, t. II, p. 275, 288).

1691, 31 mai. Nomination de Ghinotte comme receveur des rentes des 32 métiers par S. A.
Document sur papier, perdu.

1691, 15 octobre. Ordonnance du Conseil de la cité au rentier du métier des tanneurs, de remettre tous les documents concernant les rentes à Ghinotte.
Document sur papier, perdu.

1691, 26 octobre. Supplique à MM. les bourgmestres et Conseil de la cité à la fin d'obtenir une place pour débiter les marchandises fabriquées du métier.
Document sur papier, perdu.

1691, 7 décembre. Ordonnance au commissaire de Troz d'évacuer la chambre de la grande halle pour les tanneurs.
Document sur papier, perdu.

1691, 1692. Suppliques pour obtenir une chambre sur la grande halle pour y débiter les cuirs tannés ; opposition des réfractaires du métier.

1694, 4 mai. Remontrance pour le métier aux griefs présentés au chapitre de Liége, touchant les 25 fls. 66 bbt., mis sur la meunée d'écorces.

1697, 14 février. Supplique à S. A. pour obtenir la suppression de l'impôt de 25 fl. sur la meunée d'écorces. Apostille favorable, avec pouvoir de faire une collecte ou petit impôt jusqu'au remboursement de la somme à prendre pour subvenir aux frais.

1707, 29 septembre. Réglement touchant les écorces et autres points
du métier ; approuvé par le Conseil impérial pour la principauté de Liége, le 1er décembre 1707 et entériné par les
échevins de Liége.
> Imprimé (*Recueil des Chartes*, t. II, p. 276).

1708, 15 janvier. Récès du métier des tanneurs demandant qu'on
assigne une part des amendes aux officiers , afin de les
engager à mieux remplir leur devoir.
> Imprimé (*Recueil des Chartes*, t. II, p. 282).

1708, 22 janvier. Recès du métier demandant l'augmentation de
l'amende fixée par l'art. 19 du réglement de 1707.
> Imprimé (*Recueil des Chartes*, t. II, p. 282).

1710, 8 mars. Ordonnance du Conseil impérial qui modère l'art. 19
du réglement du 1er décembre 1707.
> Imprimé (*Recueil des Chartes*, t. II, p. 290).

1710, 10 mars. Ordonnance du Conseil impérial déclarant que
l'ordonnance du 8 mars ne concerne pas le serment général, mais seulement le serment particulier compris dans
l'art. 19 du réglement du métier.
> Imprimé (*Recueil des Chartes*, t. II, p. 290).

1710, 17 juillet. Ordonnance de S. E. le chancelier et du Conseil
impérial touchant l'art. 19 du réglement du métier, défendant à tout compagnon d'acheter des cuirs tannés pour
les revendre ensuite dans la ville de Liége, les faubourgs
et la banlieue.
> Imprimé (*Recueil des Chartes*, t. II, p. 290).

1711, 22 novembre. Lettre au Conseil impérial touchant l'interprétation de l'art. 19 du réglement.
> Imprimé (*Recueil des Chartes*, t. II, p. 291).

1712, 15 octobre. Lettre sur le même objet, et touchant la nécessité
d'observer le réglement.
> Imprimé (*Recueil des Chartes*, t. II, p. 295).

1713, 14 mars. Réponse des arbitres sur la question de savoir si
l'on est obligé d'observer un serment.
> Imprimé (*Recueil des Chartes* , t. II, pp. 293, 296).

1729, 30 juin. Requête des tanneurs pour obtenir la permission de moudre ailleurs qu'à leur moulin, devenu insuffisant.

> Imprimé (*Recueil des Chartes*, t. II, p. 297).

1732, 5 juillet. Ordonnance qui renouvelle et amplifie les dispositions des anciennes chartes du métier, relativement à la vente de certains cuirs.

> Imprimé (*Recueil des Chartes*, T. II, p. 298). Réimpr. et réaffiché le 9 juin 1753, le 17 mars 1769. *Recueil des édits et ordon.*, 3ᵉ série, 1ᵉʳ vol. p 645.

1736, 3 août. Edit de Georges-Louis, permettant aux tanneurs de jeter leurs écorces dans la rivière passant sous le pont de St-Nicolas, mais seulement quand les eaux seront hautes, pour faciliter l'exercice du métier ; à condition que, pour ne porter aucun préjudice aux moulins situés sur le cours de cette rivière, ils en nettoient le lit 2 ou 3 fois par an, quand les eaux seront basses, et enlèvent les écorces qui pourraient y être restées depuis la 1ʳᵉ tannerie jusqu'au dernier moulin inclusivement.

> *Recueil des édits et ordonnances*, 3ₑ série, t. I, p. 692.

1739, 20 avril. Supplique du métier des tanneurs au prince pour ordonner aux marchands étrangers de faire rewarder leurs cuirs à Liége.

> Conseil-privé ; liasses.

1773, 23 décembre. Réglement de François Charles, concernant le métier, en 55 articles.

> Imprimé chez Bassompierre. 1774, in-4° de 24 pp.

1774. Conditions du rendage à stuit local et mobile faits par le métier pour le repreneur du moulin de Longdoz.

> Imprimé, in-4° de 8 pp. (chez M. Wauters-Clocs).

1792, 29 mars. Ordonnance du métier des tanneurs de présenter au Conseil leurs observations pour les changements et améliorations à apporter au réglement de 1773.

> Archives du Conseil-privé. *Dépêches.*

VOCABULAIRE DES MOTS TECHNIQUES WALLONS

DU

MÉTIER DES TANNEURS DE LIÉGE (¹).

Dans les pièces officielles du métier, tant imprimées que manuscrites, qui nous sont parvenues, on rencontre fort peu de mots techniques autrefois en usage dans la tannerie. Nous en avons dit le motif ailleurs ; ces pièces concernent presque toujours l'organisation ou l'administration de la société ; la fabrication même des produits n'était pas réglementée. Les quelques termes remarquables éparpillés dans le livre des *Chartes et priviléges* et dans les *Documents inédits* joints à ce mémoire, ne diffèrent guère des expres-

(¹) L'orthographe wallonne n'est pas encore fixée ; tous les systèmes présentés jusqu'aujourd'hui ont leurs inconvénients et chaque auteur écrit encore le wallon d'après ses propres idées. Nous avons tâché de nous rapprocher autant que possible de l'étymologie romane, tout en conservant aux mots la prononciation qu'on leur donne dans la langue parlée. La plupart des détails qu'on va lire nous ont été fournis avec la plus grande obligeance par MM. F. Hock, membre de l'Institut archéologique liégeois ; Fick-Simon, conseiller communal ; J. Rasquin, propriétaire de la plus grande tannerie de Liége. Nous devons aussi nombre de renseignements à M. Alph. Le Roy, professeur à l'Université, qui a eu la bonté de relire, la plume à la main, tout ce mémoire. Nous les remercions ici de l'intérêt qu'ils on montré pour notre travail et de la part qu'ils y ont prise.

sions modernes ; nous les avons néanmoins recueillis et insérés dans un glossaire où l'on trouvera, en regard, leurs correspondants wallons ou français.

Les termes spéciaux encore en vogue aujourd'hui chez les tanneurs de Liége, sont réunis, autant qu'il a été possible, dans la note qu'on va lire ; c'est un court aperçu des procédés suivis dans notre ville, pour le tannage des cuirs.

Les tanneurs, en wallon *les tenneus*, appellent cuir, *on cûr*, la dépouille des animaux propre à être tannée, à l'exception des dépouilles de veaux et de moutons qu'ils nomment peau : *ine pai d'vai*.

Ces peaux peuvent se présenter sous trois différentes formes :

1° Elles sont *fraiches* (en français *vertes*) quand elles sont récemment enlevées des chairs.

2° Elles sont *salées* dans le but de les conserver ; c'est ainsi qu'elles nous arrivent de l'étranger. Dans le pays, on ne sale les peaux que lorsqu'on veut faire passer du cuir d'empeigne pour du cuir de semelle. Elles s'appellent en wallon *des cûrs salés* ou simplement *des salés*.

3° Elles sont *sèches* lorsque, au lieu de les saler, mais aussi dans un but de conservation, on les a fait sécher dans un grenier ou sous des hangards. Sous cette forme, la peau se nomme en liégeois *ine sèchenne* (¹).

Une quatrième espèce de peau est celle des veaux mort-nés que l'on tanne avec les poils dans une préparation d'alun, ce qui se dit à Liége *passer ès blanc* (²). Ce cuir, étant très souple, sert à faire

---

(¹) En Amérique, les peaux qui viennent des villes sont généralement séchées, et s'appellent *mataderos* ; elles sont souvent gâtées à cause du peu de soin que les bouchers mettent à les enlever des animaux. Les peaux des campagnes s'appellent *salladeros* ; beaucoup d'entre elles sont brûlées parce qu'on y manque de hangars pour les sécher convenablement.

(²) Toute peau à laquelle on veut conserver les poils, de quelqu'animal qu'elle soit, est préparée à l'alun : les sacs militaires, par exemple, sont faits en peaux de veau ou de chèvre *passeies è blanc*. Rien n'empêche cependant de tanner un cuir de la façon ordinaire tout en lui conservant les poils.

des gilets à l'usage des tanneurs ; avant comme après le tannage, il s'appelle *on moîrtné*.

La peau d'une bête morte de maladie ou abattue pour un motif quelconque, autre que la consommation, s'appelle *ine moreie*.

On achète les peaux à la main, par pièce : *acheter tixhe et taxhe*; ou au poids, par tas; le tas ou paquet s'appelle *on cheté*.

Les peaux se tannent au moyen des écorces de chêne moulues.

Les écorces soit en fagots, soit réduites en poudre ou moulues, soit converties à l'état de tan par leur emploi dans les fosses, s'appellent *des hoices*; dans les vieux documents *xhoises* et *xhourches* (escorches). Pour désigner le tan ou écorces qui ont servi, on dit aussi *des veyès hoices* (de vieilles écorces). Elles ne portent un nom particulier que lorsqu'elles sont coupées en petits morceaux , prêtes à être moulues; dans cet état, elles se nomment *des creppets* (*xhorches en creppe* dans les documents) ; on les mesure dans une espèce de panier en bois cerclé de fer, nommé *oune* et on les remue avec *ine hawe*, une houe. On appelle *des hoices ès creppes*, les écorces non moulues que l'on tient en magasin dans les greniers. Avant d'être moulues, les écorces doivent être séchées ; pour cela on les étend sur de grands fours appelés *tourailles* (*terreilles*, *tarlhye* dans le livre des *Chartes*, p. 240, n° 8, et dans un document de l'an 1434) ; sécher les écorces se dit *terreler*. On sèche une mounée à la fois, c'est-à-dire 3,000 kilogrammes.

Un fagot ou botte d'écorces se dit *on fah* (*xhorches a faix*, document de l'an 1423 dans le livre des *Chartes et priviléges*, p. 241, n° 24). Il y a de petits fagots de 25 livres, qui se font sur les bords de l'Ourthe et de la Vesdre, pour la facilité du transport; les autres sont de 25 kilogrammes; ceux-ci, généralement employés à Liége, viennent des pays étrangers.

Dans le livre des *Chartes et privilèges*, p. 267, n° 3, on trouve le mot *harhée* qui signifie aussi probablement un fagot, lié avec des *hars* ou branches de coudrier. Les paysans emploient encore cette expression *hars* pour indiquer une bande ; à Liége on dit *ine loieure*.

Les tanneurs ne peuvent faire moudre leurs écorces quand ils veulent ; chacun a un rang fixé et il doit attendre son tour ou *oulne*. Quand on atteint son tour, qu'on a le droit de moudre et que ·le rentier a reconnu ce droit, on est *saillé* (Voyez le Glossaire).

On distingue deux espèces de tanneurs ; ceux qui travaillent les cuirs de semelle ou cuirs forts ; ce sont *les gros tenneus*, les gros tanneurs ; ceux qui préparent les cuirs d'empeigne et en général les cuirs indigènes, sont les *côrreus*, corroyeurs (dans les vieux documents *coureurs*, 1433).

Il est une troisième branche, encore inconnue à Liége il y a 30 ans, et aujourd'hui la plus importante. C'est la fabrication des cuirs pour cardes, pour laquelle notre ville possède une réputation européenne. C'est à John Cockerill que l'on en doit l'introduction. On en faisait une telle consommation que plusieurs tanneries ne travaillaient plus que cet article. Les pièces de cuir pour cardes étaient distribuées à une quantité de femmes d'Outremeuse, de la rue Sur la Fontaine, de Pierreuse, des faubourgs, etc., et garnies par elles de petites pointes en fer. Ces femmes qui, pour y mieux voir, faisaient ce travail dans la rue comme autrefois les faiseuses de dentelles, s'appelaient *bouteuses*. Aujourd'hui cela se fait à la mécanique d'une façon merveilleuse. On dit d'un tanneur pour cardes : *il oveure des cûrs po gâdes.*

TANNERIE.

Il peut y avoir dans une tannerie douze espèces d'ouvriers ayant chacun sa besogne spéciale.

1° *Li maiste ovri*, le maître ouvrier, qui règle tout le travail d'une tannerie, distribue les tâches, et dirige les ouvriers ; il doit connaître le métier dans tous ses détails, c'est-à-dire, savoir commencer et finir un cuir. Autrefois comme aujourd'hui c'était ordinairement le *maistre de l'hostel*, le propriétaire, qui remplissait ces fonctions ; souvent aussi c'était l'apprenti qui avait fait chef-d'œuvre et qui, par reconnaissance pour son ancien maitre, consentait à diriger son établissement pendant une année.

2° *Li droussineu*, qui fait les travaux préparatoires et en général tout ce qui concerne le lavage.

3° *Li pèleu*, qui enlève les poils.

4° *Li hârneu*, qui écharne, c'est-à-dire enlève les chairs avec un couteau ; ce travail est particulier aux cuirs de semelle.

5° *Li bouteu*, qui enlève à la force du bras avec un outil non tranchant, les ongles, les oreilles et les bords des cuirs d'empeigne; cette opération correspond dans la corroyerie à celle de l'écharnage dans la tannerie.

6° *Li ripareu*, qui en raclant la peau du côté de la fleur ou du poil, en fait sortir la chaux.

8° *Li ribouteu*, qui assouplit la peau.

Ordinairement le même ouvrier est à la fois *droussineu*, *peleu*, *bouteu*, *ripareu*, et *ribouteu*.

8° *Li ravaleu*, qui dans certains cas rend la peau d'égale épaisseur. Souvent c'est le *hârneu* qui est chargé de *ravaler*.

9° *Li rimetteu* couche les cuirs dans les fosses ; cet ouvrier n'est ordinairement pas attaché à un établissement; il se prend à la journée ; le même *rimetteu* dessert ordinairement plusieurs tanneries.

10° *Li monteu* prépare le cuir quand il est tanné, le frotte d'huile et le *finit* de façon à pouvoir être vendu quand il sort de ses mains. Cet ouvrier travaille ordinairement à la pièce.

11° *Li marapou* ou manœuvre, qui porte les écorces, enlève le tan, etc.

12° Enfin *li sierveu alle coûve*; autre manœuvre qui porte les écorces au bord des fosses.

Le détail des travaux auxquels se livre chacun de ces ouvriers se retrouve dans les différentes opérations que subit une peau pour être tannée, et dont voici l'énumération.

Il faut *casser les coines* et *cabossi*, c'est-à-dire enlever les cornes, la queue et les grosses parties de chairs qui sont restées attachées à la peau (en francais, *enlever les émouchets*). Ces parties de chairs sont : *les cowris*, viande qui reste à la queue; *les chiffes*, les joues et *les aurios*, intérieur des oreilles. Tout cela est détaché avec un couteau nommé *cabosseu* et devient la propriété des ouvriers qui le mangent ou le vendent (¹).

2° On frappe ensuite chaque peau avec un marteau qui porte les initiales du maître et qui s'appelle *ine marque*.

3° Cela fait, *on mône les cûrs à l'aiwe* ou *on les mette dissaiwer*, c'est-à-dire qu'ayant enfilé les peaux par les yeux au nombre de quatre ou cinq dans un *loien d'anke* (corde de deux mètres de long que l'on attache à une pierre d'ancre), on les jette dans le fleuve ; l'eau, en passant sur cette *bouleie* (voyez plus loin), en enlève le sang et les saletés ; cette opération s'appelle en français le *dessaignage*. Pour aider au nettoiement, *on spâme les cûrs à l'aiwe*, c'est-à-dire qu'on les lave en les remuant dans l'eau avec la main ; les peaux de mouton sont battues sur une planche avec un morceau de bois ; l'ouvrier doit veiller à ne pas les laisser trop longtemps dans l'eau, parcequ'elles *ploumerit*, s'échaufferaient, ce qui occasionnerait la chute de l'épiderme ou *moïe*.

La peau de veau séchée (la *sèchenne*) subit ici un autre traitement que la peau fraîche ; on la met tremper dans une cuve d'eau ordinaire pour la ramollir ; après quelque temps, le liquide se charge de matières fétides et s'appelle *on seûr* (sûr, aigre), à cause de l'odeur acide qu'il répand et de ses émanations corrosives. La peau que l'on en a retirée est étendue sur un chevalet pour être *brîheie*, assouplie.

Pour tous ces travaux qui obligent les ouvriers à entrer dans l'eau, ils mettent de hautes bottes qui leur couvrent les jambes et les cuisses et s'appellent *housses*. Pour les travaux qui suivent, ils se servent de *hozettes*, pièces de cuir ou de toile qui s'attachent par derrière au-dessous du genou et au-dessous de la cheville et s'appliquent sur les sabots.

(¹) De cet usage vient le sobriquet de *cowris* donné par les habitants de la rive gauche à ceux d'Outremeuse. Ceux du quartier de la Madeleine disent par exemple, aux fêtes de St.-Pholien : *c'est l'fiess des cowris.*

4° Les peaux retirées du fleuve sont jetées dans des fosses contenant de la chaux ; celle-ci a pour effet de les faire gonfler et de détacher le poil ; elles y restent quinze jours ou un mois et on les remue (voyez plus loin *rilanci*) tous les deux ou trois jours. Ces fosses s'appellent *plains* en français ; en wallon, *châssins*.

5° Après cela, *on pèle les cûrs fou d'châx*, on enlève les poils ou on dépile. Ce travail se fait avec un vieux *hârneu* (v. plus loin) émoussé, sur un chevalet appelé *on chivâ foû* ; le mot *foû* indique que c'est ordinairement hors de l'atelier qu'on dépile les peaux ; ce même chevalet sert aussi pour *hârner*, pour *bouter* et pour *ribouter* (v. plus loin nᵒˢ 6, 7 et 8).

Ce procédé est particulier aux peaux indigènes. Pour épiler les cuirs forts ou de semelle, on les pend dans une cave chaude ; au bout d'un certain temps, il se produit une fermentation qui fait tomber les poils. Cette méthode, qui en français s'appelle *procédé à l'échauffe*, est désignée en wallon par les mots *mette moutri* ; la cave s'appelle *on moutriheu*.

Vient ensuite une série d'opérations que l'on nomme le travail de rivière ; voici pourquoi : il y a vingt ans et moins, l'industrie du tannage était beaucoup moins importante à Liége qu'aujourd'hui. Aussi ne travaillait-on guère en hiver. Dès que l'on avait dégarni la peau de ses poils, on plaçait les *couvlâs* au bord de l'eau, et là se faisaient, pendant toute la bonne saison, toutes les opérations qu'on va lire. Aujourd'hui que l'industrie a pris une grande extension à cause des cuirs à cardes, les tanneries sont plus spacieuses et ce travail se fait à l'intérieur : *on oûveure ès blanc divins oûves*. Cela s'appelle *ovrer ès blanc*, parce que la peau, ayant perdu son poil, est blanche du côté de la fleur. Ceci s'applique surtout à la corroyerie.

6° Lorsque la peau est dépilée, on la lave de nouveau dans le fleuve, puis on l'écharne ou on coupe le reste des chairs, en wallon *hârner* ; cela se fait au moyen d'un *hârneu*, espèce de couteau demi-circulaire, dont la lame, large de 2 1/2 pouces, porte son tranchant à l'intérieur et est armée d'une poignée à chaque bout. (Pour l'étimologie comparez Burguy, Gloss. sous le mot *Harnas*).

7° Cette opération achevée, *on boute li cûr*, on racle les filaments putrescibles avec un *bouteu* (*butoir* en français) ou couteau rond , qui a la même forme que le *hârneu*, mais n'est guère aussi tranchant.

8° Après avoir bouté, *on riboute* la peau avec le même instrument, mais du côté du poil, pour exprimer la chaux qui a pénétré dans les pores; cela s'appelle en français *dégorger*. La substance composée de chaux et de graisse qui découle dans cette opération et qui en français se nomme *bourre* ou *gélatine* , sert à faire de la colle.

9° La peau est ensuite soumise à l'opération du *plamage* qui consiste à lui donner partout la même épaisseur; on la *ravale* au moyen d'un *coutai*, en français *drayoire* ou couteau à revers. C'est une lame plate de trois pouces et demi de large sur douze à quinze de long, tranchante des deux côtés, armée de deux poignées, dont l'une est dans le sens de la lame et dont l'autre y est perpendiculaire. Le chevalet dont on se sert pour *ravaler* s'appelle *ine planche havresse*. Il est plat tandis que le *chivâ-fou* est bombé.

10° Enfin, on racle ou ponce la peau une dernière fois avec une pierre à aiguiser du côté de la chair, pour enlever les dernières fibres qui peuvent encore y adhérer; cela s'appelle en wallon *riparer* et en français passer du côté de la fleur ou *roucouler*.

Tous ces travaux préparatoires se font *à l'boulêie* , expression difficile à traduire; *ine boulêie* est une certaine partie ou plutôt progression du travail, une tâche représentée par un certain nombre de peaux auxquelles on fait successivement subir toutes les opérations qu'on vient de lire avant d'entamer une autre *boulêie* ; ce terme indique ordinairement l'ouvrage qu'on peut achever dans une semaine de temps.

11° Ainsi préparées, les peaux sont jetées dans une cuve en bois appelée *couvlâ* en liégeois et *coudrement* en français, élevée de trois pieds et demi et ayant un diamètre de six pieds. Aujourd'hui le *couvlâ* est presque généralement abandonné et remplacé par une fosse de petite dimension appelée *bassemint*. Cette cuve est remplie d'eau d'écorces, *jusêie* (jus), préparée tout exprès ou puisée dans les fosses (¹). La jusée donne au cuir une couleur fauve et le fait gonfler de façon à le rendre plus propre à s'imprégner de tannin. Cela s'appelle *tîde* (teindre) *li cûr* ou *mette ès couvlâ*.

On doit avoir soin préalablement de remuer le brassin, qui se nomme aussi *couvlâ*, avec un instrument nommé *maxhe* en wallon et *boutoir* en français; c'est une petite perche qui porte une roulette en chêne à une de ses extrémités. Lorsque les cuirs ont séjourné un certain temps dans la cuve et sont imbibés de jusée, un ouvrier les amène un à un , avec le *havetai* ou gaffe, à la surface du liquide; un second ouvrier les saisit et les dispose en un tas sur des *horons* ou pièces de bois placées en travers sur la cuve ; après qu'ils ont égoutté, il les *ritape* dans la cuve, et le premier ouvrier, au moyen d'une perche que les Wallons appellent *richôkeu* ou *bois po r'bouter*, les pousse au fond. Cette opération se dit *rilancî et ritaper l'couvlâ*, en français *abattre les peaux dans le plain*. Elle se fait également pour le *châssin* et pour le *t'assemint* dont nous avons parlé ; mais dans ce dernier, on renouvelle trois fois l'écorce. Les filles mêmes des maîtres tanneurs, aujourd'hui grandes dames, ne dédaignaient pas autrefois de mettre la main à l'ouvrage. Souvent, en guise de passe-temps, elles *rilancît l'couvlâ*, avec leurs amies, en visite chez elles.

Ce qui précède ne s'applique qu'aux cuirs de semelle. Les peaux de veaux sont jetées *divins on côpé* ou cuve de tonneau coupé en deux. Ce *côpé* s'appellait autrefois *spandoux* (Réglement de 1773, art. 38). On les y bat *à l' batteroûle*, sorte de pilon en bois dont le manche est armé à l'un des bouts d'un cône tronqué, long de huit à neuf pouces.

11° Au sortir du *couvlâ*, on replie les bords des peaux que l'on amène près des fosses. Au moyen d'un *trulai* ou bourse en filet, attachée à un cercle de fer aplati sur un des côtés de sa circonfé-

---

(¹) « Cette méthode de préparer le cuir à la jusée est, dit Julia de Fontenelle (Encyclopédie), connue en France sous le nom de façon de Liége. » Elle est aussi employée à Stavelot et à Malmedy. V. p. 169.

rence, on retire les écorces de la cuve et on les jette dans une *banse purresse*, ou panier d'osier placée sur les *horons*.

12° Amenées au bord des fosses, les peaux se trouvent convenablement préparées pour être tannées, c'est-à-dire qu'elles sont aptes à s'imbiber du tannin ou essence d'écorces qui doit entrer dans tous les pores et donner au cuir la force, la ténacité et l'imperméabilité. Dans ce but on les étend alternativement avec une couche d'écorces moulues dans des fosses nommées *coûves* (en français *cuves*), et qui à Liége ont la forme d'un quadrilatère, profond de dix à treize pieds, long de sept et large de cinq et demi; les parois sont en briques et la fosse est citernée.

L'ouvrier *rimetteu* doit avoir soin de ne pas placer toutes les peaux dans le même sens et de mettre à l'occasion *ine radresse*, poignée de vieux tan, entre deux couches d'écorces fraîches, afin de conserver un niveau égal.

13° Après les avoir laissées un an dans la première fosse, on retire les peaux pour les replacer dans une seconde avec de nouvelles écorces; ce changement se fait quatre fois pour les cuirs de semelle (¹). Les cuirs d'empeigne sont retirés au bout de six mois et ne reçoivent que deux écorces. Pour désigner cette opération appelée *recouchage*, les wallons disent *rimette* ou *ricoûki ès prumîre, ès deuzème, ès treuzème, ès quatrème* (*coûve* ou *hoice*). C'est presque toujours la nuit qu'on *rimette* les cuirs dans la quatrième fosse; cette opération se dit aussi *rimette ax sechès hoices*, dans les écorces sèches, parce que, pour recoucher dans les trois premières, on humecte d'abord les écorces.

14° Quand les peaux sortent de la quatrième cuve, on les *hovetéie* pour en enlever le tan; puis on les pend à l'air, *on les mette dx pîces* pour qu'elles puissent sécher; on les plie, on en fait des bottes de cinq à sept cuirs chacune et on les vend (²).

(¹) De là l'expression *cûr di qwate hoices*. On travaille aussi en trois écorces; *cûr di treus hoices*, moins souvent à Liége, toutefois, qu'à Stavelot et à Malmedy.

(²) Autrefois on ne pouvait vendre au même marchand plus de 10 bottes ou *boddes*) à la fois, pour empêcher l'accaparement.

CORROYERIE.

Jusqu'ici le travail du tannage a été presque partout le même pour toute espèce de peaux, de bœufs, de génisses, de chevaux, de moutons, de veaux, etc.

Ces dernières, qui servent à faire des empeignes, après avoir reçu deux écorces dans les cuves, sont encore soumises à plusieurs opérations.

1° D'abord on les *boute foû d'flatte*, on enlève l'écorce qui s'est attachée à l'intérieur et on racle les chairs gonflées par le tannin.

2° On les *amierdeie*, c'est-à-dire qu'on les foule aux pieds pour les assouplir après les avoir trempées dans l'eau tiède, contenue dans *ine machine*; la machine est une cuve en bois, munie à l'intérieur d'un foyer en cuivre qui reçoit l'air par le fond et chauffe l'eau ambiante. En été on les plongeait autrefois simplement dans le fleuve.

3° On les *ristriche*, on les étend, on en ôte les plis en les pressant; en même temps s'écoule l'eau dont elles sont imbibées.

4° Les cuirs sont ensuite pliés et portés au grenier transformé en hangar; là ils sont étendus sur une table et *ètrânés* ou frottés d'*ôle di trâne et chamoiseure*; ce qui se fait avec une étoffe de laine appelée *stochet*.

5° Puis on les met *âx pîces*, on les étend sur des perches pour les laisser sécher.

6° Ils sont de nouveau *ritrimpés* ou plongés dans l'eau tiède.

7° On leur donne une seconde couche d'huile, on les *mette ès deuxème ôle*.

8° Lorsque les cuirs sont de nouveau séchés, on les *kiboie à l' rudalle*, ce qui se dit en français *travailler à la pommelle*. La *rudalle* « est faite d'un bois dur; sa forme est rectangulaire; elle a un pied de long sur cinq pouces de large; elle est plate par dessus et arquée ou bombée par dessous. Cette dernière surface est toute sillonnée en travers, c'est-à-dire qu'elle est couverte de cannelures droites et parallèles. Ces sillons sont aigus et forment des triangles isocèles qui tiennent à la pommelle par leur base. Le dessus ou la surface plane est garnie d'une bande de cuir qu'on nomme *manicle* et sous laquelle l'ouvrier passe la main (¹). » Pour les cuirs très forts, on se sert d'un instrument semblable, mais beaucoup plus grand, que les Liégeois appellent *margarite*. Le frottement de ces outils sur le cuir le rend souple et doux.

9° Puis on enlève l'huile du tissu en le *havant so l' planche havresse*; cela se fait avec le *couteau à blanchir*, ainsi nommé parce que l'enduit gras ôté, la peau devient plus blanche.

10° Le cuir est ensuite *havé à l' lunette so on ripareu*; cette opération, qui a pour but de nettoyer complétement le cuir, de le débarrasser des dernières petites veines, de l'amincir, se fait avec un outil nommé *lunette*; c'est un disque en acier de trente centimètres de large, percé au centre d'une ouverture assez large pour y passer les deux mains; il est tranchant sur toute sa circonférence; l'ouvrier le passe sur le cuir pendu à un *ripareu*; le *ripareu* est une troisième espèce de chevalet formé de deux tringles de bois dans lesquelles le cuir peut glisser ou être fixé au moyen d'une tenaille à boucle appelée *ine picette*; l'autre extrémité du cuir est attachée à une corde, que l'ouvrier passe derrière lui, de façon à former devant lui une espèce de voile ou de giron. Cette opération est, de toutes celles qu'on a vues, la plus difficile : un coup mal porté fait une entaille dans le cuir. Aussi n'y a-t-il que les artistes du métier qui en soient chargés; leurs journées se paient très cher.

11° Enfin, ou frotte le cuir avec une pierre à aiguiser taillée en forme de brique et munie d'un manche; elle s'appelle *queurse* en français et *flain* en wallon; à Liége, on en distingue quatre espèces : *il flain d' pire*, *li flain d' veûle*, *li flain d'acîr*; ce dernier est dentelé et strie le cuir; il s'appelle aussi *peigne* (*dinner on côp d' peigne*); enfin *li flain d' coine*.

Après avoir subi cette opération, le cuir d'empeigne est convenablement préparé pour être vendu.

(¹) Lᴇɴᴏʀᴍᴀɴᴅ et Mɪʟʟᴇᴛ. *Encyclopédie*.

Dans un cuir d'empeigne ou cuir à cardes, on distingue trois parties : *li dos*, le dos, mesurant quatre pieds carrés à partir de la queue; *li faxhe*, en français les *gorges*, partie restante depuis le dos jusqu'aux narines; *les baînes*, en français les *flancs*, côtés ou bandes.

Le cuir de semelle se divise autrement : *li dos*, le dos; *li tiesse*, la tête; enfin *li qwatrême*, c'est-à-dire une bande large de trente-cinq centimètres environ, coupée transversalement entre le dos et la tête. Certains tanneurs le vendent ainsi divisé; d'autres laissent le cuir entier : ce dernier usage est celui de Stavelot et de Malmedy.

Ajoutons pour finir qu'on appelle *côper so hour*, couper le cuir en deux de la tête à la queue.

GLOSSAIRE.

Aiwer; v. a. Litt. *mouiller*; *aiwer ine coûve*, mettre de l'eau dans une cuve.

Alette; s. f. Les meuniers appellent *alettes* (ailettes) les planches clouées à distances égales à l'extérieur des roues de leur moulin. Les tanneurs donnent aussi ce nom à la planche sur laquelle on étend les cuirs pour les fouler aux pieds (*amierder*); elle les préserve des souillures.

Allenchier; v. a. Vieux terme fautivement écrit *alleyer* dans le livre des *Chartes et priviléges*, t. II, p. 227, où il semble signifier *acheter, se procurer*. Un document de l'an 1739 le traduit cependant par *mettre en œuvre*.

Amierder; v. a. Fouler le cuir pour l'assouplir (Voir l'exposé qui précède le glossaire, p. 242).

Anke; s. f. Ancre. *Pire d'anke*, grosse pierre carrée portant les initiales du nom du tanneur, et à laquelle est scellé un anneau dans lequel on passe un *loyen d'anke*; celui-ci est une corde tissée exprès pour cet usage, de deux mètres de long et servant à retenir les peaux jetées dans le fleuve. La pierre placée au fond de l'eau fait l'office d'une ancre (V. l'exposé, p. 237).

Antencuse; s. f. Vieux terme mal lu *appartenances* dans le livre des *Chartes*, t. II, p. 240, n° 12. Dépouille d'un animal âgé de moins d'un an (*ante annum?*). Six ou sept semaines suffisaient pour la tanner. Au XVe siècle, les compagnons du métier en ayant vendu de fortes quantités pour du cuir fort , le métier , soigneux de sa réputation et craignant *d'estre diffameis et ablameis*, publia l'ordonnance de 1433, fixant non seulement le prix de ces cuirs, mais encore la quantité qu'on pouvait en vendre en une fois (V. Documents inédits, n° IX). L'étymologie donnée demande *antenneuse.*

Appointier; v. a. Vieux terme dans le livre des *Chartes*; *cuir mal appointié*, mal préparé, mal tanné.

Arôyi; v. a. Les cuirs sauvages secs viennent de l'étranger pliés en deux dans leur longueur. A leur arrivée, on les met tremper dans l'eau pour pouvoir les ouvrir. Les tirer de l'eau, puis les y remettre après les avoir dépliés, s'appelle *arôyi.*

Aurios; s. m. (Lat. *auris.*) Parties de chairs qui avoisinent les oreilles et restent attachées à la dépouille de l'animal (V. l'exposé , p. 237).

Baînes; s. f. Bandes ; les flancs ou côtés d'un cuir. Thiois *band,* lien ; *binden*, lier (V. l'exposé, p. 244). *On foyou d' baînes*, un des côtés ou flancs, un feuillet.

Banse purresse; s. f. Manne ou panier d'osier dans lequel on laisse égoutter les écorces qu'on retire des *bassemints* ou des *couvlâs* (V. l'exposé, p. 241).

Bassemint; s. m. Petite fosse qui remplace le *couvlâ* (V. l'exposé, p. 239).

Batteroûle ; s. f. Outil en bois avec lequel on *bat* les peaux dans les cuves. V. Grandgagnage, *Dict. wallon* (V. l'exposé, p. 240).

Beûre ; v. a. Boire. On dit qu'*ine coûve beût*, lorsqu'elle absorbe l'eau.

Blanc (passer â); v. a. Préparer les peaux à l'alun, sans employer les écorces qui donnent au cuir une couleur jaune. Avec l'alun, le cuir reste blanc. *Ovrer ès blanc*, travailler la peau quand elle a perdu son poil (V. l'exposé, p. 233).

Bodde; s. f. Vieux terme dans le livre des *Chartes*, t. II, p. 240, et dans les documents (1433). Paquet ou botte de sept cuirs.

Bois po r'bouter; s. m. V. *Richôkeu.*

Bouc et gatte; s. m. Les tanneurs disent qu' *on cûr est bouc et gatte,* lorsqu'ils ne peuvent distinguer s'il est d'une vache ou d'un bœuf. V. Grandgagnage, *Dict. wallon,* au mot *Bike et bouk.*

Bouhier le mailhet; v. a. Vieux terme, écrit *buissier* dans une copie; frapper (*bouhî*) avec le marteau sur un cuir pour y laisser l'empreinte de la marque (V. le livre des *Chartes,* t. II, p. 241). Aujourd'hui on dit : *mette li marque.*

Boulëie; s. f. Partie, division du travail. *Fer ine saquoi à l' boulëie,* faire quelque chose par section. Le nombre de peaux que représente une *boulëie* varie de 20 à 80 suivant l'importance d'une tannerie , le nombre d'ouvriers , la grandeur des fosses , etc. (V. l'exposé, p. 239). Les enfants disent jouer *à l' boulëie,* lorsqu'ils mettent comme enjeu un tas de billes (de *mâyes,* à Liége).

Bouter; v. a. Pousser; *bouter li cûr,* râcler le cuir (V. l'exposé, p. 239). *Bouter fou d' flatte* (pour *bouter l' flatte fou dè cûr*), enlever la poussière de tan (V. l'exposé, p. 242). *Bouter l' moûnéie,* aider les meuniers à charger sur leur dos les sacs d'écorces moulues. *Bouter cuir de costé,* vieille expression dans le livre des *Chartes* , t. II , p. 241, n° 28; vendre, se débarrasser de (V. *Rejeter*).

Bouteu ; s. m. Ouvrier qui *boute* (V. l'exposé, p. 236), et instrument avec lequel on *boute* (V. l'exposé, p. 239). *Bouteu et ribouteu,* celui qui fait état de remettre des membres disloqués (Dictionnaire de Remacle).

Brihî; v. a. *Brihî del' châ ,* réduire de la chaux en jetant de l'eau dessus ; en terme de tannerie, il signifie assouplir, *briser* les nerfs de la peau (V. l'exposé, p. 237). *Brihî,* jeter sa gourme (Dict. de Remacle). Du thiois *breken ?*

Brusiliânes ; s. m. Peaux sauvages qui viennent souvent du Brésil ; *il oveure des brusiliânes ciste annéie,* il ne travaille que du cuir fort cette année.

Bûlle; s. m. Peau de taureau châtré. (Thiois et angl. *teaurau*).

Cabosseu ; s. m. Couteau avec lequel on enlève les émouchets (V. l'exposé, p. 236).

Cabossî; v. a. Enlever les émouchets, c'est-à-dire la queue et les chairs qui sont restées attachées à la peau et qui sont les *cowris*, les *chiffes* et les *aurios* (V. l'exposé, p. 237). Ce mot est encore usité dans le quartier des tanneurs dans un mauvais sens.

Casser les coines; v. a. Enlever les cornes de la peau (V. l'exposé, p. 236).

Châ ou *châsse*; s. f. Chaux, plamée. *Pèler les cûrs foû d'châ*, enlever le poil, détaché par l'action de la chaux. La traduction littérale de cette expression me parait être *peler les cuirs hors de chaux*, ce qui sera bien une ellipse pour : peler les peaux *retirées* de la chaux ; *les cûrs foû* (hors) *de châ* tient donc étroitement ensemble (*chaulés*).(V. l'exposé, p. 238 et le mot *Craixhe*).

Chamoiseure (*ôle di*) ; s. f. Huile extraite de la peau de chamois : on la mêlait autrefois avec de l'huile de baleine et du suif pour en enduire les cuirs d'empeigne ; mais aujourd'hui on lui substitue de la graisse parce que cette huile coûte fort cher.

Châssin; s. m. En français *plain* ; fosse remplie d'eau de chaux (le contenant pour le contenu), ce qui donne l'étymologie du mot. V. Grandgagnage, *Dict. wallon* (V. l'exposé, p. 238).

Cheewe; s. f. Vieux terme écrit *chevue* dans le livre des *Chartes*, t. II, p. 240, n° 13, où il est dit que personne ne peut acheter *chevue* sous peine de 40 livres. Nous ignorons complétement la signification de ce mot. Peut-être signifie-t-il bête fauve, gibier.

Chergî ; v. a., charger. Le tanneur dont le tour de moudre est arrivé dit : *c'est mi qui chège oûie* (sous entendu *des hoices*) ; c'est mon tour de moudre aujourd'hui.

Cheiue ou *termine*; s. f. Vieux termes dans le livre des *Chartes*, t. II, p. 281. Ils doivent être synonymes et signifier, *terme, époque fixe, échéance*. Il était défendu à un tanneur d'acheter *aucunne cheine ou terminne* aux bouchers, c'est-à-dire de faire avec un boucher un accord par lequel celui-ci se serait engagé à lui livrer les peaux de toutes les bêtes qu'il aurait tuées, dans un mois, par exemple ; il ne pouvait se les procurer qu'à mesure qu'il en avait besoin.

Cheté ; s. m. *On cheté*, un tas de cuirs (V. l'exposé, p. 234).

Chiffe; s. f. Joue (*jive, jiwe*) (V. l'exposé, p. 237).

Chivâ foû; s. m. Chevalet ou grosse planche bombée sur laquelle on écharue les peaux. Racine *chevâ*, cheval. V. Grandgagnage, *Dict. wallon, Chife* (V. l'exposé p. 238).

Clawirs; s. f. Limites. Vieux terme dans le livre des *Chartes*, t. II, p. 236, n° 26 et dans le Réglement de 1773, n° 22.

Côpé; s. m. Cuve formée d'un demi tonneau (*coupé* en deux), et dans laquelle on lave les peaux de veaux (V. l'exposé, p. 240).

Corbellie; s. f. et *corbelier*; s. m. Vieux termes dans le livre des *Chartes* t. II, p. 240, n° 10. Corbeille servant à porter les écorces et d'une capacité aujourd'hui inconnue.

Correu; s. m. Corroyeur (*coureur*, dans les vieux documents); tanneurs qui travaillent le cuir d'empeigne (V. l'exposé, p. 235).

Coûtai; s. m. Drayoire ou couteau à revers, avec lequel on *ravalle*, pour donner à tout le cuir une égale épaisseur (V. l'exposé, p. 239).

Coûve; s. f. Cuve ou fosse dans laquelle on étend les cuirs entre deux couches d'écorces, pour les laisser s'imbiber de tannin (V. l'exposé, p. 241). Ce mot se trouve écrit de même dans un document de l'an 1493, livre des *Chartes*, t. II, p. 242, n° 36 et p. 276.

Couvlâ; s. m. Cuve en bois (diminutif de *coûve*); on la remplissait d'eau d'écorce pour y laisser gonfler les peaux; le *couvlâ* est aujourd'hui généralement remplacé par le *bassemint* (V. l'exposé, p. 239).

Coveteure; s. f. Lorsqu'une fosse est remplie de cuirs on la couvre d'une couche de tannée, puis on *pireie li coûve* (on y jette deux ou trois lits de pierres), afin que les cuirs ne remontent pas avec l'eau qu'on y jette; cela s'appelle *fé coveteure*, mettre une couverture à la fosse.

Cowri (1); s. m. Chair qui entoure la queue des animaux et qui

(1) Nous écrivons *cowri* et non *quowri* parce que le mot *queue* lui-même vient du latin *cauda*.

reste attachée à la peau (V. l'exposé, p. 237). *Cowris* se dit non-seulement des queues de veaux (Dictionnaire des proverbes wallons, au mot *Sornos*), mais aussi de celles de vaches, de bœufs, de moutons, etc.

Craixhe : s. f. Vieux terme dans le livre des *Chartes*, t. II, p. 227, où il est mal écrit *chaux*, et dans un document de l'an 1516. Il était défendu d'acheter des peaux qui avaient déjà été mises *en craixhe* (dans la plamée?) par un autre tanneur; celui-ci ne pouvant vouloir se défaire d'un cuir inachevé, il était évident que les cuirs en *craixhe*, mis en vente, provenaient de vol.

Creppets ou *crepais*; s. m. Ecorces coupées en petits morceaux dont la longueur était autrefois fixée par les statuts à 2 1/2 pouces : ainsi réduites, elles sont plus faciles à moudre. Dans les documents, on trouve *xhorches en creppe* (V. l'exposé, p. 234) ([1]).

Cûr ; s. m. (cuir, *corium*). Les tanneurs de Liége appellent aussi *cuir*, la peau non tannée des bœufs et d'autres gros animaux. Dans ce cas les vieux documents disent *cuir poilhu* ou *cuir à poil*. Il y en a de plusieurs espèces (V. l'exposé, p. 233).

Denrées ; s. f. Vieux terme dans le livre aux *Chartes*, t. II, p. 217, dans le diplôme de 1331, etc. Marchandises, peaux, cuirs. *Denrées loyales et marchandes, justifiées et rewardées par les 5 rewards* (Livre des *Chartes*, t. II, p. 227).

Devantraine; s. f. Mot qui se trouve dans les documents et dans le réglement de 1775, n° 39. Les cordonniers appellent *divintraine* la première semelle intérieure de la chaussure.

Dissaiwer; v. a. Tremper, faire passer l'eau sur les cuirs pour les laver (proprement *disaiwer*, rac. *aiwe*, eau, *aqua*). *Saiwer* signifie *sécher*. On dit qu'une peau est *dissaiwée* quand elle est suffisamment trempée pour être travaillée (V. l'exposé, p. 237).

([1]) *Krappe* ou *creppe*, en thiois, signifie tout copeau ou morceau d'écorce, de bois, de viande, etc. Kiliaen donne aussi le verbe *Krappen* : decerpere, abscindere. V. aussi Grandgagnage, *Dict. wallon* au mot *Crepai*.

Dos ; s. m. Le dos ; c'est la meilleure partie du cuir (**V.** l'exposé. p. 244).

Droussineu ; s. m. Ouvrier qui fait souvent dans une tannerie tous les travaux préparatoires qui incomberaient au *peleu*, au *bouteu*, au *ripareu* et au *ribouteu* (**V.** l'exposé, p. 236).

Empoignez (cuirs) ; s. m. Dans le livre des *Chartes*, t. II, p. 274; cuirs d'empeignes ou indigènes.

Enseigner ; v. a. Vieux terme du livre des *Chartes*, t. II, p. 240, n° 17. Il était défendu d'acheter des peaux *enseignées*, c'est-à-dire portant déjà la marque d'un autre tanneur.

Estamper (les cuirs); v. a. Les marquer aux initiales du propriétaire; *estampe*, marque. Vieux mots dans le livre des *Chartes*, t. II, p. 274.

Etesseux ; s. m. Ouvriers employés au moulin pour tenir les sacs ouverts tandis qu'on les remplit d'écorces et pour *tasser* celles-ci ; on les appelle aussi *téteux*.

Etráner ; v. a. Enduire d'huile. Rac. *trône*, huile (**V.** l'exposé, p. 242).

Ewaler ; v. a. (*égaliser ?*). Rentrer dans les greniers les bottes d'écorces et les arranger de façon à en mettre le plus possible. *Ewaleu*, ouvrier chargé de ce soin.

Fa ; s. m. Fagot ou botte d'écorces (**V.** l'exposé, p. 234). Dans les documents on trouve *xhorches à faix*.

Façonnaire ; s. m. Autrefois les gros tanneurs remettaient souvent les travaux préparatoires des cuirs à un ouvrier étranger qui se payait à la pièce, *à façon*, et s'appelait *façonnaire*.

Faflotte et *gadrôie* ; s. f. Termes familiers usités pour désigner une peau de mauvaise qualité, peu propre à faire de bon cuir. *Faflottes* signifie aussi les grumeaux qui se trouvent quelquefois dans la bierre.

Flatte ; s. f. Poussière (**V.** *Bouter*).

Flin ; s. m. En français *queurse*; instrument ordinairement en pierre, avec lequel on frotte le cuir d'empeigne quand il est tanné ; il y en a quatre espèces (V. l'exposé, p. 243).

Fleur ; s. f. « Aucun compagnon ne peut se défaire de ses escorces moulues, ni de tan qui est en la fleur. » Règlement de 1773, n° 17. En français on appelle la *fleur* le côté du cuir où a été le poil ; cela explique-t-il le passage cité du Règlement ?

Foillart ; s. m. Vieux terme dans le livre des *Chartes* , t. II , p. 222 , où on lit que les compagnons ne peuvent tanner du cuir pour les *revendeurs, foillards, recoupeurs.* Les foillards sont des marchands qui ne vendent que par feuille ou peau.

Foler jus ; v. a. Tasser (litt. *fouler bas*) les cuirs couchés dans la fosse en frappant des pieds comme font les *botresses* quand elles *tripelet dè moirtî* pour faire des *hochets.* Ce travail particulier aux cuirs mis en quatrième écorce, se faisait toujours la nuit au grand désagrément des voisins. Les ouvriers chargés de cette besogne mettaient, à cet effet, des souliers avec triples ou quadruples semelles.

Gadrôie ; s. f. Peau déchirée , avariée ou de mauvaise qualité. *I n'oveure que des gadrôies,* il ne travaille que des peaux de rebut. On dit aussi d'une femme malpropre et négligente dans son ménage : *c'est ine gadrôie* (V. *Faflotte*).

Giste ; s. m. Vieux terme dans le livre des *Chartes*, t. II, p. 257. Séjour ? Le temps que les cuirs doivent rester dans les fosses ?

Hâiener ; v. a. Vieux mot dans un document de l'an 1512. Amener et étaler les cuirs ; aujourd'hui on dit *hâgnî.*

Harhée ; s. f. Vieux terme dans le livre des *Chartes*, t. II, p. 267, n° 3. Fagot lié avec *ine hare* (un hart) ou *loieure.* Aujourd'hui les Liégeois disent *on fa* (V. l'exposé, p. 234).

Hârner ; v. a. Écharner (V. l'exposé, p. 238. *Scarner* dans le livre des *Chartes*, t. II, p. 243, n° 36. Enlever les chairs de la peau ; les wallons disent *del' châr* et probablement d'abord aussi *chârner* ;

mais l'aspiration qui domine dans le wallon a remplacé le *ch* (**V.** *Horon*). La forme *scarner* (*scharner*) devrait donner *xharner*.

Hârneu; s. m. Ouvrier qui écharne et instrument avec lequel on écharne (V. l'exposé, pp. 236 et 238).

Haver; v. a. Racler ; *haver al lunette* (V. l'exposé, p. 243). La racine thioise *schaven* demanderait *xhaver*.

Havetai ; s. m. Gaffe qui sert à retirer les peaux des cuves (V. l'exposé, p. 240). Rac. thiois *heffen*, lever ? Les· bateliers se servent du même instrument, mais l'appellent *on hé*.

Haveu; s. m. Ouvrier qui *have*.

Hawe ; s. f. Houe dont on se sert pour remuer les écorces (V. l'exposé, p. 234).

Hoices; s. f. Ecorces , de *hoirsi* , écorcher , peler. En teutonique écorce se dit *schors* , scheurs , et dans les dialectes *schots*. Dans la vielle langue, on écrivait *xhoises*, *xhourches*, *eschorches*, etc. (Voyez l'exposé, p. 234, et le chapitre des écorces).

Hoies di hoices ; s. f. Dans quelques endroits, à Stavelot, par exemple , on fait des espèces de gâteaux (hochets plats) avec la tannée devenue inutile, et on s'en sert pour faire du feu ; ces gâteaux s'appellent des houilles d'écorces.

Horon; s. m. Grosse pièce de bois; bords inégaux d'un arbre qu'on scie en planches, d'où j'ai entendu dériver *hârner*, tracer sur un tronc d'arbre les lignes droites qui indiquent les planches à scier (V. l'exposé. p. 240).

Hossaulx et *housaux*; s. m. Vieux termes dans le livre des *Chartes*, t. II, pp. 227 et 257. Le premier est mal écrit *gossaux;* guêtres ; en teutonique *hosen* ou *hozen* signifie haut de chausses. Aujourd'hui on dit *housses* (V. ce mot).

Hostel ; s. m. Vieux terme dans le livre des *Chartes*, t. II, pp. 242, n° 36, et 243, n° 35. Établissement, demeure. *Maistre ou chief d'hostel* , maître tanneur possédant une tannerie et une boutique.

Hour ; s. m. Dos (d'un couteau, d'un cuir , etc). *Côper so hour ,* couper un cuir en deux de la tête à la queue. *Hour* se dit aussi de la fosse carrée dans laquelle se mettent les scieurs de long.

Housses; s. f. Espèce de bottes en cuir que mettent les tanneurs pour faire les travaux de lavage (V. l'exposé, p. 237).

Hoveter ; v. a. Nettoyer ou enlever en frottant ; fréquentatif du mot *hover*, balayer (V. l'exposé, p. 241).

Hozettes; s. f. Espèce de guêtres en cuir ou en toile écrue en usage chez les tanneurs pour les travaux de rivière (V. l'exposé , p. 237).

Huyans; part. prés. Ce mot se trouve ainsi écrit à la page 221 du livre des *Chartes*. Voici ce texte : *sieront demorans residenment et (doient) être hantans et huyans ou minens notre dit mestier*, etc. Dans l'original, au lieu de *hantans et huyans*, on lit *vechans et levans* ; dans une autre copie *keichans* (Ces variantes prouvent l'embarras des copistes. *Huyans* doit être possédant, comme *huetaige*, dans le même statut, signifie possession (al. *heritaige*).

Jusvie; s. f. Jusée ou eau d'écorces, dont on remplit les *coûvlâs* (V. l'exposé, p. 239).

Kibouyi; v. a. Cahoter, remuer violemment en tirant de côté et d'autre ; *on chapai k'bouyi*, un chapeau plein de bosses (V. l'exposé, p. 242).

Labourer; v. a. et n. Vieux terme dans le livre des *Chartes*, t. II, pp. 237, 253. Travailler, mettre en œuvre (*laborare*).

Loyen; s. m. ou *loycure*; s. f. Lien. *Ine loycure* se dit d'une façon absolue, *loyen* a besoin d'un régime : *on loyen d'anke*. Ces mots ne sont pas particuliers au métier des tanneurs (V. l'exposé, pp. 234 et 237).

Lunette ; s. f. Outil dont on trouve la description dans l'exposé, p. 243 ; il emprunte son nom (petite lune) à sa forme.

Machinne; s. f. Cuve en fer, où l'on fait bouillir l'eau et qui porte un nom générique à défaut d'autre (V. l'exposé, p. 242).

Marapou ; s. m. Manœuvre. On dit d'un ouvrier inintelligent : *ci n'est qu'on marapou* (V. l'exposé, p. 236).

Margarite ; s. f. Instrument décrit dans l'exposé, p. 367. On appelle aussi en wallon *ine mâle Magrite* une femme méchante et querelleuse. A-t-on donné ce nom propre à l'outil des tanneurs parce qu'il est armé d'espèces de griffes ?

Marque ; s. f. Marteau portant les initiales du maître tanneur, et avec lequel on *marque* les peaux avant de les soumettre à aucune opération. Cette marque ne disparait pas par le tannage (V. l'exposé, p. 237). On lit dans les vieux documents *bouhier le mailheit*.

Maxhe ; s. f. En français *boutoir*; perche avec laquelle on remue le *couvlâ* (V. l'exposé, p. 240).

Mesureu ; s. m. Le *mesureu* est celui qui est chargé de déterminer la quantité d'écorces qui entre dans une oûne. Il doit prêter serment entre les mains du greffier.

Mette ; v. a. Mettre; *mette dissaiwer*, mettre les cuirs dans l'eau pour tremper (V. l'exposé, p. 237). *Mette ès couvlâ*, ou *tide li cûr*, mettre le cuir dans le coudrement pour qu'il se teigne en brun (V. l'exposé, p. 240). *Mette âs pîces*, mettre aux perches, au vent, pour sécher (V. l'exposé, p. 241). *Mette ès deuzème ôle*, mot à mot mettre en deuxième huile, non pas qu'on trempe le cuir dans le liquide, on l'enduit d'une seconde couche d'huile ; c'est comme on dit *mettre en couleur* (V. l'exposé, p. 242).

Miner à l'aiwe ; v. a. Mener des cuirs à l'eau, expression synonyme, chez les tanneurs, de *mette dissaiwer* (V. l'exposé, p. 237).

Moîe ; s. f. Epiderme. A-t-on voulu exprimer l'espèce de tissu en forme de *mailles* que représente la peau ? (V. l'exposé, p. 237.)

Monteu ; s. m. Ouvrier qui achève la préparation du cuir quand il est tanné ; il le monte comme on monte un meuble, une machine (V. l'exposé, p. 236).

Morcie ; s. f. Peau d'un animal mort de maladie. Ce mot paraît avoir signifié d'abord mort naturelle : *beste morte de la mourie* (Livre des *Chartes*, p. 236, n° 29). Personne ne peut *mettre la main à beste morte, c'est à savoir mourye* (Ibid. p. 241, n° 19). Autrefois l était défendu d'employer cette peau (V. l'exposé, p. 234).

Môrtné ; s. m. Peau d'un veau mort-né, quand elle est fraîche et aussi quand elle est préparée (V. l'exposé, p. 233).

Mounéie ; s. f. Meunée (*moulnée*), quantité de farine ou d'écorces que l'on fait moudre en une fois. Pour les tanneurs cette quantité était fixe et devait peser 6,000 livres, ou 52 oulnes. On ne pouvait autrefois faire moudre plus de douze meunées par an.

Moulant : adj. Terme du régl. de 1773, n° 39 ; *les seuls compagnons et réputés moulants,* ou inscrits au régistre courant des oulnes du rentier ; ceux qui moulaient, ou se servaient du moulin à tan.

Moure ; v. a. Vieux terme, signifie moudre.

Moutrî ou *moudrî ;* v. a. Meurtrir, commettre un meurtre, assassiner. En tannerie *mette moutrî,* signifie faire fermenter une peau jusqu'à ce que le poil se détache (V. l'exposé, p. 238).

Moutriheu ; s. m. Cave chaude dans laquelle on pend les peaux pour en faire tomber le poil (V. l'exposé, p. 238).

Nessalle ; s. f. Dans un document de 1629 (Livre des *Chartes,* p. 265) ; nacelle.

Ole ; s. f. Huile ; *ôle di trâne,* huile d'huile de balcine, espèce de pléonasme (V. l'exposé, p. 242).

Oulne ; s. f. Cuve cylindrique en bois, cerclée de fer, dans laquelle on mesure les écorces. Elle peut en contenir soixante kilogrammes (V. l'exposé, p. 234). Ce mot signifie aussi le tour ou rang que doit tenir chaque tanneur pour faire moudre ses écorces (V. l'exposé, p. 235). Primitivement, il semble avoir signifié la quantité d'écorces contenue dans une *séchée* (Livre aux *Chartes,* pp. 240, n° 8, 276, 277).

Ouhine ; s. f. Vieux terme dans un document de 1493 ; une copie porte *ouvroise ;* atelier d'un cordonnier ou d'un tanneur. On dit encore aujourd'hui *l'ouhenne di mon on té* (de la maison, *mohonne, mohon ,* d'un tel).

Ouves (divins), à l'intérieur, dans la maison (V. l'exposé, p. 238).

Ouvrer de la main ; v. n. Vieux terme ; tanneur *ouvrant de la main* (Livre des *Chartes*, p. 234), travaillant comme tanneur, gagnant sa vie au métier. *Ouvrer en la couve* (Livre des *Chartes*, p. 242, n° 36).

Ovrer ; v. a. et n. Travailler ; *ovrer ès blanc* (V. l'exposé, p. 238). *Ovrer des brusilianes*.

Paî ; s. f. Peau de veau ou de mouton ; la peau d'autres petits animaux qu'on ne tue pas à la boucherie, s'appelle aussi *paî* : *ine paî d'chet*, une peau de chat, que certaines bourgeoises de Liége font passer à l'alun et s'appliquent dans le dos pour se guérir de la névralgie (V. l'exposé, p. 233). *Pealx*, dans la charte de 1331.

Pasieppe ; s. f. Dans le livre des *Chartes*, p. 265. Ce doit être un petit bateau pour passer l'eau.

Passer ès blanc ; v. a. Préparer avec le poil (Voyez *Blanc*). *Faire passer* ou *passer à vendaige* ; v. a. Vieux terme dans le livre des *Chartes*, p. 240, n° 12, et dans un document de 1433 ; cela signifiait faire passer le cuir sous les yeux des rewards pour que ceux-ci y appliquassent la marque sans laquelle il ne pouvait être mis en vente.

Peigne ou *flin d'acîr* ; s. m. Outil en acier à rainures pour strier le cuir (V. l'exposé, p. 243).

Pèler ; v. a. Oter les poils. (Voyez *Chá*). On trouve ce mot dans un document de 1493 (livre des *Chartes*, p. 242, n° 36).

Pèleu ; s. m. Ouvrier qui enlève les poils (V. l'exposé, p. 236).

Pîces ; s. f. Littéralement, perches ; s'emploie chez les tanneurs dans l'expression *mette âs pices*, pendre en plein air ou dans un grenier sur des *perches*.

Picette ; s. f. Tenailles, pince à boucle avec laquelle le *haveu al lunette* peut fixer au *ripareu* le cuir qu'il travaille (V. l'exposé, p. 243).

Pîrer ; v. a. Empierrer : *on piraie li couve*, on couvre la fosse de pierres (V. le mot *Coveteure*).

Planche havresse ; s. f. Grosse planche de bois, plate, appuyée d'un côté sur deux pattes, ce qui en fait une espèce de chevalet ; on s'en sert pour *haver* le cuir et pour le *ravaller* (V. l'exposé, pp. 239 et 243).

Ploumi ; v. n. S'échauffer , fermenter ; *ine plume*, une plume ; perdre ses plumes ou ses poils, se plumer (V. l'exposé, p. 239).

Ponton ; s. m. Dans le livre des *Chartes*, p. 237, n° 37 ; bateau dans lequel on amène les écorces ; aujourd'hui toute espèce de bateau qui a un pont.

Prindre jus ; v. a. Vieux terme dans le livre des *Chartes*, p. 237, n° 32, ôter. *Prindre la peal jus de la beste*, écorcher un animal.

Pureche ; s. f. Le liquide contenu dans le bassement (V. *Rilanci*.)

Purresse ; adj. rac. *purer* , passer ; *on pureu*, une passoire pour laisser égoutter le café, etc. (V. l'exposé, p. 241). Comparez le mot français *purée*.

Racler ; v. a. La mesure d'écorces moulues étant remplie, passer un bois dessus au niveau des bords, afin qu'il n'y ait ni trop ni trop peu (Règlement de 1773).

Radresse ; s. f. Poignée de vieux tan que l'on place entre deux couches d'écorces neuves pour garder un niveau égal dans la fosse où on étend les cuirs ; de *radressi*, redresser (V. l'exposé, p. 241).

Rate ; s. f. V. le chapitre III, n° 1.

Ravaller ; v. a. Donner au cuir une même épaisseur dans toutes ses parties ; mot à mot *pousser de côté en frottant* ce qui est de trop (V. l'exposé , p. 239). *Ravaller* se trouve aussi dans le livre des *Chartes*, p. 240, n° 8, comme verbe neutre, dans le sens de descendre ou reculer en rang pour moudre.

Ravalleu ; s. m. Ouvrier qui ravalle ou fait l'opération du plamage (V. l'exposé, p. 236).

Recoupeur ; s. m., et *recopresse* ; s. f. Vieux termes (V. le chap. IV, n° 4). On disait aussi dans le même sens *mossineresse*.

Rejetter ; v. a. Vieux terme, *se défaire de*. Selon les anciens statuts, quand un marchand tanneur mourait , sa veuve avait un an pour écouler les marchandises qui lui restaient : *pour rejetter ses denrées de tannerie* (Doc. de 1418, livre aux *Chartes*, p. 221).

Relancher; v. a. Vieux terme dans le livre des *Charles*, p. 243
n° 36 (Voyez *Rilanci*).

Retailher; v. a. Vieux terme dans le livre des *Charles*, p. 243,
n° 36, où il est dit que les gens qui ne sont pas du métier ne peuvent *retailher cuirs*; détailler? vendre? Dans le Réglement de 1773,
n° 53, ce mot est écrit *relacher*. *Cuir mal tannez à tailher* (Doc. de
1331; livre aux *Charles*, p. 217), cuir trop mal tanné pour être
vendu.

Rewarder; v. a. Vieux terme : examiner, vérifier (Voyez le chapitre des rewards).

Ribouter; v. a. *Bouter* une seconde fois, recommencer l'opération (V. l'exposé, p. 239). *Ribouter* veut aussi dire rejetter les
peaux dans le *couvlâ* (V. l'exposé, p. 240).

Riboutcu; s. m. Ouvrier qui *riboute* (V. l'exposé, p. 236).

Richôkeu; s. m. Perche avec laquelle on rejette les cuirs au fond
du *couvlâ*; de *chouki*, pousser; les tanneurs l'appellent aussi *bois
po r'bouter* (V. l'exposé, p. 240).

Ricoirner; v. n. Se dit d'un cuir durci, *tourné à corne*, par
suite d'un mauvais tannage. Lorsque le cuir n'est pas tanné d'outre
en outre, que le tannin n'a pas pénétré au cœur, on dit qu'il y a
n'saquoi inte cûr et chair, entre la fleur et la chair.

Ricouki; v. a. Recoucher; *couki*, coucher. Ce mot garde son acception ordinaire dans le métier des tanneurs : *ricouki ès deuzeme*,
recoucher, étendre (les cuirs) dans une seconde fosse ou dans une
seconde écorce. Les tanneurs emploient aussi le mot *rimette* pour
la même opération et dans le même sens (V. l'exposé, p. 241).

Rilanci; v. a. littéral. *relancer*. Cependant, ce qu'en terme de
tannerie à Liége on entend par *rilanci* est tout à fait le contraire :
c'est retirer les peaux de la cuve au moyen du *havetai* (V. l'exposé,
p. 240). Ce mot était déjà en usage chez les tanneurs liégeois du XVᵉ
siècle sous la forme *relancher*. *Rilanci fou purèche*; ôter les peaux
des bassements, les laisser égoutter et puis les y rejetter.

Rimette; v. a. Remettre (Voyez *Ricouki*). Dans le Réglement de
1773, n° 27, on lit *remettre en première ou deuxième écorce*.

Rimetteu ; s. m. Ouvrier qui remet ou recouche les cuirs dans les fosses (V. l'exposé, p. 236).

Rinârder ; v. n. On dit qu'une cuve *rinâde* lorsque en temps de pluie, l'eau qui se trouvait sous les peaux vient à la surface. Cette expression vient sans doute du mot *renard*, animal qui a l'habitude de vomir souvent.

Riparer ; v. a. Passer du côté de la fleur, nettoyer complètement ; c'est la dernière opération préliminaire que subit la peau avant d'être tannée (V. l'exposé, p. 239).

Ripareu ; s. m. Ouvrier qui fait le travail ci-dessus (V. l'exposé, p. 236). Ce mot signifie aussi en terme de tannerie un instrument formé de deux lattes de bois dans lesquelles on passe un cuir pour le *haver al lunette* (V. l'exposé, p. 243).

Ristrichi ; v. a. Presser la peau avec un outil pour en ôter les plis et en faire sortir l'eau (V. l'exposé, p. 242). Ce mot signifie aussi repasser le linge avec un fer chaud, en thiois *strijken*.

Ritaper ; v. a. Rejetter les cuirs dans le *couvlâ* ; *taper*, frapper, jeter. Cette opération suit immédiatement celle que l'on trouve au mot *rilanci* (V. l'exposé, p. 240).

Ritrimper ; v. a. De *trimper*, tremper, plonger les cuirs dans l'eau tiède (V. l'exposé, p. 242).

Rudalle ; s. f. Outil décrit à la page 242 de l'exposé. En français *pommelle* ou *paumelle*.

Saichée ; s. f. Vieux terme dans le livre des *Chartes*, p. 237, n° 40 et 41 ; on dit encore à Liége *une sachée* pour exprimer une quantité qui pourrait être contenue dans un petit sac. Dans le Réglement de 1561, on indique par là la quantité d'écorces contenue dans une oulne ; les tanneurs ne pouvaient emprunter plus de quatre saichées à la fois. Les wallons disent *secheie*.

Saîllé ; part. passif ; se dit de celui qui, tel jour, a reçu du rentier la permission de moudre ; *vos estez saillé*. On dit aussi *saîllez* pour *sceller*, vérifier les poids, les mesures (Voyez p. 235).

Saiwé ; part. Vieux terme dans le livre des *Chartes*, p. 236, n° 30. Il était défendu *d'acheter peau ou cuir saiwez* ou *soirs,* dans un document de 1510, *ou qui ayt été mis en eawe ou en chaulx, sauve en festes et foires marchandes;* cuirs déjà mis en œuvre et qu'il était défendu de vendre (Voyez le mot *Craixhe*). Ou plutôt il signifie des cuirs séchés après avoir été mis dans l'eau (V. sous le mot *Dissaiwer*). Il était permis de vendre des peaux que l'on avait commencé à travailler, les jours de foire parce qu'alors elles venaient de l'étranger.

Salés ; part. des *cûrs salés* ou des *salés,* peaux préservées de la corruption au moyen du sel (V. l'exposé, p. 233).

Scarner ; v. a. Vieux terme dans le livre des *Chartes* , p. 243, n° 36 ; échamer ; ce mot s'est transformé dans le wallon moderne en *hârner* (V. sous celui-ci).

Sèchenne ; s. f. Peau séchée pour la conserver un certain temps de la pourriture (V. l'exposé, p. 233). *Sechi,* sécher et tirer.

Serrer ; v. a. Vieux terme dans le livre des *Chartes* , p. 241, n° 26 , presser , vouloir obliger quelqu'un à faire quelque chose. *Faire serre* paraît employé dans le même sens dans un document de 1516.

Seur ; s. m. Eau dans laquelle ont été détrempées des *sèchennes.* On lui a donné le nom de *seur* , sûr , aigre, à cause de son odeur tellement violente qu'il est impossible de la supporter. Lorsqu'un tanneur laisse couler *on seur* devant sa maison, tous les objets en cuivre de ses places, les lambris, les chandeliers, etc., se couvrent de vert de gris (Voir l'exposé, p. 237).

Sierveu à l' couve ; s. m. Ouvrier qui apporte les écorces au bord des fosses (V. l'exposé, p. 236).

Sîzer ; v. n. Travailler dans la soirée, à la lumière , ce qui était autrefois défendu ; *li sîze,* la soirée.

Soirs ; part. Vieux terme dans un document de 1516. Les cordonniers peuvent acheter partout *cuirs soirs et tanneis* pour les mettre en œuvre (Voyez *Saiwés*).

Souenne ; s. f. (de *souer,* sécher), endroit où l'on pend les cuirs pour sécher.

Spâmer; v. a. Laver, rincer (V. l'exposé, p. 237). On trouve ce mot dans un document de 1493 (Livre des *Chartes*, p. 243, n° 36). *Aller sipâmer li boulêie*, aller à la rivière rinser les peaux que l'on veut mettre en œuvre. *Spâmer* ou *rispâmer*, égayer ou aigayer le linge.

Spandoux; s. m. Vieux terme dans le Réglement de 1773, n° 38. *Cuirs sortants des coupés ou en termes de l'art spandoux*; aujourd'hui on dit *côpé* (V. l'exposé, p. 240).

Stâ ; s. m. Vieux terme dans le des *Chartes*, p. 241, n° 28, qui signifie établi , comptoir ; on trouve aussi *stau , stauble* et même *spiez*. *Faire stable* (Livre des *Chartes*, p. 227), faire étalage ; *tenir staple* (Document de 1516), tenir boutique. Cprz. le thiois *stapel* , *stapelplaets*, etc.

Stivauz ; s. m. Vieux terme dans le livre des *Chartes*, p. 227, bottes ; teutonique, *stievel*.

Stochet ; s. m. Poignée d'étoffe de laine avec laquelle on enduit le cuir de graisse ; signifie aussi chaussettes, ou seconde chaussure en laine que les gens de la campagne portent au dessus des bas pour préserver ceux-ci (V. l'exposé, p. 242).

Taper ; v. a. Frapper, jeler ; s'emploie en tannerie dans l'expression *taper les hoices foû poussîre* ; retourner pour la première fois des écorces moulues, sur lesquelles on a versé de l'eau, afin qu'elles s'impregnent convenablement et uniformément.

Tarlye ; s. f. Vieux terme dans un document de 1434 et dans le livre des *Chartes*, p. 240, n° 8. C'était une certaine quantité d'écorces; mais on ne sait laquelle ; peut-être celle que pouvait contenir un four à sécher, appelé *terreille* (touraille). Aujourd'hui on sèche une meunée à la fois, c'est-à-dire 3,000 kilogrammes d'écorces.

Terreler ; v. a. Faire sécher les écorces sur les tourailles (V. l'exposé p. 234).

Tenneu ; s. m. Tanneur ; il y en a deux espèces à Liége (V. l'exposé, pp. 233 et 235). Frisch dérive le mot *tan* de l'allemand *tanne*, sapin, parce qu'autrefois on préparait les peaux avec l'écorce de cet arbre. Dieffenbach au contraire du celtique *tann*, chêne, arbre dont l'écorce sert communément à tanner le cuir.

Termine ; s. f. Vieux terme dans le recueil des *Edits et ordonnances*, p. 716, n° 41, et dans le livre des *Chartes*, p. 281. Voyez le mot *Cheiue*. Ce mot signifiait aussi le jour d'échéance du loyer d'une maison.

Terreille ; s. f. Touraille, four sur lequel on fait sécher les écorces avant de les moudre (V. l'exposé, p. 234). Dans les brasseries on sèche aussi le grain sur de grandes ardoises percées de trous qui s'appellent des *hailles di terreie*.

Teteux ; s. m. Ouvriers qui tiennent les sacs ouverts quand on y jette les creppets; il sont deux : on dit aussi *etesseux* (entasseurs).

Tîde ; v. a. Teindre , donner au cuir une couleur fauve (V. l'exposé, p. 240) ; on dit aussi *mette ès couvlà*.

Tixhe et taxhe; locution adverbiale. Au hasard, à l'œil ; cette expression ne s'emploie qu'avec le verbe acheter ; on achète surtout des animaux de boucherie de cette façon, au lieu de les prendre au poids ; l'acquéreur peut gagner ou perdre : on dit aussi *acheter à l' main*, chez les tanneurs pour exprimer la même chose ; l'expression *pîd foû pîd d'vin* se rapproche de ce sens (pied dehors, pied dedans , c'est-à-dire un peu plus, un peu moins) ; *taxhe* veut dire une de ces anciennes poches que les femmes liaient à leur ceinture (allemand et thiois *tasche*). Au pied de l'ancien pont des Arches existe une maison enseignée ou renseignée *alle taxhe* et la véritable poche ancienne s'y voit taillée dans la pierre. Il serait difficile de trouver là l'étymologie ou l'origine de l'expression *acheter tixhe et taxhe*, même en ajoutant que les enfants appellent *tixhe et taxhe* un jeu de hasard qui consiste à faire deviner le nombre de pieces d'argent que l'on tient dans la main. Les Limbourgeois disent *uit de vuist Kopen.* Je crois qu'il faudrait écrire *tixhe ès taxhe* ; cprz. *un chat dans un sac*. Aujourd'hui l'habitude d'acheter à la main se perd ; presque tous les tanneurs achètent au poids.

Tozai; s. m. Peau d'un mouton qui a été tondu et dont la laine n'est pas repoussée.

Trinay; s. m. Terme aujourd'hui perdu : on appelait autrefois *serviteurs du trinay*, les mesureurs d'écorces (Voyez le chap. I, n° 8).

Trâne; s. f. Littéral. huile de baleine; du flamand *traen*, dialecte *troon*, huile de poisson ; eau, liquide en général dans la vieille langue.

Trulay; s. m. Bourse en filet dont se servent aussi les pêcheurs (V. l'exposé, p. 240). Les enfants appellent *faire ine truléie*, se renverser les uns les autres, jusqu'à ce qu'ils ne fassent plus qu'un tas, tout comme les poissons dans le trulay.

APPENDICES.

DOCUMENTS INÉDITS.

I

RENDAGE DU MOULIN AUX ÉCORCES.

4 MAI 1288.

A tous ceaux qui ces presentes lettres veront et oront, nous,
Gilles de Kemexhe, doyens delle englies sains Poul en Liege ,
Lowys Surles et Henrys Polarde , esquevins de Liege, foement
delle testament Johan dit de Dachues, filx jadit monsigneur
Rabul de Curtius, citain de Liege, salut, cognissance de veriteit.
Nous faisons a savoir a cascun et a tous, que nous, pour le profit
et lutiliteit de Ysabeal, Magui, Marci et Katerine , filhes le
devant dit Johan, des quelles nous sommes mambours, par consel
de deliberation meure eut entre nous, avons donneit a trecens
hiretablement au mestier des tanneurs de Liege , et a toutes les
personnes et a cascune delles doudit mestier et de leur compagnie,
qui or en droit sont, et qui a venir sont, le molin con appelle de
Pillechocle , qui siet a Londos et tout ce qui a dit molin appartient, en vennes, en ilhes et en toutes aultres chouses, pour douze
deniers liegeois, que ledit molin doit de treffons ; et outre ce
pour syes muys de monture de payement et pour quatorze muys
de spelte à la mesure et de marchiet de Liege, a doiz deniers pres

delle milheure, de chens par an, et pour syes deniers liegeois de
requisition doit a aultre, sauf le droit delle seme et delle folerie,
liqueis est donneit a aultres gens a trescens, lequel cens deseurdit,
les devant dis tanneurs ou cis a qui ce cens deduis seront de
parte eaus mis pour ce faire, doyent payer aux devant dittes
sereurs et a leurs oirs, perpetuelement, cascun an, le blef et le
moulture alle sains Andrier, a leurs costes, dedens Liege, sour
leurs greniers, et les douze deniers liegeois à Noiel apres ensiwant. Liquel molin lesdits tanneurs doient entretenir en ediffice
et en toute office qui appartienent a li et dont il doit estre aidies,
tout en teil estail et en teil point qu'il est ajourd'huy, et a doiz
tours et avecque ce, il doie mettre en tour (¹) ledit molin pour
amendeir queil heure qu'ils voront, trente mars liegeois, en teil
monoie qui ajourd'huy court, c'est a scavoir en gros tournois le
Roy, le gros tournois conteit pour owyt deniers liegeois ; lesqueils
trente mars devandis, lesdits tanneurs puellent mettre en tour
ledit molin, en tour les lilles (²) del dit molin et de ses appendices, ou bon et meilheure leur semblera, soit en maison faire
sour lileal, soit en vennes ou en queilconque aultre chouse quils
volront ; par teil condicion, que, sil avient que les devant dis
tanneurs rendent sus ledit molin, ou que par default de payement
del cens il en soient ostées delle possession et del tenure doudit
molin et des appendices, si par demenier (³) et forjugier ledit
hiretaige, il, ledit molin, doient livreir en ledifice de li, altretant
vailhant comme il est ajourdhuy ; et pour plus a certifier delle
valeur de celui meme molin, li edifyemens de li est estimeis
ajourd'huy par consens et le volenteit de nous, d'une parte, et de
devant dits tanneurs, d'aultre, a sisante et sept mars de liegeois,
une gros tournoys le Roy conteit pour owyt deniers liegeois,
et avecque ce, ils renderoient et payeroient aux devant dittes
sereurs ou a leurs oirs qui ledit molin tenroient, les trente
mars dessus dits, lesqueils, comme chi devant est dit, ils doient

(¹) Autour, au.
(²) Iles.
(³) Saisir.

mettre a dit molin amendier, sensi dont n'astoit quil les euississent
mis, si comme poroit veioir et considereir apparenment par en
vertu de proidomes qui ad ce se cognoisseroient, a la montant de
ce que ledit molin est estimé ajourd'huy ; car, oultre ledit esti-
mance, ils doient ledit molin et les appendances de li, amendeir
des devant dits trente mars, en teil manire comme chy devant est
deviseit ; le devant dit molin et les appendances de li, nous
avons donneit aux devant dit tanneurs, et don et vesture en ont
pris pour tous les compagnons doudit mestier des tanneurs,
Wilheame de Meffe et Lambert de Niswans, par teil condicion
que, cils ou il desqueis les dits tanneurs tenront ledit molin et les
appendances de li, doient warandir et wardeir les devant dits
tanneurs encoutre tous hommes qui force les en feront , soit
dabattre, dardoir (¹), de brissier, de defendre ou dautre force
quele quil fuist con les feroit al ocquison et al instance de ces (²)
desqueis ils tenroient le molin sovent dit, ou de leur linaiges, et
aussi delle duck de Lembourg, qui quionques le sierat pour le
temps ; li queis sil avenoit quil, par li ou par ses justiches ou par
son commandement, abattoit, briesoit ou destruisoit ledit molin,
pour aulcune droiture quil poroit ou voroit ens elle dit lieu par
avowerie ou par aultre singnorie, cil ou chils des queis lesdits
tanneurs tenroient a temps de dont celi molin, sieroient tenus
refaire ledit molin en teil estail et a teil valeur quil sieroit le jour
que abattu, briesiés ou destruit sieroit, et tantoist et dedens
lutaine apres ce, faire commenchier a ovreir, et sains delayer par
souivret (³) l'oevre, sens malengien et sans fraude, et se ce ne
faisoient et ne comenchoient dedens le ut jours devant dis a faire
ledit ovraige, ou quand ils aroient comenche a ovreir, ils ces-
sassent dovreir, lesdits tanneurs poroient sils voloient leur dit
molin faire refaire, et cilx de ouy ils tenroient ledit molin,
sieroient tenus et sont tenus de rendre a eaux tantoist le cost
quils y aroient mis al avenant delle valeur que li molin valoit a

(¹) Brûler, d'où arsin.
(²) Ceux.
(³) Sans délai poursuivre.

jour quil fut abatu, briesés ou destruit, et sorlonc ce quils y
aroient mis a refaire , par eriwart et lestimance dovriers cherpen-
tiers qui ad ce soy cognoisseroient, et se cilx de cuy lesdits tanneurs tenroient ledit molin, ne payeroient le cost mis adit molin
refaire, tantost quant estimeis sieroit, lesdits tanneurs ne payeroient le cens quil doient de li jusques a tant que on les aroit
paiez le coust que mis aroient a dit molin refaire et destrendre,
on ne les polroit se payer devant dont ne par demeneir , ne en
aultre maniere et soin pour ce demenroit tot ledit hirtaige, les
demenneurs nairot ne force ne viertu, ne ni eskeroit paine (¹).
Nous promettons aussi aux devant dits tanneurs, que les sereurs
desseur escriptes, tantost que elles et cascune delles seront venu-
wes a leur droit eaige, sourlonc le loy de Liege, si quelles soy
polissent desireteir et a cuy ahireteir, et aussi si avant que droit
de sainte engliese requiert, ferons greer le marchiet et les convenances doudit molin et des appendances, et ferons et teiles nous
les arons, quant cascune delles sera venue a eage, alle somonse de
ceaux qui sieront mis et deputeis par lesdis tanneurs ; sera doudit
molin, az devant dits tanneurs, ou a aulcun ceaux mis de part
eaux pour ce faire, don et vesture, pour le cens et requisitions
dessus escripts, et tantost sens delayer , et se ce ne faisiens faire,
ou qui qui ce sieroit des dittes sereurs , encontre ce que desseur
est dit venist ou volsist venir, nous avons faite et faisons notre
debt envers les devant dits tanneurs , en nom de paine (²), de
sisante mars de liegeois, de teil monoie que deseur est devisée des
aultres sommes de deniers, lesquels sisante mars ils, en nom de
paine , aroient atains et wangnies, a (³) nous a payer tantost a
leur somonse ou alle somonse de ceux qui de part eaux seroient
pour ce establis sens delayer, toutes exceptions de droit et de fait
et ocquisous fors mise, az queles des maintenant nous renonchons

(¹) Cette phrase est obscure et doit avoir été mal transcrite.
(²) Comme amende.
(³) Par, ou bien il faut mettre la virgule après *nous* et construire,
wangniés à nous, gagné à nous, sur nous, c'est-à-dire que nous leur
devrions.

expressement par cet escript, a tout ce aussy que nous pouriens objeter et proposer encontre leditte paine et le solition de li. Pour ces convenances desseurdittes tenir et a emplir en touttes leurs clauses desseur escriptes, avons nous mis pleges (¹) et rendeurs pour nous envers les devant dits tanneurs, et cascun deaux pour le tout, a scavoir est : Johan de Berghes, Radut Surlet, Gielon Polarde, Collon filz seingneur Machon, Pieron filz a nous Lowy Surlet devant dit, et Rausin filz a nous Henry Polarde devant nommeis; et aussi les devant dis tanneurs ont mis envers nous pour les devant dittes sercurs et a ce donnez pour le convenance que promise ont, ensi comme il est contenut desseur, pleges et rendeurs et cascun deaux pour le tout, a savoir est : Bauduin de Sumaingne, Wilheame de Meffe, Lambert de Niswans, Lambechon Archillhon, Henry Flaieal, Ernou de Hodeige, Gillon de Falhi, Baulduinet Oneal, Renir de Su-maingne, Collon de Lilees, Johan son frere, Godien de sour le pont, Hanus le Jonnot et Arbetoie le Siecle; par teil condicion que, se il avient que nous, li devant dits foement, venons ou allons encontre ce que promis avous ensi que escript est deseur, en tot ou en partie, li devant dits pleiges et rendeurs mis de part nous envers les devant dits tanneurs, deduit (²) en avant, alle semonse des devant dits tanneurs, ou de leur certain messaige, nous gesir (³), sens atendre lune deaux lautre, dedens Liege en un hostel suffisant assenneit (⁴) a caux de part les devant dits tanneurs ou de part leur certains messaige, sens departir por mangier et por boire le jour, a leurs coste, jusques a tant que nous ariens restoreis et acnplis ce de quen nous seriens troveis en default; et se ledit pleige et rendeur, a jour qu'il sieront sommés pour ces convenances, gisoient pour aultre cas que pour cest, ou eussent songne (⁵) teile pour quoy inne poussent gesir ne

(¹) Des répondants.
(²) De dont, dès aujourd'hui.
(³) Demeurer, rester.
(⁴) Assigné.
(⁵) Besogne.

covent (¹) tenir, cils de eaux qui en teil estait sieroit, metteroit
pour li gesir un homme aussy suffisant de (²) li, tant qu'il sieroit
ensongies des songnes chi devant declarees, et tout en tel fourme
et en teil manire, que notre devant nommez pleige et rendeur
doient gisir et covet tenir; et chidevant est convenut de leur
costes, li devant nommez pleiges et rendeurs, mis envers nous de
part les devant dits tanneurs, doient gisir et covet tenir, alle
semonse de nous ou de notre certain messaige, se ledis taneurs
venoient encontre les convenances deseur escriptes que promises
ont en tout ou en partie; et sil avient que qui qui ce soit des
pleiges et rendeurs deseurdits, soit des notre ou de leurs, tres-
passe chi dedens de cest siecle, se cis estoit de nostres, nous
remetteriens pour celi un aultre ausi suffisant de li tantost; et se
cis qui mort sieroit astoit des pleiges des devant dits taneurs, ly
dis taneurs remetteroient un aultre ausi suffisant envers nous; et
tous en teil maniere devons faire, et lydis taneurs ausi, de cascun
dedits pleiges et rendeurs sil trepassent de cest siecle chi dedens.
Oultre est a savoir que, ja soit ce que les devant dits taneurs
soient aussi que multitudene et plusicures personnes, non por-
quant est le entencions de nous et volons que ce soit estable
chouse que la vesture que faite avons a Wilheame de Meffe et a
Lambert de Niswans pour le mestier et le compagnie des taneurs
deseur dis, soit vesture fait a une main et ensy comme dune
oire (³) et dune singneur a une personne, et a teil condicion
comme ne puissent en nuls temps a venir qui qui soit sur dedit
hiretaige demander que le cens et ly requestion deseurdis, ne
prendre que une amende toutes les fies que amende eskairat, a
prendre et a leveir et adjourner solonc le loy de Liege; et toutes
les fyes que necessitcit et besoingne serat de relever ledit hiretaige, ly une des devant dis taneurs porat ledit hyretaige releveir
pour tous les compagnons de mestier devant dit, et pour prendre

---

(¹) Tenir conseil, convenir.
(²) Que.
(³) Héritier ou successeur.

vesture et cens om escondire, et chis en payerat teile droiture com on doit, a savoir est : doiz deniers liegeois a singneur pour ses bans et a releveir pour le relief syes deniers liegeois, et aux tenans a cascun une denier liegeois et nient plus ; et doient tous les compagnons dedit mestier et cascun de eaux qui or en droit sont et chi apres venront, payer leur parte aux frais et costenges dedit molin et de ses appendices en cens a paier et en toutes aultres chouses; et se aulcuns deaux en estoit rebelle, cilx qui rebelles sieroit de payer, ne soy aideroit dedit molin jusques a tant quil aroit paié. En apres il est a scavoir que les devant dits tancurs et toute leur compaignie et cascun deaux, se sont ad ce accordeis par notre volenteit , que nuls qui soit deaux soient chi deseur dit, qui vesture ont pris dedit hyretaige ou aultre, puet ledit hyretaige en tout ou en partie, lu droiture quil y ait, ne vendre, ne decangier, donner, enwagier, ne obligier a cuy que ce soit se ce nest par le grey de tous les compagnons de mestier entirement. Il est ausi a scavoir que oir que li devant dit tancur laissent apres son deces, soient mailes ou femelles, ne puelent, par raison de proïmeteit ou par aultre droit, rins qui soit demandeir ne reclameir a dit hiretaige, si navient dont que cils oirs soient ovrant et manant ledit mestier de tannerie ; et cilx meisme ni puelent rien reclameir, jusques a tant quil y sieront recheyus por les soverains et les compagnons de mestier. Et nous ly pleiges et rendeurs devant nommeis, avons promis et promettons par foid plaine, que nous tous, en teil fourme que deseur est deviseit, yrons gisir et covet tenir , sains atendre lune de nous laultre et sens venir encontre, par nous ne par aultruy, par raisons ou exceptions que nous porons aligier ou mettre encontre, ce que promis avons et que deseur est escript. Et en temoignage de cette chouse, nous, li foement deseur nommeis, avons pendut notre seal a ceste lettre pour nous ; et nous, li devant dis pleige et rendeur, usons a cette lettre de seal singneur Lowy Surlet, foement devant dit, lequeils nous avons requist et pryet a mettre a ceste lettre pour nous. Et jeu, Lowy sovent nomeit, recognoist mon seal y estre pendut a ceste lettre ausi bien pour les pleiges et rendeurs deseur nomeis , que pour moy et a leur requeste en temoingnage de chouses deseur escriptes. Ce fut fait et donneit en l'an de nostre singneur Jhesu Crist mille deux cents quatre vingt et huit, le lundy apres le dymengne quon chante jubilate.

Par copie conforme a loriginel ; quod testor (signé) N. De Housse nots pubs. in fid.

II

RECORD DU BAILLI ET DES ÉCHEVINS DE LA COUR DE JUPILLE TOUCHANT LA POSSESSION DU MOULIN (AUX ÉCORCES) DE PILCHOULE PAR LE MÉTIER DES TANNEURS.

1er AVRIL 1301.

A tous cheaus ki ces presens lettres verront et oront, Lam- buches ([1]), fis mon sangnor Thiri del Preit le jovene, chevalier, jadit balhiers delle curt de Juppilhe ke on dist del pont damer- cur deleis Liege, salut et connissanche de veriteit. Conutte chose soit a chascon et a tous ke, com ilh soit ensi a tens dors ([2]), ke par le volenteit et comånt de nostre soverain mon sangnor Adulph, par le Dieu et le curt de Rome grasce, eveske de Liege, por aqueile raison mesticrs ([3]) soit del savoir et denquere en queil point et coment, li mestiers des tanoirs delle citeit de Liege tinent et ont tenut juskes a ors ([4]), le molien ke un dist de Pillechule et ses appendisses , scians en nostre justiche delle ditte cur de Juppilhe, et se ilh le tinent et lont tenut jukes a

([1]) Lambuche de Prez dit de Weis.
([2]) Au temps présent.
([3]) Nécessité.
([4]) Aujourd'hui.

ors si ke vies acqueste ou novel, et de cui illi le tinent et por combin ; et nous, si ke por nostre soverain desour dit, aiens especialment nous eskevins delle dite cur de Juppilhe par chu mis ensemble et ajorneit, a savoir est lan de grasce milh trois cens et un, le promier jur del mois davrilh, et lur aiens chargiet sor lurs feiateis ke illi, si kom chilh ki de chu ont a jugier, nos en raportassent la veritcit ; nous vos faisons a savoir ke nous dis eskeviens en deliberation et conselh deligens sor chu cut et por droite veriteit, si kom chilh ki de lontens lont apris et enquis de lur devantrains, nos ont raporteit ale ditte journée por plaine siete (¹), ke li dis molins de Pillechule, li ileaus sor queu li terralhe (²) siet (³), li pons qui pardevant sta, li petis moliens ale scorche (⁴), li ileaus ki stat devant, les vennes et tous li appendisses, ensi ke li dis mestiers le tien a jour dui et la tenut juskes a ors, est lurs buns hiretages et loiaus, deskendans del eveske de Liege, si ke vies acquest, fais del veneraubie chapitle de Liege de lon tens cha en arier a notre sangnor leveske de Verdont, ki adont por le tens astoit (⁵) ; et ke bin le tinent des mambors damoiselle Maghin, beghine, filhe a jadis Johan de Dachnez, por doze doniers de cens por an ; le queil raportement (⁶) nos, si com chis ki a chascon volons faire raison, et ale pryere del dit mestier des tanoirs, nous mesimes ens en le warde et ens en le retenanche de nous, eskeviens delle ditte cur de Juppilhe, ki a chu faire suient (⁷) present, et ki bin en oient lurs drois, et nos asi si ke maires, les nous a savoir sunt : Thiris de Rimmest, Andrier de Rausier, Ernars de Robiermont, Henrars Dewalhe, Jahans de Weis et Johans li Paneires. Et par chu

(¹) Assemblée. V.ᵉ le mot *siculte* dans le paragraphe des *Assemblées*.
(²) Terreille ou touraille, endroit où on met sécher les écorces.
(³) *Siet et sta*, est située.
(⁴) Ecorces.
(⁵) Ce fut en 1266 que l'évêque de Verdun échangea le village de Jupille avec le chapitre de St-Lambert contre le bourg d'Amay.
(⁶) Ce mot a ici le sens de record.
(⁷) Sommes.

ke (1) che soit ferme chose et estable, nos, Lambuche, balhiers
delle curt de Guppilhe desoir dis, ale pryere del mestier des
tanoirs de Liége desoir dit, et a raportement de nos eskevins
desoir nomeis , et por eaus et a lur requestes , avons pendut
ou fait pendre nostre propre saiel a ches presens lettres, del
queil saiel de nostre maiour desoir dit, nos, lis eskevins delle
ditte curt Juppilhe desoir nommeit , ki ches choses tesmognons
estre vraies , si kom chilh ki bin en awimes nos drois et nos
dis maires les siens asi, usons a cheste fois et prions tuit
ensemble nos, li balhiers et li eskevins desoir dis, a veneraubles
sengnors le chapitle delle grant eglise et lofficial delle cur de
Liege, ke ilh, por plus grant corroboration des choses desoir
dittes, vellent pendre lour saieaus a cases (2) a ches presens
lettres aveikes le saiel del balhir desoir nomeit. Et nos li chapitle delle grant eglise, et nos maistre Arnus, officiaux delle cur
de Liege, ale priere et le requeste del balhier et des eskevins
delle cur de Guppilhe desoir nomeis, et a raportement de nos
feiables notares, Colin le Floir et Wilhemotte delle Vilhe, por
chu especialment a oir deputeis, pardevant les queis ceis raporte-
mens et ceis jugemens furent recordeit, lan de grasce desoir dit, le
le mardit apres le jour desoir nomeit, ki chu nos ont raporteit;
cui fais nos approvons et cui nos creions en ches oivres , avons
pendut nos, li chapitle desoir dis, le saiel de nostre cur a cases ;
Et nos, maistre Arnus Dawans, officiaus desoir nomeis, le saiel
del nouble siege delle cur de Liege a ches meimes lettres , en
tesmognage de veriteit. Chu fut fait et doneit et li jugemens
fais et recordeis lan et les jours desoir dis. (Signé) Floris not.
capli leod.

Copié et collationné sur l'original en parchemin.

(1) Afin que.
(2) Aux causes.

III

CHARTE DE LA CITÉ QUI, DU CONSENTEMENT D'ADOLPHE DE LA
MARCK, DONNE EN RENDAGE PERPÉTUEL AU MÉTIER DES TAN-
NEURS LES DEUX PLACES DE GRAVIOULE.

21 MAI 1333.

A tous ceaux qui ces presentes lettrez veront et oront, li
maistrez, li eschevins, li jureis, li consseilz et toutte li universitet delle cité de Liege, et Piron, dit des Ballanches, chealrier (¹) de Liege, salut en Dieu parmanable et cognissance de
veriteit. Cognute chose soit a chacun et a tous, que nous, il
maistres, li eschevins, jureis, consseil et universitet desseurdit,
pour nous, notre dite cité et successeurs, et je Piron, chealrier
devant dit, en nom et en lieu de notre reverend pere en Dieu,
chier et amé seigneur monseigneur Adulphe (²), par le grace
de Dieu, Evesque de Liege et de ses successeurs, evesques de
Liége apres li; advons donnet et ottroyet, donnons et par ces
presentes lettres ottroyons pour le proffit evident de reverend
pere et cité desseurdis, a hommes honnestes, Collin dit aux Nales
et Jacquemien dit de Lysleaul, tanneurs, citains de Liege,
prendans et acceptans a nous, pour eaux et pour tout le mestier
des tanneurs de notre dite cité presens et avenirs en hiretaige
perpetueement, une piece de terre gissante en lieu condist en
preit de Graveroule, aux tanneurs, entre les murrez delle maison
condist des Escolliers et le rivire de Mouse, a prendre et acomen-
chier celle piece de terre, de costet devers les murrez devant

(¹) Céarier, receveur des rentes et impôts en nature.
(²) Adolphe de la Marck.

dis, droit alle lingne al enwaul(¹) et a front delle soye (²) où
enclosure delle tenure Collet que on dist Cragheneal le tanneur,
et au defineir (³) vers leawe ensi que celle enclosure se porte vers
Mouse, jusquez alle lingne de deforain posteaul qui stat sur
Mouse delle passeve (⁴) Gileneal, fil jadis Gilis de Treit le
tanneur, et a parsuyre de celle fin et de comenchement desseurdis en aval jusques alle lingne de desseurtrain posteal ou pileir
de postice qui est ens endit murres des Escolliers, ensi que celle
piece de terre sextent selon ces quantités. Et une aultre piece de
terre gissante de dessour lautre piece deseurdite, endit lieu de
Graveroule, a prendre et a comenchier, de costet damont, devers lesdis murres a syex pies pres de ces mures alle lingne de
tilhoul (⁵), en aval, vers Mouse, alle lingne jusques dessous le
mellee (⁶) qui siet contre ledit tilhoul, et a defincir ceste dite
piece de terre, en parsuyant en aval en sa lingne et en sa quan-
titet de costet damont et devers les mures, jusques alle soie ou
enclosure delle tenure que on dist Bodechon Oneaul le tanneur,
et jusques alle tenure de sasiche Huwechon delle Cange de costet
vers Mouse en aval, parmy vingt soulx liegoix de bonne monnoie
de cens annueit et perpetuet, que li deux wardains, jureis dudit
mestier qui seront pour le temps, en renderont et payeront en
nom dudit et pour ly, chacun an d'an en an perpetueement, pour
le moitiet a notre reverend pere desseurdit et ses successeurs,
evesques de Liége, et a nous, ceaux de la citet pour lautre moitie, assavoir a chacun le moitie de sa moitie, en le feste delle
nativitet notre seigneur Jhesu Crist prochainement vennant, et
lautre moitie tout ensi de sa moitie, en le feste delle nativitet

(¹) En aval.
(²) Haie ?
(³) A cesser.
(⁴) Propriété ? Passage ?
(⁵) Ce tilleul bornait la propriété du val des Ecoliers à l'endroit où
est maintenant l'angle N. E. du manége ; il était si gros que 300 hommes
pouvaient s'abriter dessous.
(⁶) Pommier.

saint Jehan Baptiste tantost apres ensuyant , et ensi de la eü
avant d'an en an en parsuyant perpetueement, et a vingt deniers
de ladite monnoie de relif ou de requestion dhoir en aultre ; et
est assavoir que quant li uns de Colin et de Jaquemien desseurdis denierat le mestier devant dit, en lieu de denieit, reme-
terat ung autre qui le vesture porterat , et qui payerat pour
ledit mestier le moitie de relif desseurdit a nous, ceaux de la
citet, et a notre dit reverend pere, a chacun la moitie de celle
moitie, et ensi en userat on dors en avant perpetuecment ; adjostet que entre lesdis mures et les deux pieces de terre desseurdites, doit avoir et arat voye contenante syez pies de largeche
a messureir alle messure quon diet du piet Saint Lambert; et
lidis tanneurs... des deux pieces de terre desseurdites puelent
et polront faire leur lige vollentet. Et tout li sorplus dudit preit
de Graveroule est et estre deverat et doit a tous jours maix
commons asemences (¹) sens enclore et sens greine (²), terre
ne wasson prendre , et sens beistez ne pasturagez ens faires ,
qui damage puist porter ; et par ensi que li sire ne le citet nelle
polront vendre , donneir, accenseir ne alyener, ne chose faire
que il ne demeurt commons aisemencez a touttes manieres de
gens , parmy ce que ledit mestier lat pour estre commons aisemences acquis a nom de la citeit et notre dit seigneur , parmy
quarante libres de tournoix petit , comon payement, que il en at
payet, convertis ens el proffit evident de seigneur et cité devant
dis, lequeil (³) remannant , on ne polrat empeschier qui ne
demeurt aisemencez si que desseur est dit , saulf ce que dessouz
ladite melee vers Mouse , ledit Huwechon doit avoir sa voye dal-
leir en son sasiche desseurdit ; et de celle melee en aval jusquez
audit sasiche de costet vers Mouse , si avant que li gravier sex-
tenderat, nus ni porat par convent fait currcir (⁴) ne aultre

(¹) Terrain vague.
(²) Limite, en all. grenze.
(³) Terrain.
(⁴) Mettre au vert comme on le voit plus loin ; il y avait là tout à côté
un verger bannal où tous les tanneurs pouvaient étendre leur linge, usage
auquel il sert encore aujourd'hui.

chose faire que ce ne soit le comon aisemences de faire le necessiteit de corps humaine (¹) ; et parmy teilx cens, teil relif, teiles
conditions et choses qui desseur sont dites, nous delle citet, avons
pour Jehan dit de Lardier, mayeur, et pour Collin de Sanson,
Jehan de Braibant, Jehan Gilman, Jehan Hanoton le huilleur,
tennans hiretablez de notre court condist delle Vyolette ; et je,
Piron, chealrier desseurdit, pour notre dit reverend pere et en
nom, ayt pour ces miesmes tennans, qui aussi sont tennans
hiretablez, a li donnet don et vesture à Collin et Jacquemien
desseur escrips, des hiretages devant dis, en nom, aoez (²) et en
lieu dudit mestier ; et ens les avons comandés en paix si avant
que drois et loys portent et uz et coustummes sont en teiles
chosez a faire, tout a lensengnement des dis tennans ; par ensi
que se li deux wardans jureis dudit mestier qui seront pour le
temps, estoient trouvés en deffaulte de payer pour quelconque
termine que ce fuist, ou se ledit mestier estoit deffallans de livreir
ou vestit en lieu de deniant dedens lan, ensi que desseur est dit,
se li faulte de payement dudit cens duroit tant pour queile termine que ce fuist que li moix tantost apres ensuyant fuist passé,
li sire et nous, de la cité, poroit et polriens lesdis hiretages faire
demineir sur ledit mestier par troix quinzaines, selon le loy et
lusage delle citeit de Liége ; et tout ensi poroit il et polriens
demineir pour le faulte de vestit a cel usaige miesmez ; et est
en ces chosez adjostet pour toutte matere de discort et (⁵) eskiweir, que sil est aucuns qui oiste toille ne chose que ons aultre ayt
mis pour cureir sur le common aisemences desseurdit sens le
volentet de celi qui mis ly arat ou cuy ce serat, il serat a troix
soulx de tournoix petis touttes foix que ce ferat damende, a payer,
pour le tirce part a notre reverend pere devant dit, pour lautre

(¹) Cette singulière clause a été observée pendant des siècles ; et il y a
peu d'années l'endroit de Gravioule spécifié ici servait encore au même
usage ; aujourd'hui même il y a peu de maisons dans la rue des tanneurs
qui soient pourvues de latrines.

(²) Au profit.

(⁵) à ?

tirce part a nous de la citet, et pour lautre tirce part aux deux
wardains dedit mestier qui seront tenus de ces amendes raporter
sur leurs fealtes, touttes foix quelles seront commises, sauf ades
que en le piece et en le partie qui est dessous le melee, vers
Mouse jusques audit sasiche, si avant que ledit gravier sextende-
rat, la nus ne porrat curreir ne aultre chose faire que ce ne soit
ades le comon aisemences pour levacuation sus faire tant seulement de corps humaine si que desseur est contenu. Et partant
que ce soit ferme chose et establc, nous, de la cité, avons a ces
presentes lettres faittes, par chirographes (1), fait apprendre,
pour nous et nos successeurs, le scel aux causez de notre dite
cité; et je, Piron, chealrier desseurdit, en nom de reverend
pere desseur escript, et pour ly jay appendu le mien propre scel
en tesmongnage de veritet. Che fut fait et donnet lan de grace
mille troix cens et trengte troix, le vingt ungeme jour de moix
de may.

> Copié et collationné sur une copie authentique en parchemin
> donnée par les échevins de Liége le 15 avril, 1452. Sceaux en-
> levés.

(1) Double que l'on faisait sur la même feuille de parchemin et qu'ensuite on coupait en deux, afin de pouvoir, en rapprochant les deux pièces,
constater l'authenticité.

IV

RENDAGE PROCLAMATOIRE DU MOULIN DE FOLERECHE SITUÉ PRÈS DU MOULIN DES TANNEURS.

30 JANVIER 1873.

Officialis curie Leodiensis , presbytero parochialis ecclesie Sancti Remaculi , trans pontem Amari cordis , prope Leodium , salutem in Domino. Ex parte honorabilium virorum dominorum scabinorum Leodiensium nobis est significatum , quod dominus Johannes dictus Sapins , presbyter , et Andreas de Hammeteal, clericus, rectores altaris Sancti Adalberti siti in ecclesia Bonorum puerorum Leodiensium , pro quo quidem Andrea nunc a patria absente , Hunnibertus Marsilii de Frelouz , civis leodiensis , ejus procurator , stipulabat, dare seu conferre intendunt in hereditatem seu emphiteosim perpetuam , utililate dicti altaris prepensata et ad opus ejusdem , de consensu et consilio domini Henrici de Lembor , prioris ecclesie Bonorum puerorum predicte (¹) , molendinum unum cum suis appendiciis universis , nuncupatum *le molien folereche*, contiguum molendino tanatorum Leodiensium, in vestra parochia scituatum , quod dudum per defectu census fondi fecerat deminatum , et per Joannem dictum Colhetal ultimum ipsius molendini possessorem reassecutum , et legis Leodiensibus documento melioratum ex summa ducentarum triginta trium librarum et sedecim solidorum communis pagamenti Leodiensis tunc currentis , videlicet uno floreno ad mutonem auri cudis Brabancie pro tribus libris et sex solidis dicti

(¹) Le couvent des Bons Enfants était encore propriétaire foncier du moulin en 1426. (V. le relief fait à cette date.)

pagamentis computato , quam summam prefatus Johannes Colheteaz ad prelibatum molendinum principaliter reassequi tenetur ,
vigore sentencie judicialiter late per dominos scabinos Leodienses
prescriptos. Ex quo quidem molendino cum suis appendiciis
memorato Henricus le Coutelirs , commorans in Insula Leodiensi
ante ecclesiam beati Pauli et Egidius, filius magistri Johannis de
Tileur, fabri , obtulerunt ad invicem se daturos undecim marchas
bone monete census hereditarii , pro media parte in festo nativitatis beati Johannis Baptiste et pro reliqua media, in festo nativitatis Domini , singulis annis perpetuo exsolvendas , et unum
denarium superexcrescentem relivii seu requestionis , preter et
ultra principale relivium in quo dictum molendinum erga curias
a quibus movetur et descendit existit obligatum , necnon quinque
duplices mutones auri pro restitutione expensarum factarum et
appositarum in recuperatione dicti molendini , erga dominos
scabinos Leodienses predictos , curias fondi et juratos wlgariter
nuncupatos *les jureis des parchons* ([1]), coram quibus ex eodem
fuit, per quam plurimas dietas et quindenas litigatum ; condicione
tali premissis interposita quod prelibati Henricus et Egidius ,
emptores, tantam prefati census summam redimere tenebuntur ,
quod dictus Johannes Colheteaz ex prefata summa sibi debita sic
plenarie satisfactus et persolutus , pro quoquidem censu taliter
redimendo, dicti emptores exsolvere promiserunt, pro rata cujus-
libet marche novem duplices mutones auri et dimidio , semel ,
presentibus immediate finitis proclamationibus , dicto Johanni
Colheteal deliberandis, omnibus dolo et fraude remotis penitus et
exclusis. Sed quia dicti molendini donatio hereditaria , debite
fieri non potest secundum legem patrie presentis , nisi prius factis
super hoc proclamationibus debitis et in talibus fieri consuetis.
Huic est quod nobis precipiendo mandamus quatinus proclametis
in facie ecclesie vestre predicte , publice et in generali , per tres

---

([1]) C'est la seule mention que nous ayons rencontré de la cour des jurés
des parchons : *parchon*, se dit d'une part dans une propriété quelconque
et *parchonier* ou *comparchonier* celui qui possède cette part.

dies dominicas, de quindena ad quindenam, sese continue subse-
quentes , intra missarum sollempnia , dum ibidem major affuerit
populi multitudo , prefatum molendinum fore in hereditatem
pro utilitate dicti altaris conferendum, cum intimacione tali, quod,
si quis ex eodem plus obtulerit se daturum, illud obtinebit. Et
quid inde fuerit et factum fuerit cum nomine plus offerentis si
quis affuerit, nobis sub sigillo vestro fideliter rescribatis. Datum
anno dominice nativitatis millesimo CCC^{mo} LXXIIJ°, mensis
decembris die penultima.

Item par copie : Venerabili viro et discreto domino suo
domino officiali Leodiensi Henricus de Daules, investitus ecclesie
parochialis sanci Remaculi , pontis Amecurtis, obedientiam in
mandatum cum salute. Noveritis quod ego mandatum vestrum,
(lacune) directum , cui hec mea presens rescriptio est annexa ,
diligenter et attente per tres dies dominicas sese immediate
sequentes , in facie ecclesie predicte , sum executus , et in ipsa
executione comparuit coram me et pluribus personis fide dignis ,
Closkinus dictus delle Chivre; et ibidem protestatus fuit, quod et
supra molendinum in ipso vestro mandato expressum , habebat et
habere debebat unum modium spelte hereditarium , et ob hoc
nolebat quod proclamationes de dicto molendino facte seu vendi-
tiones de eodem faciende , sibi quomodolibet imposterum
possent prejudicium generare ; quibus sic actis ut prescribitur ,
comparuerunt coram me quamplures persone qui offerebant se
daturos omnis summas florenorum et census in ipso vestro mandato declaratas et expressas et ultra ; sed finaliter, Gerardus dictus
Sordeilhe, gubernator ministerii, ut dicebat, tanatorum Leodiensium , nomine et ad opus dicti ministerii, pro dicto molendino
habendo , obtulit se et dictos tanatores daturos omnis summas
pretactas et, unacum hoc, quinque marchas cum dimidia monete
censualis Leodiensis hereditarii , et duos florenos duplices ad
signum mutonis , semel exsolvendos pro bevragio seu merchi-
poto (¹) ; et hac oblatione per ipsum Gerardum ut prescribitur

---

(¹) Le vin du marché et le gage de l'achat.

facta, non sunt quis qui plus offerret se daturum pro dicto molendino. Quod vobis, et omnibus quorum interest, per meam presentem rescriptionem, significo. Datum, factum et oblatum anno dominice nativitatis millesimo CCC^mo septuagesimo tercio, dominica die post conversionem beati Pauli apostoli, videlicet mensis januarii die penultima.

> Copie sur parchemin, donnée par les échevins de Liége le 16 mars 1373.

IV *bis*

RECORD DES VOIRS-JURÉS DU CORDEAU TOUCHANT LES BOUTIQUES OU STAZ QUI SE TROUVENT SOUS LA HALLE DES TANNEURS.

27 NOVEMBRE 1406.

Chest ly visentacions des staus des manghon, faite lan Xiiij^e syes, vinte sept jour de novembre, et les aisemenche (¹) qui sont trowees ausdis staus appartenant, pricze alle halle des tanneurs; premiers le stauble Johan Prosse acosteis vers li Violette at unck mesplas (²) quartier, aqueil ly uxherye (³) pent, et sour le queil quartier at une pirchelet (⁴) de bois clawees, sour laqueil ilhe at deux reilhe (⁵) all..... (trou dans le parchemin), le staus

----

(¹) Ustensiles, meubles; signifie aussi terrain vague. (V. n° III).
(²) Pièce de bois sciée d'un côté.
(³) Porte en wallon *ouxhe*.
(⁴) Piechelet? petit pièce.
(⁵) En wallon *greyon*, mot qui n'a pas son correspondant en français; grande cheville placée dans une pièce de bois de façon à pouvoir y passer le croc auquel pend la viande.

de chi a une autre posteaul extant a coir (₁) dedit staul ; et desseure ycelle dite greilhe at encor une greilhe qui est clawee sour une baiche (²) laqueil baiche est clawee alle halle et a desseure stat le toiteaul (⁹) de owyt planche qui est aclaweis alle halle et pent vers le Marchiet, oultre le ban, et ly queis toiteaul est asis sour trois weirs (⁴) clawee alle halle et a trois corbeal (⁵) dont ly emettrain corbeal est claweis alle halle et les deux autres aus deux posteaul (⁶); et a posteal vers le Marchiet pent ly autre feniestre ; ly queis posteaul vers le Marchiet est encrenneis (⁷) pour le ban entreir ens unk pochin dois parson (⁸) bien messureit, et desous le queil toiteaul at, a deux costés de ban, trois greilhe abeiche et achewilhe (⁹) sour haieneir (¹⁰). Item ly souls desous le ban, est entrant dedans le mure a costeis vers le Violette, et le vianne (¹¹) desseur est ausy entrant endit mure ; et dedens le spier (¹²) at une greilhe qui est clawee a trois posteles pendans alle halle, et lequeis spier est bachiet (¹³) desseure et claweis les baiche alle halle. Item en cely spier at une

(₁) A *coron*, au bout.

(²) En wallon *bâch, bachir,* saillie en bois s'étendant autour des appartements et servant à supporter la vaisselle, etc.

(³) En wallon *teutai.*

(⁴) Pièces de bois qui soutiennent le toit, en wallon *wères.*

(⁵) Espèce de charpente en forme de triangle composée de 5 pièces de bois.

(⁶) En wallon *postai,* montant.

(⁷) Échancré.

(⁸) Parsons, espèce de mesure ; ou bien deux parties parchons ?

(⁹) *Abetchi,* taillé en pointe ; chevillé ?

(¹⁰) L'un au dessus de l'autre, comme des échelons ; en wallon *hâle* ; ou *pour étaler* (hâgni).

(¹¹) En wallon *vienne,* verne, dernière pièce de bois qui joint la toiture.

(¹²) *Spiez,* petite chambre pour mettre les provisions ou conserver les marchandises.

(¹³) En wallon *bâchi,* établi, assujetti, placé ; ce mot se rencontre très souvent dans les ventes aux rendages proclamatoires, et signifie, croyons-nous, *lambrissé,* ou garni de panneaux en bois. *Bauche,* signifie esseau, bois pour couvrir les maisons.

uxherye de deux piet de large, allant sour les greis delle Violette, et est le spiet vesty de planche alle plonne (¹) de greis. Et a chely costeis meismes at encor une greilhe clawee alle parois des greis, et est cely spier tous bachies de stchermas (²) haweis dedens les posteaus et hotteis (³) eu posteal delle halle desseure, et est ly sommier (⁴) deseure cely scermas creneis a derier delle feniestre pour ens a ovrier le feniestre, et en queil scermas at deux planchet assieze et chewilhye emmy al posteal desseur luxhe de spier ; et a posteaul delle uxherye de spier at claweit unk crock. Et en quiel spier at une colombe (⁵) corbelhyes a la queil colombe at claweit unck scermas de baiche traillhies desseure et claweis a corbeaul et a terraist (⁶), le queil terraist ne vat point sour piet et demy pres de longeche de chy alle parois exstant a corou dedis staus. Et acoirs de queil stauls at une uxherye allant four vers manghenye (⁷) qui pent a deux posteal aclaweis alle halle.

> Copié et collationné sur l'original en parchemin d'une écriture très difficile à lire.

(¹) *A plom*, à hauteur.
(²) Ce mot signifie probablement armoire ; on le trouve aussi dans une charte de métier des charliers.
(³) *Hâvé et hotté*, mots wallon ; faire une mortèse.
(⁴) *Soumi*, poutre.
(⁵) Poteau, jambage d'une porte.
(⁶) En wallon *terrasse*, solive.
(⁷) La rue des Maugous.

V

ORDONNANCE DU MÉTIER CONTRE LES BRIGUES ÉLECTORALES.

19 JANVIER 1421.

In nomine Domini amen. Nous ly governeurs, ly jureis et toutes les personnes et universiteis generalment de boin mestier des tannours delle citeit de Liege, savoir faisons a cescuns et a tous qui ches presentes lettres voiront et oront, que, comme alle cause, instanche et ocquison des maistryes et des offisches delle citeit de Liege et ausy par especiale des offisches appartenantes a notre dite mestier, discours, (¹) haymes, (²) debas, ranckeurs et entredois, (³) fuisent esmeus et susceteis entre nous les personnes de notre dite mestier, ce dont pour ychu nous fuissiens dois partyes enlevees (⁴) dedens notre dite mestier, contraire ly unnes alle autre, la queille chouse astoit male covenable et mult devoit desplaire a nos tous, qui lonour, le bien common, le profit et lutiliteis de nous tous et aussy de notre dite mestier devons et astons tenus delle ayedier, deffendre, wardeir et tous jours mentenire a nos loyaux poioir; veyut et considereit que la plus grande partye dentre nous summes proismes (⁵) et amis et conjoins ly unk alle aultre, et aussy considereit que nous predecesseurs, a cuy Dieu faiche vraye pardon, ont tous jours esteit de temps passeit bien daccourd et mult honorablement ilh ont governeit notre dite mestier, comme cescuns seit; sy que pour bin

(¹) Discordes.
(²) Haines.
(³) Disputes.
(⁴) Élevés; il se forma deux partis.
(⁵) Parents, proches.

de pais et pour bonne amour , unyon, gouvernanche et regiment
a avoir, nourire et a tous jours mais perpetucilment mentenire
entre nous , nos hoires et successeurs , et aussy pour eskiweir tous
debas, haymes, ranckeurs et inconvenienches qui des chouses
desus dites posissent naistre , suseiteir et mouteplyer entre nous,
ensy que ja grandement astoient commenchiez , se pourveyut uy
awist esteit de remcide par le boin moyen, traityet, conseilhe et
accourd des alcuns dentre nous bien voilhans et convoitans le pais,
lonour, le profit et le boin regiment de nous tous et aussy de
notre dite mestier et de nous hoires et successeurs ; et afien que de
cely jour en avant nous ne soyens, ne estre ne puissiens dyvideis
ne separeis en dois partyes, anchois (¹) soyens tout dunne accourd,
dunne oppinion, dunne partye et dunne bonne volonteit , sens
jamais a departire ne separeir , nous tous ensembles de common
accourd, syete et volonteit et ausy sens nulle debat, nous sour
chu oyut mayeure (₂) conseilhe, avis et deliberacion entre nous
tous, en notre plain mestier, en lieu a chu connus et acoustum-
meit, et appelleis tous cheauz dentre nous qui y durent ou porent
estre, avons ordineit et accourdeit et par le tenure de ces presentes
lettres nous ordinnons et accourdons , tant pour nous comme pour
tous nos hoires, remanans et successeurs, les poins, devises,
accours et ordinanches chi apres escrips et declareis, lesqueis nous
volons a tous jours mais et sans rien tenire (³), wardeir, deffendre,
avoir et mentenire a nos loyaux poioir, sens de rin a embrisier ne
encontre alleir, par nous, ne par aultruy , ne par nous hoires ne
successeurs en secreit, en obscurre ne en appert , en nulle manire
queilconques qui soit, ne qui advenir puist le temps futture ne a
avenir, en bonne foi et sens nulle frande ne malengin en chu que-
rire par chouse qui advenir puist en cestuy pais ne en aultre.

Et tout premierement, nous avons ordineit et accourdeit que
boin pais, amour et union soit et demoure a tousjours mais per-

---

(¹) Ce mot à plusieurs significations ; ici *au contraire*.
(²) Mûr, en wallon *maweur*.
(³) Pour à *retenir* , c'est-à-dire sans réserve.

petueilement entre nous, nous hoires et successeurs de notre dite
mestier, et que touttes haymes, ranckeurs et incovenienches qui
sont en notre dite mestier, soyent quitteez et bonnement pardon-
nees a tous jours, sens malengin.

En apres, nous avons ordineit et accourdeit, a faite des offisches grosses ou mennwes a notre dite mestier partenantes, que
cely jour en avant, cely ou ceaulz qui les portent ou qui les aront
ou pourteront le temps a advenir, que dedens quatre ans tantoist apres en parsiwans apres chu quilhs les aront mis jus ou
quilhs en sieront housteis (¹), ne poront ne deveront avoire ne
porteir nulles offische queilconcques a notre dite mestir partenantes, grosse ne petites, en nulle maniere queilconcques ; mains
les quatres ans passeis, adont poront ilhs bin avoir et pourteir
offische se ilhs sont enluis de pourteir pour (²) le plus grande
syete dentre nous tous qui de present summes ou advenir porons,
sens malengin.

Item nous avons ordineit et accourdeit pour bin de pais que,
a jour delle feiste Saint Jakeme et Saint Christofre venant prochainement, Jacquemiens Oulry et Hubien de Malmedeye, nos
confreres, sieront enluis governeurs pour toute lannee de notre
dite mestier. Item Colaurt de Hodeige et Henrys de Steis, ausy
nos confreres, sieront pareilhement enlius jureis pour tout lannee de notre dite mestir. Item que Colaurt de Tournay, notre
confrere, sicrat enluis syes delle foure, le premier qui en notre
dite mestir eskeirat. Et Johans li Berwier, ausy notre confrere,
sicrat enlus et averat le premier quatreme delle Vyolette qui en
notre dit mestir eskeirat, en bonne foid ; et de dont (³) en
avant, touttes offisches de notre dite mestier queils quilh soient,
soient gros ou petites, soye doient (⁴) et deveront faire par nous
et par nous successeurs bellement, secreitement et ord.... et alle
plus grande siute, en lieus a chu connus et acoustumeis et as

(¹) Qu'ils auront quitté leur charge ou qu'ils en seront privés.
(²) S'ils sont élus par.
(³) De dont ou dour en avant, c'est-à-dire depuis ce jour.
(⁴) Se doivent.

propres jours quilhs soy venront affaire, sens faire ne ordineir
devant le temps en nulle maniere, et que a queilconcques offisches qui soy venront affaire en notre dite mestir de cely jour
en avant, soyent des maistryes del citeit de Liege, des vinte dois
de pays ou daultres offisches queilconques estre puissent, les governeurs de notre dite mestir qui de present sont et ceauls qui
apres eauls sieront ou venront, poront et deveront prendre,
chiusir et enlyere a leurs bonne volenteit et plaisir alcunnes personnes de notre dite mestier ydoines et suffissantes, pour seyre
alle croie (⁵); les queilles personnes deveront faire seriment pu-
blement et tout haulte en notre plain mestir, quilh warderont,
raporteront et feront loyaultement le plus grande suite que faite
et passee sierat pardevant eaulz a la dite croye, et quilhs tenront
en secreit sens diere ni reveleir tou che et de quant que faite et
enluit sierat pardevant eauls, reserveit le plus grande suite que
diere, rappourteir et pronunchir deveront bonnement et loyaulment de queillconcques offisches grosses ou petites que chu
soyent ne estre puissent, sens nulle fraude.

Item pour eskyweir tous petis haymes, males amours, debas et
inconvenienches qui, alle cause des pourchaiches et eleclions,
tant des maistryes delle citeit de Liege, d'aultres offisches delle
citeit de Liege comme ausy mayement des offisches entirement
a notre dite mestir appartenantes, que de cely jour en avant
soye venront affaire ne a enlyere en notre dite mestier pour
ychu aresisteir et a faire bonnement, justement et secreicment
as jours et termes que elles soye venront a faire et a ordineir,
nous avons ordineit et accourdeit que, de cely jour en avant,
nulz ne nulles de notre dite mestir, qui de present summes
ne qui advenir sieront ou poront, soyent hommes ne femmes,
enfans, varles ne dammehelles, ne aultres personnes queilconcques estre puissent, en notre dite mestier ne defour, en
notre noin ne en noin de alcuns de nous, ne de nulluy, ne porons
ne ne deverons par nous, par eaulz, par elles ne par aultruy,

(⁵) Aller aux assemblées pour voter. (V. l'art. des assemblées).

en secreit, en coviert, en obscurre ne en appert pourcurreir, pour-
chachier ne faire partye, proyere, donneir ne promettre oir,
argens, bienfais, viens, viandes, doins, juweaulz, beveraiges,
escos ne bienfais queilconques, ne faire partye, procureir, pour-
chachir, proyere, donneir ne promettre par nulles des offisches
devant dictes queilconques qui affaire soye venront en notre dite
mestier le temps futture ne advenir. Ne ausy alleir, venire, procurreir ne faire alleir, venir et procurreir alle encontre delle
tenure de ches presentes lettres en tout ne en partye, ne pour
ycelle lettre abrisier, casseir ne admichilleir jamais en nulle
temps a advenir.

Et quis quioncques dentre nous, fuissent hommes ou femmes,
ou de nous successeurs en feroit ou faite aroit ou feroit faire le
contraire, et proveis fust suffisament par devant nous par dois
boins tesmoins ydoynes dignes de foid et sens suspicion, fuissent
de notre dite mestir ou de defours, cely ou celles dentre nous
qui chu aroit ou aroient faite ou faite faire, sieroit ou sieroient
tenus et redevables de payer tout tantoist que chu sieroit proveit,
a notre dite mestier le somme de chinque griffons, unne fois,
voire dyes libres et dyes souls common payement de Liege compteit
pour cescun griffon, et chu tant de fois quante fois que chu feroit
ou feroient et que proveit sieroit ; et que nous governeurs, qui
adont sieroient, ne posissent jamais plus avant mettre ne faire
mettre notre dite mestier ensembles ne de chu faire mete en nulle
maniere. Et se cely qui ensy proveis sieroit astoit hommes, borgois
de notre dite mestier, encours aveucques chu sieroit ilh priveit
et hosteis quilh ne poroit avoir ne pourteir nulles offisches quel-
conques, a notre dite mestir partenantes, dedens le terme de
owyt ans enticrs tantoist apres chu emparsiwans ; et silh advenoit
ensy, fuiste par hayme ou aultrement, que ly unk dentre nous vosist admettre ou encoulpeir alcuns ou plusseurs d'entre nous,
fuissent hommes ou femmes, qui deveroient ou voroient avoir
procurreit, donneit ou proyet ou faite partye, ou donneir, ou promettre del avoir ou donneir alcunes des offisches devant dittes, ou
pour alleir ou briesier alle encontre delle tenure de ches presentes

lettres, fuist de tout ou de aulcune partye, et cely qui chu aroit
admis ou encoulpeit nelle poioit proveir a seriment par unk boin
tesmoin aveucques ly teile que deviseit est pardevant cely qui ensy
sieroit admis ou encoulpeis, fuist unk ou plusseurs, sen poroit
ou poroient passeir et excuseir par leurs serimens affaire sour
notre dite mestir, voir que les governeurs de notre dite mestir
poroient et deveroient anchois et devant que ilh fesist ou fesissent le seriment, demandeir althour a toutes les personnes de
notre dite mestir sour les serimens du fealteis, se nully dentre
nous avoit esteit proyes ou requis delle requeste devant ditte;
et se nulluy ne demorewe a seriment deleis cely qui aroit encoulpeit lautre, fuist par hayme ou aultrement, cely qui ensy encoulpeis
sieroit sens cause, en sieroit quittes pour son seriment affaire, et
cely qui laroit encoulpeit a tourte, (¹) sieroit pareilhement corregies comme il aroit volut faire corregier aultruy, ceste a entendre
qu'ilh sieroit tenus de payer les chinque griffons devant dis tout
tantoist et se sicroit ilh priveis le dit terme des owyt ans apres quilh
ne poroit pourteir nulles des offisches de notre dite mestir alle
maniere devant ordinee; et pareilhement sieroient et deveroient
estre corregies cheaus qui sieroient commis et deputeis de part
nous governeurs pour seyre alle croye, se ilhs revelewent ses secreis
que ilhs aroient oyus pardevant eauls en faisante les elections de
queilconques offisches que chu soyent ne estre pouissent, sens chu
que nulluy dentre nous qui summes ne qui advenir porons, ne
puist ou ne puissent de chu faire plaintes en nulle lieu qui soit ou
estre puist, en bonne foid et sans nulle fraude. Et ausy se alcuns
de nous donnewent ou enlisoient en leurs elections faisantes alcunnes offisches queilles qu'ilhs fuissent, a queille oncques personnes dentre nous qui aroient melfaite ou qui corregies sieroient
des amendes devant dites, et chu fuist desdens le terme des owyt
ans quilhs ne puelent pourteir offische, que dont ceals qui sieroient
al croye ne deveroient point escriere, rayer ne ensengneir teiles
royes ne elections, anchois les doient ilhs jetteir a louche (¹) toute

(¹) A tort.
(²) A la porte.

le dit terme des owyt ans durans en bonne foid, sans fraude ne malengin en chu querir.

Touttes les queilles ordinanches devant escriptes et declarees, nous, ly governeurs, jureis et touttes les personnes de devant dit boin mestier des tannours delle citeit de Liege, tant pour nous comme pour tous nous hoires et successeurs, promettons et avons encovent loyaulment en bonne foid, ly unk de nous envers lautre, et sous les serimens et fealteis que nous avons fais al releveir et alle entreir en notre dit mestir, a tenire, wardeir, faire, mentenire et a tous jours mais perpetueilment observeir en le manire devant escripte, sens de rins a embrisier, casseir, vyoleir ne alle encontre alleir, par nous ne nous successeurs, ne par aultruy, en secreit ne en appert, en nulle manire. Et par tant que chu soit ferme chouse et estable, nous, tant pour nous comme pour tous nous hoires et successeurs, avons appendus ou faite appendre a ches presentes lettres, le grand seaul de notre dite mestir, dont nous devantrains et nous avons usceit et usons et teilz et semblantes chouses en signe et confirmacion de veriteit. Chu fut faite ordineit et accourdeit lan delle nativiteit notre saingnor Jhesu Crist milhe quatre cens et vinte unk, dyesnuef jours en moys de jenvier.

Copié et collationné sur l'orig. en parch. ; sceaux enlevés.

VI

IMPÔT OU ASSISE SUR LES CUIRS POUR SUBVENIR AUX FRAIS DE RÉPARATION DE LA HALLE DES TANNEURS.

20 JUIN 1425.

In nomine Domini amen. Nous ly gouverneurs, ly jureis et toutez les personnes et universiteis generalment de boin mestier des tanneurs delle citeit, franchieses et banliwe de Liege, savoir faisons a cescuns et a tous, presens et futtures, qui ches presentes

lettres veiront et oront , que comme ilh soit ensy que nostre
halle et assieses que nous avons seiante et gisante sour le Marchiet
deseurs le mangheme (1) a Liege , que nous devantrains predecesseurs, qui ont esteit de notre dite mestir de temps passeit et
a cuy Dieu ly tous puissans faiche vraye mierchis et misericorde a
leurs armes et ausy vuielhe faire as notres et a nos successeurs,
soit veilhe (2) et anchiene , et de quen (3) ilh le nous faulte
detenire et mettre nous y covinre de jour en jour en plusseurs
manieres et a grans frais, costenges et despens et qui pou (4) nous
tourneir a profit , par le raison de chu que notre dite halle est sy
veilhe et sy anchiene , que , par droite necessiteit, mestier sieroit
dycelle tout jus a jetteir et puis aprés tout tantoist ycelle tout
nuwe (5) refaire , chierpenteir , remansonneir et recoverire al
mielz que ous poroit ou saroit , et par boin conseilhe que nous
poriens sour chu prendre et avoire a bonnes gens overiers chier-
pentiers, machons et covereurs a che soye cognissans ; et pour
chu que notre dite halle est ly lieus la nous devantrains et nous
ont vendus , et la nos et nous successeurs devons vendre et venderont nous cuers, corduwans, pealz, antenneus et les denrees a
notre dit mestier appartenantes , ensy que ous at faite de temps
passeit , et partant que nous ne volons point avoire les faiz ne
ausy les noms que nous laissons pierdre ne alleir arriere ne ausy
thumeir a ruwines (6) ne a perdition notre dite halle que nous
devantrains ont acquiese , qui est unk des bealz hiretaiges
et juweaulz qui soit a nos ne a notre dite mestier appartenans, sy
que pour ycelle a detenire, refaire et remettre en boin point et en
bonne estat et afien quilh soit bin detenuwe, et que nous et nous
successeurs y puissiens et puissent, le temps advenire, habiteir et
converseir et ens vendre et regetteir les denreez a notre dite mestier

(1) Mangonrue, rue des bouchers.
(2) Vieille.
(3) Et que pourtant.
(4) Peut.
(5) Tout à neuf.
(6) Tomber en ruines.

de tanneryez appartenantes, nous tous ensemblez pour ychu
assembleis et aunys en notre lieus a che acoustumieis, et appelleis
et ausy adjourneis suffissament par notre varlet serimenteit tous
cheaulz dentre nous qui y duront et poront estrez, la meismez
sour chu entre nous chut (¹) par plusseurs fois boin, mayeure (²)
conseilhe, avis et deliberation et pourtant pour le plus grande
syete et accourd dentre nous tous, nous avons ordineit, passeit,
conclut et accourdeit, et par le tenure de ches presentes lettres
nous ordinons, passons, concludons et accourdons les deviesez,
poins, accourd et ordinanchez teilez et si faites comme chidesous
escriptes et declarecz sieront, les queillez nous volons quilhs
duront et quilhs soyent faites, mentenuwes, useez, wardeez, et
delle tout entirement accomplyez et persevereez en toutes leurs
partyes, sens de rins a defallir, briesier, effraindre, cassier,
vyoleir, ne alle encontre alleir en nullez manierez queilconcquez
qui soyent ne qui advenir puissent (³) le terme et espause de
unne annee entier continueilment ensiwant entrante et commen-
chante a jour delle daulte de ches presentez lettrez desous
escripte.

Et tout promierment que de tous cuers anteneuz et peaulz
tant de corduwain comme de veaulz, queils quilhs soyent, que
nous, ne les alcuns de nous, soient hommes ou femmes, revendeurs ou recoupeurs, revendresses on recopresses, que nous achaterons ou que nous porons achateir pour tanneir et coureir et
pour revendre, rejetteir ou recopeir, de cely jour en avant dedens
la citeit, franchiesez et banliwe de Liége, ne a queilles oueques
personnez que chu puissent estrez, ne de queillez esta quilhs
soyent, cescuns ou cescunes dentre nous payerat et se sierat
tenus et redevablez de payer cescunnez sammoinez delle an, a
nos governeurs et a notre compteur et a dois bonnes personnes
de notre dite mestir que nous cometterons et enlirons deleis et

(¹) Eut.
(²) Mür.
(³) Pendant, sous entendu.

aveucques eaulz, on a lun dentre eaulz qui sicrat-pour eaulz enlius
ou deputeis pour ychu à leveir, assavoir : pour cescuns cuers
une bonne haie, mannoie de Hennawe, voire compteit onze souls
et trois deniers common payement de Liege pour cescunne haie ;
et pour cescunne peaulz de corduwain, dois souls dedit common
payement de Liege ; et pour cescunne peauls de veaulz, douze
deniers dedit common payement ; voire que unne anteneuze
achatée delle valleur desous quatre hayes, ne doit estrez comptee
que pour unne peaulz de corduwain, mains delle valleur de qua-
trez hayez, et de la en mont, elle doit estre comptée pour unk
cuers, et se doit entretant payer comme ly dis cuers doit faire,
assavoir unne bonne haye, teile que devisée est pardevant. Tous
les queis cuers anteneuz, peauls de corduwain et de veaulz que
nous achaterons ou que nous porons achateir ou faire achateir de
cely jour en avant dedens ladite citeit, franchiesez et banliwe de
Liége, tout ycelle annee devant dite durante entirement, doyent
estre et seront stampeiz et ensenguies, ou stampee et ensengniez,
cescuns ou cescunnez dentre nous, de sa stampe ou ensengne,
teilement et sy parfaitement que ons lez puist recognoistre, et
amineis au amineez et deskergiez ou deskergyez en unk lieus
et mainson ou dois dedens Tanneuruwe ou delle ruwe des Escoliers, qui pour ychu sieront ordineez pour les chinque personnes
desourdites, par trois, quatre, chinque ou syes enfans de notre
dite mestir qui a chu sieront commis et deputeis de part caulz et
qui de chu deveront avoire leurs sallaire a leur ordinanche ; et
sens chu que nous ne les alcunnes personnes dentre nous lez
puissiens ne puissent mineir, hirchier, pourteir ne faire enmi-
neir ens nous mainsons ne aultrepart fours que ens mainsons en
lieus qui pour ychu sieront ordineez ou ordineis ; et que al plus
taurd, cescunne sammaine delle an, le dymengne, cescuns ou
cescunnes dentre nous sicrons et serioient tenus et redevables
de alleir reprendre et requerir nous cuers ou les leurs anteneuz,
peauls de corduwain on de veaulz, et payer adont la meismez et
tantoist largent delle assiesez et delle raixhe entirment devant
ordinée, teile et sy faire comme pardevant est contenuwe, escripte

et declaree ; et qui contrairez, rebellez, negligens ou defallans
en sieroit ou sieroient, voire se dont ilhs navoit ou navoient sy
tres loyauz songnes, besoingnes ou sy bonne excusanche raisona-
blez quilhs sen posist ou posissent bin alligier ou excuseir a
looz (¹) et plaisir des chinque personnes devant nommeiz ou
delle plus grande partye dentre eaulz, quilh perdist ou perdissent
de la en avant tous leurs cuers antencuze, peauls de corduwain
ou de veaulz qui laens ens lieus deputeis adont sieroient et quilhs
venissent en profit et alle utiliteit de nous et de notre dite mestir, voire pour refaire et redefyer notre halle et nient mettre ne
convertire altrepart, par maniere et condition teile que de tous
chez argens et assieses, meffais et amendes qui parvenront dez
cuers, antencuze, peaulz de corduwain et de veaulz que les
chinque personnes devant dites ou lunnez dellez leveront ou re-
chivront a nos durant ledit stuit et terme de unne annee en-
tiere, ilhs les chinquez personnez devant ditez en doyent et deveront, tous les moys delle an, rendre a nos boin compte par
escripte et en notre plain mestir, personne par personne , et a
cuy, ne combien ilh aront leveit, ne par queille sammaine ; et
quant ilhs aront a nos ensy rendu boin compte et faite somme
feale et donneit a noz les copiez, seilh les plaisoit de nous a
avoir, ilhs doyent et deveront tous chez dis argens mettre ensemblez en unk salve lieu , la ilhs scaichent bin, et la ilh lez
puissent relivreir et rendre a nos ou a cheaulz a cuy nous lez
assennerons, quilhs lez rendent, payent et delivrent, voir que
ches devant dis argens ensy leveis par les assiesez susdites, ne
doyent ne ausy ilhs ne puissent de cely jour en avant estre mis,
payer, delivreis, dissipeis, convertis ne alaweis (²) fours que pour
le refection, reparation et detenage de notre halle devant nommée, en nuls lieus, manirez, besongnez, necessiteis ne aultrepart
qucilconques, par suitez, par accours ne par nules ordinanches
qucilconques que ons posist ne puiste faire de cely jour en avant

(¹) Approbation, (laus).
(²) Alloués ?

en notre mestir ne altrepart al contraire. Et que les chinque
personnes devant escriptes jurcront sollempnement sour sains,
pardevant nous en plain mestir, que de tout che et de quant que
ilhs leveront et rechiveront dez argens des assiesez susdites et de
tous les profis et aventures quen ysseront, quilhs en renderont a
nos boin compte et payement et quilhs feront cely offische bin
debtement et loyaulment al miez quilhs saront et poront sens
nulluy adeporteir, par amour, par bienfais, par faveur, par hayme
ne par nullez aultrez manirez queilconcquez qui soient ne quy
advenire puissent ; care tout chu et de quant quilhs feront en bin
alle cause, instanche et ocquison des chousez descure touchyez ,
chu est et sicrat notrez greis, plaisirez , consens, volenteis et lK
fais et ly trais (¹) de tout noire dite mestir entirment, et se
lavowons de present pour le temps a advenire, et se les volons
tenire et wardeir en notrez salve garde et protexion, et deauls
awardeir et defendre alle encontre de toutez personnes queilconcques qui pour y chu les voroient molesteir, traveilhier (²) ou
endamaigier en queille onecques manieres que chu poroient estrez
ou advenire. Et se ens leurs offisches faisant, ons les faisoit ou
disoit ou ons lez vosist faire feire ou diere alcunnez vilaniez, in-
jurez, despis, violenchez, fauches ou desplaisanchez en queilcon-
quez manierez que chu fuissent, nous les promettons et avons
encovent bonnement et loyaulment, de teilement faire amendeir
par lez faitielez ou cupables qui chu feroient ou diroient, quilh
deverat bin suffyer a eaulz et a leurs amis par raison et teilement
que uns aulcunz y prenderoit pic (³) ou sovenanche unk grant
longe temps chi apres venant. Et quisconcques dentre nous les
personnes de notre dite mestier queillez quilhs soyent ou fuissent,
qui de cely jour en avant ne payeroit ou ne payeroient son assie-
siez dez cuers, anteneuze ou peaulz devant nommees alle manire
devant ordinée, ou qui cancelleroit ou cancelleroient (⁴) ou qui

(1) Comme fait et traité par.
(2) Nuire.
(3) Rancune ?
(4) Annuler en coupant ou en biffant, cacher.

empourteroit ou empourteroient ou feroit ou feroient empour-
teir ou enmincir alcuns cuers, anteneuze ou peaulz , fuist nute-
nalment, secreitcment, laichineuzement ou aultrement, ou qui
yroit ou yroient, venroit ou venroient, procurroit ou procurroient
alle encontre des ordinanches et delle tenure de ceste presente
lettre pour y allez acasseir , embriesier , defaire , destruire ou
adnicheleir, fuist en tout ou en partye, en secreit ou en appert,
et seyut troveit un apperchiut, fuist aviertet ou bin proveit par
nous ou les alcuns de nous sens pourteir hayme ou suspicion, ou
par le scriment de cely ou de cheaulz dentre nous sour cuy
ou sour les queis ly famme (¹) yroit ou couriroit, que escondire (²) ne poroit ou ne poroient quant requis en sieroit ou
sieroient, cescuns ou cescunnes dentre nous qui chu feroit ou
feroient ou aroit ou aroient faite, pierderoit ou pierderoient tous
yceilz cuers, anteneuze, peaulz de cordewain ou de veaulz que
ensy ilh cancelleroit ou cancelleroient et sieroit ou sieroient priveis et hausteir unne annee tout entirment de ses hoynes a moulre
a notre dit molin et assy de notre compangnie et de toutes nous
franckieses, borgesyes, droitures , liberteis , et ordinanches de
notre dite mestir entirment, et que al chief delle année accom-
plie ilh fuist ou fuissent tenus del poutcire (³) droite ens mains
de nous gouverneurs et en notre plain mestier, et quilh amen-
doist ou amendoissent encours avant a nos , sourlonc chu qui ly
plus grande syete de notre dite mestir diroit, passeroit et accour-
deroit, que amendcit deveroit et deveroient anchois et devant
quilh posist ou posissent moulre a notre dite molin ne quilh
fust ou fuissent rechups notre confrere borgois ne parchoniers a
nos ne a nos franckieses, droitures ou liberteis de nous ne de
notre dite mestier, ne moulre a notre dite molin; et sens chu
que teiles personnes dentre nous, qui chu feroit ou feroient, soye
posist ou posissent altrepart alleir demoustreir, nonchier, lais-

(¹) Réputation, bruit.
(²) S'excuser, éviter.
(³) Pourteire ?

sier savoir ne faire complaintes sur nous ne sour dite mestier,
ne devant les maistres, ne les conseilhe, ne nullez mestir delle
citeit de Liege, ne altrepart pardevant nullez sanguors, jugez ne
justiches spiritueilez ne temporcilez queilconcquez, sy hauls que
sour nous serimens que nous avons fais alle entreit en notre dite
mestier, et ausy sy hault que pour pierdre delle toute entirment
a tous jours mais notre mestir, notre molin, notre halle, nous
hiretaiges, et toutes nostrez droiturez, compaingniez et liberteis
entirment, et ausy sy haulte que pour estre mis fours de notre
papir et registre dez borgesyez de notre dite mestir a tous jours
hiretablement. Et partant que chu soit ferme chousé et estable et
que les ordinanches devant ditez soyent miesez, tenuwez, wardeez et accomplyez toute ycelle dite année entirment durante
sens embrisier ne alleir alle encontre, nous touttez les personnes
et universiteis generalment de devant dit boin mestir des tanneurs delle citeit de Liege, avons mis et appendut ou faite
mettre et appendre a chez presentez lettres, le grant seiaul de
notre dite mestir et le petite seiaul ou signette desous alle encontre (1), des queis nous devantrains et nous avons uscit et
usons en teilez et semblantes chousez, en signe et tesmongage
de veriteit. Chu fut faite, passeit, ordineit, et accourdeit en notre
plain mestir, lan delle nativiteit notre singnor Jhesu Crist milho
quatre cens et vinte chinque, vinte jours en moys de junne, condist resailhemoys.

Copié et collationné sur l'original en parchemin.
Sceaux enlevés.

(1) Contre-seel.

VII

LETTRE DES OFFICES.

25 JUILLET, 1427.

In nomine Domini amen. A tous cheaus qui ches presentes lettres veiront et oront, nous li governeurs, jureis et touttes les personnes et universiteit de boin mestiers des tancurs delle citeit de Liege, faisons cognoistre veriteit; que, comme ensi fuistes que pour les offisches de noustre dit mestyer entredeus et discors fuissent pour ce entre nous esmeuttes, et dont se, par le divine esperit ne fuistes plus grands mauls et dissencons powissent eistre mouteplyer et advenus; avons adont, pour lesdis maus a esquiweir et pour bonne paix et dilection entre nous mettre, alle edificacion, ayouwe (¹) et conseilhe de freires Pire de Canne, vestis parochiaule delle englieses Saint Pholhin, faites les ordinanches chi apres escriptes.

Ceste assavoir: promirs, le nom de Dieux a touttes couses appelleit que pais, amour, concorde et dilection soit a tous jours mais a perpetuiteit sains division nulle entre nous et que tous creians. . . . . . . alloianches ne compromis faite entre nuls de nous, quilh soyent quittes, adnichileez, cassez et de nulle valleur.

Item, apres avons accordeit de tenire et tenrous pour bin de pais, a point des offisches grandes et pettites, assavoir: de syeseime delle forc, de fermeteur, de quatre del Violette, de governaige, de juraige, que de chi jour en avant li mestyer secrat comandeit en lieu acoustumeit; et la nous tous li mestyer generalment assem-

(¹) Aoes, au profit.

bleiz, ly compteur arat aparelhiet aultretant de petits briveles (¹)
rolleis et dunne grandeiches et quantiteit, sains fraudes en ce
quiere, que nous secrons de personnes. Entre lesqueis briveles ilh
arat chinque briveles dedens escrips : *in nomine Domini amen*; et
syeront ces briveles bin quemassiet (²) et donneit par ung proi-
domme en ordre a cescunne des dites personnes de noustre dit
mestyer ung des dis briveles, exceptcit et salveit tous bains et
albains, escomengnies et entredit, lesqueis naveront nuls briveles,
ne ne poront porteir offiches. Et secrons nous en ordre assis, lune
de coiste lautre, ensi comme usaige est de faire venire alle
syete (³) alle croie. Et la (⁴) les chinque briveles qui secront escripts, teils personnes averont le puissance de esliere les offichins
appertenans audit mestyer pour la journee (⁵), caus reserveit et
aussi reserveit ceaus qui pour leur (⁶) de dont naveront point
esteit endit mestyer comme les autres, et aussi quilh ne puissent
eslire dois freires ensembles a offichins pour la journee, salveit
une trente-deux le jour delle Saint Jaqueme, liqueis puet bin
eistre esluis. Et scirons tenus nous touttes les personnes dedit mestyer de pasieblement et honiestement scior (⁷) tant et si longue-
ment que li eleccion descurditte des affiches pour le journee sicront
faites ; et scerons tenus diestre au dit lieux pour rechivoir lesdis
briveles dedens le terme delle hoire del colp de prime sonnee, sour
le poine et amende dunch marck de bonne monoie et estres priveis
quatre ans de toutes offiches, se dont navoit ou navoient les dis
deffallans les excussanches chi desous declarees ; et affait (⁸) que
les dis breveles secront donneis, ilh syeront viscnteit par le compteur ; et quand les dis briveles escrips attomeront, que, tantoiste

---

(¹) Billets; en all. *brief*, lettre.
(²) Mêlés.
(³) *Ou*, variante.
(⁴) Où.
(⁵) Pour l'année : on n'élisait qu'un jour par an.
(⁶) Pour l'heure ou pour lors, c'est-à-dire les absents.
(⁷) Rester assis.
(⁸) A mesure que.

alle promier personne qui averat ung escrips briveles , sains plus
avant alleir , yceils personnes jurerat sour Sains solempnement ,
alle requeste des dois governeurs, presens tout le dis mestyer,
quilh enlierat bonne gens, saige et discreis et ydoines pour pourteir
lesdittes offiches dont li mestir en aiet honeur ; et jurerat quilh
nabauchisserat personnes par dons ne par promesses ne par nuls
quelconcques binfais a avoir devant ne apres, ne aussi quilh en ayet
parleit ou faire parleir , ne requis , ne proyet ou fait proyer en secreit ou en appert, dont ilh ayet sovenanches, pour le temps presens; et apres ledit scriment fait, syeront tentoiste emmincit en ung
lieux secreis , la nuls nelle puiste infourmeir et ainsi les autres
quate personnes qui attomeront aus autres (¹) briveles , jurreront pareilhement et sieront tantoiste l'une apres l'autre en dit
lieux mincit, et la assembleis , ces dittes chinque personnes enli-
ront les offichins pour le journee, lesqueilles personnes, qui syeront
eslus officins à queilconque offiche que chu soit, soient tenus delle
accepteir et pourteir alle honour dedit mestier, et qu'ilh fachent
avuecques les scrimens accoustumeis, les scrimens chi dedens
contenus , sous le poine et amende de ung marck dargent unne
fois a payer , et avuecques ce, quilh ne puissent pourteir offiches
nulle dedens quatres ans apres ; salveit en ce se dont li personne
esluis aus offiches nestoit si anchins quilh awiste sissante ans passeit et plus , ly queis sieroit excuseis en tant qu'ilh ne vowiste
jamais pourteir offiches ; et qui quionques ayet elecion de nulle
des dittes offiches que dedens quatre ans apres nelle puisse avoir
ne pourteir plus offiches, excepteit se par hoire de jours, ung
bourgois de nostre dit mestyr fuiste enlies maistre de Liege ou ung
quatre delle Violette de par ledit mestyr , liqueils poroient estre
jureis l'annee apres ensi que ons at useit del temps passeit.

Item quilh soit ordineit pareilhement par briveles des Vinte
deux de pays, ceste assavoir que queilconcques personnes qui averat loffiche delle Vinte doiscime par le citeit, que nostre dit

<hr>

(¹) Quattres, dans une copie.

mestyr ne puisse cheaus dedens quatres ans apres renlire alle ditte offiche delle Vinte doiseime.

Item quant li governeurs de ledit mestyer ensi esluis seerons mis en fealteit, se jurreront ancors avuecques le scriment accoustumeit que jamais ne seeront en lieux la ([1]) ceste presente ordenances soit embrisyes ne adminchilees ne ne sciront en lieux la syete se faiche del contraire.

Item ancors jurreront sour Sains, que de touttes aventures ([2]) que a eaus soloient parvenire en maniere nulles, soit de planchaiges, de defallans en pallais ([3]) en dit mestyr, aus pourcessions, a mort ([4]), a mariaige et a touttes autres couses, que rins nen revenrat en leurs proffis, anchois venront ens proffis et utiliteit dedit mestyer, exceptcit les relevans dont ils poront avoir leur bin silh vuelent; et renderont boin compte de trois mois a autres, salveit en ce que les dis defallans en dit mestyer aux pourcessions et ocquisons descurdittes, quilh puissent dedit pain ([5]) cistres quittes pour jurcir ([6]) sour Sains que ilh ont oyut causes di estre four delle vilhe ou songne tochantes a leur honeur, a leur hiretaige ou alle citeit ou pays, ou de mort ou mariaige, et que point noint deffallit dobbeyr pour defaudeir ledit mestyr sains malengien; et se li dis governeurs astoient deffallans de faire excerseir enqualement leur ditte offiches et quilh vowissent pourteir faveur plus al unne personne que alle aultre et proveit fuiste deuttement, que li dis governeurs, pour cel ditte negligenches, soient attens et tenus de payer et tantoiste le doble delle auiende que teis forfaisant averoient desiervis, et partant ne scirat point quitte le fourfaisant.

Item ancors avons passcit et accordeit que le quatres offichins

---

([1]) Que jamais ils ne seront là où l'on violerait ce décret et qu'ils ne siégeront dans une assemblée où on ne le respecterait pas.

([2]) Profit accidentels.

([3]) Aux assemblées, palatium.

([4]) Aux services.

([5]) Paine, amende.

([6]) En jurant

qui al jour delle saint Jaqueme ysseront (^{1}) de leurs offiches, quilh jurent sour Sains, quilh feront les novcaus offichins accomplire ceste presente ordenanches, et que par tout ils les troveront deffallans ou negligens de faire, nous vollons que ilh ayent le puissances eaus faire payer le double amende comme dezeure est dit de tout ce que provcit serroit deuttement quilh averoient negligiet ou defallit dautruy corregier leur annee durant, et la ilh feront dautement leurs dites offices si averont pour leur poine et sallaire aus frais dedit mestyer cescuns desdis governeurs owyt olne de draps a ung florins.... reinaldus lone ou le valleur, dedens le saint Remy, pour tantoiste afaire une hupplandre et ung cappiron pour pourteir leur annee pour faire honour audit mestyer.

Item pareilhement avons passeit et accordeit que nulle personne de nostre dit mestyer ne puisse de chi jour en avant releveir ledit mestyer, silh nat leaige de quiense ans deuttement approvcis pardevant nous singneurs les esquevins de Liege, se dont nastoyent marycis.

Item qui quionqnes seirat enlis jureis ou quattres delle Violette, ayet de pairt ledit mestyer dois olne de pareilhe draps dedit governeur, pour faire cascuns ung cappirons, et faichent cescuns une hupplandre pareilhe aus governeurs a leur courses, frais et despens, pour faire honour audit mestyer ; et parmy chu ne soyent rins tenus nuls desdis offichins de rins affaire grausces (^{2}) ne donneir quant enlis secront aus dittes offiches.

✕ Item affin que ces presentes syetes et ordenanches soyent a tous jours mais tenues ferme et estaubles, sains embrisier, si les avons nous, touttes les personnes et universiteit de noustre dit mestyr, jurees et creantees et cascunne personne par li, tieste par tieste, a tenire, wairdeir, observeir et maintenire a perpetuiteit sains jamais alleir allencoutre. ✚ Et volons que tous les relevans et entrans le jurent a leur receptions avnecques le seriment acous-

----

(^{1}) Sortiront.
(^{2}) Donner le *halbier*, faire des largesses.

tumeit, delle tenire a perpetuiteit ; li queis relevans qui point ne
seeront marieis ne poront useir de nostre dit mestier se ilh nont
par eaus mainsons et tannerie et que li peire et li meire de
li jurent encors que le cheteit (1) que ilh at entre ses mains
que ceste sien propres et quilh le puet boire, maugnier, aloweir,
donneir et despenseir sains loffensce ne contradiction de soin
peire et meire et que point ne li ont donneit peire ou meire pour
noustre dit mestier a defraudeir ; et silh advenoit, que jà na-
vengne, que alcuns de nous ou nous successeurs apres nous, ung
ou pluisseurs, vowiste ou vosissent alleir, venire ne procedeir
allencontre de ceste présente noustre ordenanches, si est nostre
intencion et vollons que yteis rebellians et nient entretenant ceste
presente ordenanches, soyent tenus et attins de ung mark dargent
et avuecque ce quilh ne pourtent offiches de pairt nostre dit mestyer dedens quatre ans apres le rebellion faite ; le queille miese et
amende nous, touttes les personnes et universiteit deseur dite,
silh advenoit, que ja Dieux ne plaiste, a consentire que nous
fuissins tous rebelles et que vowissins par foirches ou par le plus
grande syete de nous entrebrisir tout ou en partye ceste presente
ordenanches, si poroit unne soile personne qui ceste ordenances
tenroit, nous tous ensembles ou lune apres l'autre pardevant
queilconques haulteurs ou justices spiritueille ou temporeille que
miex li plairoit, demandeir cascun si que de bonne debte, vraies
et loyaus et de miese, attente et forfaite, cascuns de nous unck
marck dargent et avuecque ce faire tenire et accomplire les ordenances deseurdittes, et ne nous porins ou porons adout excuseir,
alligier, deffendre ne warandire, nous ne nous hoires ou successeurs apres nous, par queilconque frankise spiritueille ne tempo-
reile, fuiste par fyes, homaiges, bourgesie, clergie, liberteit ne
franchiesces, auxqueils touttes et singuleir presentement, pour
nous et nous successeurs apres nous, nous renoncons expressement
et avuecque ce a tout ce et de quant qui aidier nous poroit contre
ceste presente lettre et ordenanches ; et partant que ce soit a tous

(1) *Catteit* et dans une copie *cheptes*.

jours ferme couse et estauble , si avons ceste presentes lettres et ordenances sayelee del grant seaul de noustre dit mestyer , des queils nous touttes les personnes et universiteit deseurdittes usons et avuecque ce avons ancors proyet et requis a saiges, discreites (¹) et honoraubles personnes ✠ Sire Pire de Canne devant dit, Lambert de Hodeige, Wilhaime de Flemalle, maistre Gielle Oborne , Sandron le jovene, Johan de Carme , Johan Babbeit, Hubin de Malmedie, Johan de Momaule, Colaur de Hodeige li vies, Johan delle Scloite, Colaur Sourdeilhe, Henri Sourdeilhe son freire, Jacquemien Oulry, Colaur Bidair , Piron de Tive, Colaur de Namure , Gielet de Namure soin freire, Henry Malchair, Andrier Malchair soin freire, Gielet Petit ku, le grant Colaur, Johan de Hour , Johan de Huffaliese, Wilhaime Baudewin , Henri Dester, Gerair de Slachin , Gilis Gilair, Johan le Bechut, Colaur de Hodeige le jovene, Johan de Viseit, Johan de Fooz, Johan Dawans, Johan de Tongres, Henry Damryer, Piron de Lyeriwe et Henry Steine, comme nous aisneis, que ilh tous et cascuns par ly, avecques le grant seaul de nostre dit mestier deseurdit, vuelhent ceste presente lettre de leurs propres seaus sayler. Et nous , touttes les personnes devant dittes , alle proyere et requeste des personnes generalment et universiteit de nostre dit mestier, avons pendu ou fait appendre, cescun par ly, a cestes presentes lettres , nous propres seauls en tesmongnaige, corroboracion et confirmacion de veriteit. Faites et donnees lan delle nativiteit nostre Singneur Jesucriste milhe quautre cens et vinte sept , le jour delle feste Saint Jaqueme, a hoire de prime ou la entour.

Copié et collationné sur l'orig. en parch., muni de 17 sceaux ou fragments de sceaux ; il y en avait primitivement 37. A ces lettres sont annexées celles de 1439, 10 avril.

Ces statuts ont été renouvelés le 1er avril 1428 en changeant les noms des témoins et en ajoutant les articles suivants aux signes indiqués.

(¹) Non pas discrète dans le sens français, mais prudente (de *discernere*).

✕ Item, pareilhement advons passeit et accourdeii, que ly compteur de nostre dit mestier, quant ilh vakerat, soit eslus par les briveles, pareilhement comme les autres offichins devant dis, et quilhe faiche le seriment accoustumeit et ayet pour son sallair, az frais dedict mestier, owyet semblants olne de draps et delle pareille valeur comme les governeurs devant dits, et quilh demeurt en ladite offiche tant quilh plarat a ly et a nostre dit mestier, voir quilhe nelle puiste renunchier jusques a la fin de son annee et en tant quilh sierat compteur quilh ne puist pourteir autres offiches de part nostre dit mestier.

╪ Item advons passeit et accourdeit, a faite delle livree dudit mestier, affin que on saice que ceste le livree de nostre dit mestier, que des jours en avant, on furat icele livree de royet ou partye de deux colleurs de draps et pourteir tout lannee de leur office durante et lannee apres, a tout les porcessions et sacrament.

Item accourdons a faite delle vinte deuseme maistrye des povres maistrye de Corneilhon, que ce soy faice par brivelles aussi que dit est, et cely qui arat celle office ou lune delle, que quattre ans apres il ne puist pourteir office sur nostre dit mestier ; et sieront tenus delle faire livree a leur frais et costenge teille et semblable que les governeurs dudit mestier, et ce dedens trois moys apres leurs elexcion et les pourteir pareilhement lannee de leur offiche et lannee apres aussy que par desseur est escripte et sur teille amende et privacion que chi dedens se contint.

✠ Sire Johan de Orsmalle, vesty de Saint Phollin, Rencon Goddin, Johan de Hodaige ly aisneit, Johan de Merse, Henrair de Gré, Jacquemin de Hodaige ly aisneit, Lambert de Hollengnoul, Gielet de Verviers, Henry Couste, Gielet Dorey, Piron Halleit, Johan de Beavaux, Ernult de Retines, Henry de Cane, Johan Gringnet, Johannes Rebeir, Johan de Sart, Johan de Hodaige le jovene, Lambert Kouste, Johan Colin, Johan de Buxhemont, Collair de Salchy, Johan de Vervier, Servalx Rouse, Johan Goret, Anthoine Paulus, Jacquemien de Hodaige le jovene.

IX

SIEULTE DE METIER. — COMMENT LES FILS ET FILLES DE MAITRES PEUVENT JOUIR DU MÉTIER ; DE LEUR MARIAGE EN PREMIÈRES ET DIVERSES NOCES AVEC DES BOURGEOIS OU DES ÉTRANGERS.

LE 29 JANVIER 1431.

Nous ly governeurs, jureis, touttes les personnes et universteit generalment de boin mestir des taneurs delle citcit de Liege, faisons savoir a cescuns et a tous, que pour bin de pais et pour amour et transquiliteit a nourire entre nous, et ainsi pour le governe de notre dit mestir demoreir, avons faite, ordineit, et par ches presentes faisons et oirdinons les devises et ordinanches qui sensiwent, tochant la borgesye de nostre dit mestir. Et toutte premirs, avons ordineit et acordeit que dors en avant, que quant unk filz de maistre et borgois de nostre dit mestir soie marierat et prenderat femme estraingire, que sa femme et ainssy tous leurs enfans soyent et demeurent borgois de notre dit mestir ; et sensy advenoit que ly femme estraingire de cely premir mariaige trespasast, et ly filz de maistre soie remariast et presist, comme de premirs, femme estraingire, que dedens le premirs annee de leurs dit mariaige, se illi vuet sa ditte femme avanchire a che que leie (¹) et uns aultre maris que apres reprendre porat, de notre dit mestir soyent, que illi soiet tenus de payer a nous et a nostre dit mestir la somme de vinte souls de parisis ; et sensy advenoit que dedens la ditte premirs annee illi fuissent rebellez ou defallans de payer la ditte somme, que tantoist apres le trespas de son dit marit, elle ne puist de dont en avant reprendre marit qui puist y

______

(¹) Elle.

estre de notre dit mestir , et se pierderat tout tantoist notre dit
mestir ; mains tant et sy longement que elle serat vefve et sens leie
a remaricir, elle soie porat useir de notre dit mestir. Et tout ensy
et pareilhement , sens muweir ne cangir , entendons et volons
quilh soiet useit des filhes de maistres. Mains sensy astoit
que ladite fille de maistre soie remariast et presist unk second
marit estraingire , que celi soiet tenus dedens le premirs
année de payer a notre dit mestir la ditte somme des vinte
souls de parisis ; et en cas ou che ne faisait, que dont apres
le deches de sa ditte femme , ilh ne puist faire nulle femme
estraingire de notre dit mestir ; mains les enffans de ly legitime,
doyent y estre de notre dit mestir , voire parmy cescun de aulz a
notre dit mestir a payer la somme de syssante soulz de parisis.

Item, avons oirdineit que silh advineit que ly dis filz de borgois
alaist de vie a trespassement dedens son dit premirs mariage ,
que sa ditte premirs femme , apres son trespas , soie volsist
remaricir et prendre homme estraingire qui volsist y estre et
useir de notre dit mestir , que faire le puist, voire que devant et
anchois que ilh soiet recheus ne fache le seriment de notre dit
mestier , que ilh soiet tenus de a nous a payer la ditte somme
des syssante soulz de parisis , ensy quilh est faxeit en nostre principaule lettre ; et silh advenoit que ly femme qui aroiet oinc filz
de borgois de nostre dit mestir, et elle soie remariast secondement
a unk second homme estraingire, adont en cas ou che advenroit ,
celi femme perdist nostre dit mestir tout adelonge (¹) , franchies
et liberteis de celi ; et pareilhement se une homme estraingire
de nostre dit mestir qui awist oinc filhe de borgois de maistre de
nostre dit mestir , soie remariast secondement a une seconde
femme estraingire , que dont, en cas ou che advenroit , teile
homme estraingire soiet (²) puet meleir de notre dit mestier, par
le seryment quilh at faite , toutte sa vicarie ; et apres son deches,
ly femme de teile homme estraingire doiet y estre privecz et

(¹) C'est-à-dire, tout entier.
(²) Soi, se.

oisteez tout tantoist de notre dit mestir et de touttes les franchieses et liberteis de celi; mains tous les enffans legitime de teile homme estraingire doyent y estre de notre dit mestir, pour (¹) cescun deaulz a payer a notre dit mestier la ditte somme des syssante soulz de parisis teils comme deseurs ; voire que par iche, se dont ne raquiroient notre dit mestir dedens la terme contenut en notre ditte principaule lettre, quilh perdissent notre dit mestir tout ensey et en teile manire comme ilh soie contint et faite plus overtement mention dedens notre ditte lettre principaule , sens ychelle de rins a embrisir (²).

Item, avons ordineit que quand ly enffans de celi second mariaige procreiés et que, sy comme dit est, aroit acquis notre dit mestir, soie volroit marieir fours de notre dit mestir, soyent filz ou filhes, que faire le puisset, voire une fois tant seulement ; et seront li enffans, de cheli premirs mariaige engenreis, borgois de notre dit mestir ; mains sensy advenoit que leurs femmes ou maris trespasassent, et apres che soie remariassent fours de notre dit mestir, que sy toist que che seroit advenut, fuist homme ou femme, que tantoist, dedont en avant , ilh fuissent priveis et oisteis de notre dit mestir et ne sen posissent dedont en avant plus avant useir, altrement que ly homme, par le seriment quilh at faite, soy doiet useir de notre dit mestir toutte sa vicarie durant ; mains ly femme ne enffans de teile second mariage ne soie puelent melleir de notre dit mestir, anchois le pierdent entirement en bonne foid et sens malengin ; et sensy astoit ou advenoit que, en alcun temps advenir, ilh fuist de par nos ou par alcun de nous troveit ens chouses poins et articles chi devant nommeis , escrips et declareis, alcune parolle ou clause obscure de doble entendement, qui fuist contraire ou pourtant prejudiche a nous ou a nous honeurs, ou qui fuist allencontre des franchieses et liberteis de nostre dit mestir, en cas ou che advenroit, nous, touttes les personnes de devant dit boin

(¹) En payant.
(²) Altérer ; sans en rien enfreindre.

mestir generalment, tant pour nous comme pour nous successeurs, detenons en nous la puissanche et auctoriteit de yceils
poins de doble entendement a mettre a clerteit, a corrigir et a
bonne entendement, tout fois quant fois que troveis serat ; et
che par le plus grande partye et syete (¹) de nous tous général-
ment et nint altrement, en bonne foid et sens fraude.

Touttes les queilles chouses, poins, articles, moderations et
conditions chi devant denommeis, escrips et declareis, nous,
tonttes les personnes et universiteit generalment de devant dit
boin mestir, cognissons y estres bonnez, vraiez, fermez et estaubles, et ainssy faites, fermeez et ordinees de notre greit, plaisir et bonne volenteit, sens nuls debatans ; et partant nous les
ratefions et avons encovent (²) loialement delle tenir, fermement
et bonnement accomplir de tout en tout, sour teiles obligations, fourme, maniere, devises et oirdinanches comme illi appert
et faite plainement et overtement mention dedens notre ditte
principaule lettres faites et par nous jurees et sayellees, sens
ychelles obligations, serymens, fcallteis et misc (³), dedens
notre ditte principaule lettre contenuwes, a embrisir, muweir,
cangir ne jamais allencontre alleir, en maniere nulle, en bonne
foid et sens nulle fraude ne malengin en che querir, excusanche
ne alliganche nulle, par chouse qui advenir puist, en cestuy
pays ne en aultre ; et partant que che soit et ferme chouse et
estauble, nous, touttes les personnes et universiteit generalment
de boin mestir devant dit, avons appendut ou faite appendre a
cesti presente lettre le grant seiaul de notre dit mestir, dont
nous dervaintrains et nous avons useit et usons en teils et sem-
blans cas ; et encor aveucques che, avons pryet et requis a hon-
norables et honiestes personnes, nous chiers et bin ameis, assavoir, nous dois gouverneurs, jureis pour le temps et nous
confreirs et borgois de notre dit mestir teilz qui sensiwent,
cheste assavoir : premirs, Johans de Houre, le grant Colaurt de

---

Tournay, goverueurs ; Colaurt de Hodaige ly jovene et Arnulz de Tirle, jureis ; Williames de Flemoile le jovene, Sandron, Johans Babeit, Colaurt Sordeilhe, Jaquemins Oulris, Colaurt de Hodeige ly aisneis, Colaurt Bidair, Gilez de Namur, Johans de Fooz, Pirons de Tivles, Andrier Malchair, Henrys Stevenne, Henrys Dester, Colaurt Busin, Jaquemin de Hodeige, Renchon Godin, Giles Libiert, Hubin de Malmedie, Wilheames Baldewin, Johans le Bechus et Geraird de Sclachins, que ilhs vuilhent cescuns par ly, comme nous boins confreres et borgois, deleis le grant seiaulz de notre dit mestir, les leurs propres sciaulz a cesti presente lettre sayelleir ou faire sayelleir. Et nous, touttes les personnes, confreres et conborgois devant nommeis, alle pryere et requeste de tous nous aultres confreires et conborgois de devant dit boin mestir generalment, avons, sy que leur confreres et borgois, tant pour nous comme pour nous successeurs de notre dit mestir, deleis le dit grant seiaul, nous propres sciaulz a cesti presente lettre sayelleit ou faire sayeller en singne, tesmognaige et confirmation de veriteit. Che fut faite, passeit et par nous acourdeit en notre lieu acoustumeis, lan delle nativiteit nostre sangneur Jhesu Crist milhe quatre cens et trente unk, vinte nuef jour en mois de jenvir.

Copié et collationné sur l'original en parchemin.
Il reste neuf sceaux des 28 qui y pendaient primitivement.

X

ORDONNANCE DU MÉTIER AU SUJET DU PRIX DES CUIRS APPELÉS
Anteneuses.

27 MARS, 1433.

Nous ly governeurs, jureis, toutes les personnes et universiteit
generalment de boin mestier des teneurs de la citeit de Liege,
faisons savoir a tous presens et advenir, que, comme nous ou li alcun (¹) de notre dit mestier awissins entrepris de faire passeir cures
appeleis anteneuse, les queis nous rejettins dedens syes ou sept
samaines apres chu que par nous ilh astoyent achateis, dont
pour chu nos et notre dit mestier astoit grandement ou poioit
encours plus y estre diffameis et ablameis, partant que ycheaus
cures ensi passeis nastoient point de loy ne ovreis ensi quilhe devoient; et partant, nous, qui volons toute chouse mal faite et male
interpetrée mettre a boin point et a boin coron (²) a notre loyal
pooir, veyut que les autres bonnes ville et pays marchissaus de
Liege ne de Louz ne font point teis ovraiges, nous, de comonne
syet et accourd, avons accordeit et par le teneur de ches presentes
lettres accourdons, que dors en avant, ilh ne soit nuls ne nalle de
notre dit mestier qui faiche, par li ne par altruy, en secreit ne en
appeirt, passeir cures appelleis anteneuse, pour vendre ne rejetteir par le maniere devant dit, se dont (³) teis cureis ne anteneuse
ensi passeis et coureis, abaiche (⁴) ne sont si menre (⁵) et de si

(¹) Quelques-uns.
(²) A bonne fin.
(³) A moins que.
(⁴) Abaissés ne soient.
(⁵) Moindre.

poure (¹) et si petite valleur, que a revendre sour le halle tous teneis et coureis (²), ilh ne passent le pris et valleur de dyes bodd., voir dyes souls et syes deniers pour cescun bodd. comptant; car cest notre intension et volons que tous cures appelleis anteneuse qui seiront de plus grant valleur que des dis dyes bodd. quant il seiront coureis et passeis, que ons ne les puist ensi revendre, ains volons et accordons quilhe soyent par nous et nous successeurs teneis ensi comme il appartint, affin que nous ne soyons point diffameis de faire nuls mavais ovraiges; et s'il astoit nuls ne nulle de notre dit mestier, qui fesisse ou fesissent le contraire, ors ou en temps futures, nous avons accourdeit et par ches presentes lettres accourdons que, celi ou cheaus ensi faisant le contraire, pierde ou pierdent toutes ycelles denrees et avoicque chu encours quilhe soit ou soyent atten (³) envers notre dit mestier en une amende don (⁴) pesant florin doir de rins, toutes fois quilhe le forferoient, tout chu en bonne foid et sans fraude. Et partant que che soit ferme chouse et estaubles, nous avons fait appendre a ches presentes lettres le propre seyaul de notre dit mestier de queil nous usons tuit (⁵) ensemble en teis et semblant cas. Et avons encours pryet et requis a nos chiers et bin ameis confreres, Jacquemin Oury, Lambiert delle Prealle, governeurs; Johan de Fouz, Johan de Stebert, jureis pour le temps de notre dit mestier; Colaur de Hodeige li viez, Colaur Sordeilhe, Johan de Hour, Colaur dit le grand Colaur, Wilhcame Badewin, Henry Stevene, Jacquemin de Hodeige, Colaur Bidaur, Johan li Bechut, Piron Stevene, Ernult de Thive, Colaur Busin, Henry Damerier, Johan Dawans, Geraur de Houtten dit de Sclaichin, Thiry delle Roiche, Johan de Hodeige, Lambotte Parochins, Simon Colaur, Renechon Godin, Henry de Greit, Gicles de Vervier, Ernult de Tongre, Libiert Gilman,

(¹) Pauvre.
(²) Tannés et corroyés.
(³) Attein.
(⁴) D'un florin d'or du Rhin.
(⁵) Tous.

Henry Babeit, Mathier de Bliese, Johan de Mers, Wynans Bar-
beaul et Colaur Bruwiers, que ilhs, tant pour nous com pour
eaus, veulhent a ches presentes lettres sayeleir, ensi com ilh ont
fait, avoicque le seyaul de notre dit mestier, en singne et corbo-
ration de veriteit. Chu fut fait et doncit sour lan de grausce delle
nativiteit notre saingnor Jhesu Crist milhe quatre cens et trente
trois, le xxvij^e jour de mois de marche.

Copié et collationné sur l'original en parchemin, auquel pendent encore vingt sceaux.

XI.

SIEULTE DU MÉTIER TOUCHANT LA QUANTITÉ D'ÉCORCES QUE CHAQUE COMPAGNON PEUT MOUDRE PAR AN.

16 MARS 1434.

A tous cheaus qui ches presentes lettres vierout et oront, nous,
li governeurs, jureis, toutes les personnes et universiteit generalment du boin mestier des tanneurs de la bonne citeit de Liege,
faisons savoir a cescun et a tous, que nous, de common syet et
accord, sens nuls debatant ne contredisant, par boin conseilhe,
avis et deliberation, nostre mestier generalment pour chu aunis et
assembleis en nostre lieu acoustumeit, avons ordineit, passeit et
accordeit et par le tenure de ceste, ordinons et accordons, pour
bin de pais et pour amour et transquiliteit a nurir et maintenir
entre nos successeurs, affin ainssi que li petis soy puissent
chevir (¹) et governeir delcis les grans et lune delcis lautre, que,
dors en avant, li plus grans, li moyen ne li plus petis de nostre

____

(¹) Se tirer d'embarras, vivre.

dit mestier ne puist, par li ne par altruy, moulre a nostre molin
ne altrepart, plus hault ne plus grant somme que dyes tarlhye
lanée, et puet ou pulent comenchier a molre al comenchement de
resailhemois en parsevrant (1) oultre lanée jusques alle autre
mois de resailhe apres ensiwant, et les autres, en parsiwant de
greit en greit (2) sourlonc leurs ornez, toute enncilement sens
plus avant à molre que dyes tarlhye tant seulement cescun an,
sens en chu queire fraude ne malengin par nulle maniere queilconque. Et la queile ordinanche ensi faite et passée, nous, tous
li mestier generalment, promettons et avons encoveut, loyalement, en bonne foid et sour la fideliteit de nostre dit mestier, a
tenir, observeir et maintenir a tous jours mais, sens venir, alleir,
procedeir, parcoureir ne faire syet (3) al contraire. Et partant
que che soit ferme chouse et estaubles, nous avons fait appendre
a ches presentes lettres le grant seyaul de notre dit mestier, de
queil nous tuit ensemble avons useit et usons en teis et semblant
cas, en singne de veriteit. Chu fut fait et ordineit sour lan de
grausce delle nativiteit nostre saingneur Jhesu Crist milhe quatre
cens et trente quatre, le xvje jour de mois de marche.

Copié et collationné sur l'original en parchemin.
Sceau enlevé.

XII

COMPLÉMENT DE LA LETTRE DES OFFICES (VOIR N° VII) AU SUJET
DU REMPLACEMENT DES OFFICIERS MORTS DANS L'ANNÉE DE
LEURS FONCTIONS.

10 AVRIL 1439.

Nous, li governeurs, jureis, toutes les personnes et universiteit
generalement de boin mestier de la citeit, franchiese et banliwe

---

(1) Poursuivant, persévérant.
(2) De degré en degré, tour à tour, selon le rang.
(3) Rien décider dans les assemblées.

de Liege, faisons savoir a cescun et a tous, que, com eusy soit, que en notre dit mestier nous ayons ordincit et accourdcit que qui oucquc en sierat officyer, que, dedens quatre ans apres, ilh ne puist avoir ne porteir nulle offiche qneilconque a notre dit mestier partenant, et sour chu nous ayons fait lettre sayclée de nostre seyaul, aus queilles ches present est infichies ([1]) et annexee, par laqueile appert que li governeur de notre dit mestier, doient avoir certain draps pour faire une hupelandre et porteir honneur a nostre dit mestier; et li jureis, qui qui le soyent pour le temps, doyent faire à leur frais le pareilhe hupelandre; et a cescun des jureis ons doit donneir cescun an unk chapiron; et aussi pareilhement li quatres delle Violet, li compteur et li varles de nostre dit mestier, comme tout chu et autre chouse apparent, puet plus plainement par la dite lettre apparoir et en laqueile lettre nest point declareit se, li alcuns de nous officyers aloit de vie a tres-passement dedens son annee pendant, comment nos en devons useir; nintmoins, pour chu que dit est a remedyer et mettre a bonne entendement, nous avons ordincit et par plain syet accour-deit, silhe advenoit dours en avant que li alcuns de nous gover-neurs alaissent de vie a trespassement dedens leur annee pendant, avant et anchois que ilh awisse ou awissent leur hupelandre delle lievrce de dit mestier muchie ([2]) et pourtce, nous volons que unk noveaul governeur soit resleyus par cheaus qui a chu sieront ordineis et depnteis, ensi que ons fait le jear le sains Jake; le queis noveaul governeurs, en celi cas, deverat avoir le livree de dit mestier et ossi ilh ne porat nulle officc, dedens quatre ans apres, avoir ne porteir; mains sensi astoit que li aulcuns de nous governeurs awissent leur lievrce muchie et pourtce, ons ne deve-roit faire nulle novelle election, altrement que li autres officyers

---

([1]) Attachée par une bande de parchemin qui, traversant les chartes par le bas, les attache l'une à l'autre; un sceau pendant aux deux bouts rapprochés et ainsi fixés de la bande, garantissait l'authenticité du docu-ment.

([2]) Mot wallon, *moussi*, habiller, mettre.

remanans en vie poroient enlyre unk lieu tenant, pour l'offisse de
governaige lannee durant exerceir, qui deverat avoir unk chapirou.
pour ses paines as frais de mestier, de teile valleur que les autres;
li queis lieu tenant ne sieroit pour ycelle election point pierdans
les offisse de notre dit mestier a pourteir silhe y astoit apres
esleus ; et pareilhement par election de lieu tenant volons avoir
useit de toutes autres offisse a nostre dit mestier partenant, tant
de juraige, de quattreme delle Violet, de syes delle fore, de fermeteur, de compteur et varlet, comme de tous autres offissens,
les queiles se alcuns moroient en leur annee pendant, nous volons
que nous officyes demorains en vie puissent des lieu tenant resta-
blir pour loffisse exerceir lannee pendant. Item a point des huppelandre et vestemens as offissiens de notre dit mestier appartenant,
nous volons et accordons pour notre dit mestier pourteir honeur
et affien que ons saiche pour quoy illh leur vineut, que dours en
avant illh fachent des huppelandre royes ([1]) ensi que ons soloit
uscir anchinement, ou almoins quilhe soyent de dois maniers de
draps partie ([2]), teilement que ons puist parchivoir et dire de la,
les huppelandre de mestier des taneur. Et par ensi illh nous semble
que li mestier et aussi li officyer en arat et arons plus grande
honeur, car ensi que ons en use presentement, ons ne seit parchivoir ne dire que che soit li livree de mestier, partant que cescun
prendoit drape a sa volenteit. Item, apres nous avons ordineit que
li officyes de notre dit mestier soient tenus de mochier leur huppelandre quant li pays sierat ensemble ou que illh covenrat por
alcun cas tochant le mestier, ou les borgois dicelli alleir sour le
conseilhe ; et ossy li offissiens de mestier, vies et noveaul doient
a toutes pourcessions mochier leur lievree, affien todis que toutes
gens les puissent veyoir et parchivoir. Et partant que chu soit
ferme chouse et estaubles, nous, ly mestiers des taneurs generalement deseur nomeis, avons a ches presente lettre appendut ou
fait appendre le propre seyaul de nostre dit mestier de queile nous

(¹) Rayécs.
(²) Partagéc.

et nous devantrains avons uscit et usons en nous affaire en teis et
semblan cas en singne de veritcit. Chu fut fait et donncit sour lan
de grausce delle nativitcit notre saingnors Jhesu Criste millhe
quatre cens et trente nuef, le dyescine jour de moix davrilhe.

Copié et collationné sur l'original en parchemin, scellé comme
annexe à une copie de la lettre des offices de 1427.

XIII

RECÈS DU MÉTIER EN FORME DE RÉGLEMENT, DÉFENDANT DE
VENDRE DES MARCHANDISES A CRÉDIT ET DE LES FOURNIR
AUX CORDONNIERS OU AUTRES, A LEURS DOMICILES, SANS ÊTRE
VENDUES.

9 FÉVRIER 1479.

In nomine Domini amen. A tous cheaux qui ches presentes
lettres vieront et oront, nos, les governeurs, jureis et tout luny-
versiteit generalmcnt de bon mestier des tanneurs delle bonne
citeit de Liege, sallut; savore faisons que por bien de paix et
por amour et dilexsion entre lesdis borgoiz les uns aux aultre
entretenir, et ensuant (¹) les anchines lettres et chartes demorant tous jours en leurs forche et viertue, se retrovecz astoient,
advons convokeit notre dit boim mestire ensemble en lieux
acoustemeit; la, avons, apres meure deliberation et por bien de
paix, statucit, passeit et acordcit che que sensyet : premire, le
nom de Dieux appellcit. Item, en après advons ordincit, passeit
et acordeit, ordinons, statuons, passons et accordons par plaine
syet de nos tous, en siwant les anchins usage, que dors en avant

(¹) En suivant.

ons ne doit ne ne pulton plus croire (¹) de denrey de tannerye dedens citeit, franchize ne banlieux, ne presteer ore ne argent por celle denrey a achateer, sens fraude, et que il ne soit nus ne nulle de notre dit boins mestire qui lasse allere le denrey quant vendut laront, se il nont promirement largent ou le wage doure (²) ou dargent manoeit (³) estans ossy walhable ou plus que ladite denrey qui adont sierat venduwe, sour le paisne et amende de une marke de fine argent a aplichier audit boim mestire des tanneurs, tout foix quant foix que che advenroit et que troveit sieroit ou sieroient, fusse une ou pluseurs; et quant ce advenroit et que troveit sieroit, que aulcuns borgoix ou borgoise de notre dit boin mestire fusse troveis, veus ou aperchus, et on nelle polsise proveir suffissament, que adont sont et sieront tenus lesdis borgois ou borgoise sudis, quant que offissien le requirat, delle verifyer et jureer solenpnement sour Sains la veriteit de fait, sour le paisne et amende sudit; teille condision en che reservey que, se il advenoit que aulcuns borgoix ou borgoise de notre dit mestire allasse ou allassent vendre ou envoire quequc denrey de tannerye fours delle citeit, franchize et banlieux, fusse a St. Hubert ou aultrepart, faire en pullent leurs boim plaiscire, soit de vendre a creance ou aultrement, mains que icelle soit vendus fours delle banlieux, se dont (⁴) lesdis marchans navoict veut ne marchandeit ladite denrey dedens ladite citeit et banlieux; adont quant veut laront ensy soit que on soit dacors de marchiet ou nom, nelle pulton lassier alleir ne envoier sens argent ou sens wage suffissant comme deseur, sour le paisne et amende sudit, tout foix quante foix que ce advenroit. Item semblament ordinons, statuons, passons et acordons que il ne soit nus ne nulle de notre dit boim mestire, de queque estat que il soit, soit borgoix, borgoise ou femme de borgoix, varles,

(¹) On peut plus confier (*credere*), donner à crédit.

(²) Gage d'or.

(³) Monnaie; cette somme est appellée gage, parce que l'espèce de monnaie était toujours spécifiée.

(⁴) Pourvu que.

damhelle ne enfans de notre dit mestire, qui emporte ne fache emporteir queque denrey de tannerye en les masons des cordewenirs, corbesirs, patinirs (1), sellirs ne gohellire (2) quant ladite denrey ne sierat pont venduwe, sour le paisne et amende sudit et encors mymes se ensy astoit, que il awissent vendut queque denrey de tannerye sudit, se nelle pullent emportere, envoiere ne faire enporteir lesdis tanneurs par leurs familhez ne maisuyes, sour le paisne et amende de quatre livres, tout foix quante foix que ce advenroit; et chelis qui fait laroit se il le veult neire, sierat tenus delle veurifier par seriment et nen polrat estre refusant; et se il advenoit, que ja Dieux ne plaise a consentire, que ons fusse tous rebelles et que voississimes par forche ou par plus grande syet de nos enbrisyer tout ou en partye ches presentes ordinanches, sy polroit une seulx persone de notre dit mestire qui ceste presente ordinanche tenroit, tous ensemble ou lune apres lautre pardevant queque haulteur ou justiche spiritueille ou temporeille la que mieux ly plasoit, demandere sy que de boime debte, vraye et laialx et de mise, attente et forfaite, chacun de nos une semblan marke de fine argent comme descur, et aveucke ce faire, tenire et acomplire les ordinanche descurdit; et ne nos poluns ou polrons adon escuseire, alligire, deffendre ne wardeer nos ne nos hors ou successeurs apres nos, por queque frankye spiritueille ne temporeille, fusse par fyest (3), homage, borgosye, clergerye, liberteit ne franchise, aqueille tous et singuliers presentement, por nos et nos successeurs apres nos, renonchons expressement et aveucke ce a tout ce et de quant que adier nos polroit contre ceste present lettres et ordinanche. Et partant que che soit tous jours ferme chouse et estable, sy advons a ceste present lettres et ordinanche prescript, saieleit de grant scalz de notre dit mestire de queez nos, tous les persones et universiteit generamont descurdit, usons et aveuck che, advons encor pryet et requis a

(1) Faiseurs de patins, sorte de chaussure.
(2) Gorlier; bourrelier, celui qui fait des harnais.
(3) Foi (fides).

honorables persones, assavoir : Renchon Godiēn, Henry Coeste, governeurs de l'an present ; Jakem de Hodege ly asneit, Loren de Givey, jureis dudit an present ; Johan de Hodege ly asneit, Johan de Maers, Ernulx Durtine, Henri de Chaisne, Johan Gunet, Henrare de Greet, Johannes Rembier et Lambert de Hollengnoulle que il tous et chacun par ly, aveucke le grant sealx de notre dit mestire descurdit, veulhent a cest present lettres leurs propres scals saieleer ; et nos tous, les persones devant dit, alle amyable pryes et requeste des persones et universiteit generament de notre dit mestire, advons pendut ou fait appendre a cest present lettres notre propres sealz, en tesmongne et certificasion de veriteit ; fait, doneit et renoveleit, passeit et acordeit lan delle saint natyviteit notre singneur Jhesu Crist milhe quatre cens lxxix, ens moix de feverire le ix^c jour.

Copié et collationné sur l'original en parchemin muni primitivement de 15 sceaux pendant à double queue.

XIV

CHARTE DE LA CITÉ TOUCHANT LA RECONSTRUCTION DE L'HÔTEL-DE-VILLE DIT LA VIOLETTE, APRÈS LE SAC DE LIÉGE PAR CHARLES DE BOURGOGNE.

4 MARS 1480.

Nous, les maistres, jurez et conseil de la cité, franchise et banlieue de Liege a tous ceulx qui ces presentes lettres verront ou oront, salut. Comme, ensuyant la conclusion par nous prinse de par lassistence de nous amis et bienvueillans et al honneur de la dite cité, de nous faire refaire et rediffyer la maison de ladite cité, nomée la Vyolet, qui, a la ruwinne et destruction de ladite cité a esté totalement ruwinée et brulée, et la faire construire et ediffyer plus grande , plus belle et plus honorable quelle ne souloit estre de paravant, pour nous y reparier (¹) pour les besoingnes de ladite cité et aussi pour en icelle recueillir et recepvoir plus honoralment et honnestement les seigneurs et amis de ladite cité, aux jours que l'on a accoustumeit y tenir les fiestes et solempniteis, et aussi les ambassiades qui, le temps advenir, pourront estre deputez et envoyez pardevers ceste dicte cité ; au moyen dequoy les officiers et personnes du bon mestier des tanneurs de ladicte cité, condeschendans au notre pryer et requeste, ayent esté contens et nous aient accordeit de reculler leur maissonnaige et edifice en allant vers le mangheme (²) environ quinze piets et demy au front devant et autant derier, a telles conditions et moyennant les choeses que sensuyent, cest assavoir : que, de ce que, en recullant leurdict ovraige, leur covenrat avoir de place sur ladicte mangheme, qui monterat (³), comme dit est, quinze piets et demy devant et quinze piets et demy derier, que les en feriens joyr aussi ligement quilz faisoient delle place par eulx accordee a la dicte cité ; savoir faisons que nous, pour les causes dictes, et en remuneration de ce que dit est, avons promis et promectons ausdits dudit bon mestier des tanneurs, que nous leur ferons joyr de ladite place que leur avons accordeit prendre vers ladite mangheme, quietement et ligement et aussi franchement quilz faisoient de ladite plache par eulx accordée à ladite cité, et que se aucuns les en vouloient moleisteir ou parturbeir, que nous serons tenus et promectons de eulx en respondre et deffendre a nous propre despens, envers et contre tous, sans quelque faulte, par le tesmoing de ceste dictes presentes auxquelles avons fait appendre le grant seel de ladicte cité, sur lan quatuors cens et quattre vingts, le quattrieme jour du mois de mars.

Copié et collationné sur l'original en parch.: sceau enlevé.

(¹) Voir souvent quelqu'un, vivre familièrement avec lui (Ducange).
(²) Mangonnerie, halle des bouchers.
(³) Qui montera à.

XV

SENTENCE PORTÉE PAR LE CONSEIL DE LA CITÉ SUR LE DIFFÉ-
REND SUSCITÉ ENTRE LES MÉTIERS DES CORDONNIERS ET DES
TANNEURS AU SUJET DE L'ACHAT DES CUIRS.

11 FÉVRIER 1512.

Sur les differens de piega (¹) meuz et suscitez pardevant nous, maistres, jurez et conseil de la cité, par et entre les officiers et personnes du bon mestier des tanneurs de ladite cité, franchise et banlieue de Liege, demandeurs, d'une part; Jehan de Melen et Pieron Henrelet, avecques lesquelz faisoient partie les officiers et personnes des bons mestiers des cordewaniers et corbesiers de ladite cité, franchise et banlieue, deffendeurs, d'autre; pour et a cause de la rate dudit bon mestier des tanneurs quilz calengoient (²) et demandoient audis Jehan et Pieron, comme a ceulx quilz disoient en estre tenus et redevables a leur dit bon mestier pour ce quilz se estoient ingeres et avanchis et journellement ne cessoient de tanner et vendre cuyrs tanneis, les haieneis (³), tenu staples et les vendus en gros et a la quetaille, comme silz fussent dudit bon mestier des tanneurs, en contendant (⁴) par lesdis tanneurs que, ou cas que ce pourroient faire apparoir et prouver, que lesdis Jehan et Pieron deveroient estre constrains et condampnez a acquerir et payer la rate dicelui bon mestier. Et pour ce que lesdis Jehan et Pieron furent, ausdis (⁵) dudit

(¹) Depuis longtemps.
(²) Demandaient en justice.
(³) *Hâgni*, étaler. Cuirs étrangers amenés à Liége pour être vendus.
(⁴) Prétendant (contendere).
(⁵) Au dire, à l'accusation.

bon mestier des tanneurs leur intention noyant (¹), et mainte-
noient non avoir fait et quils ne faisoient en ce que dit est, chose
que bien faire ne povoient ou devoient, tant en vertu des sieultes
et sequeles pardevant faites et passees par la generalité de ladite
cité en palaiz episcopal a Liege et par maistres et conseil en
refectoir des escoliers, que aussi du maniment, possession et
anchiens usaiges que on disoient avoir euz, eulx et leurs predicesseurs de toute antiquité et de sy long temps que nestoit memore
du contraire ; sur lesquelz differens pluseurs prouvances, mous-
trances, alligances, contremonstrances, replicques et duplicques,
aveuc exhibicions de lettres, copies et autres explois, en ont
dung costé et dautre par devant nous esté faiz, et aussi sur ce
pluseurs et grant nombre de tesmoings par lune partie et par
lautre esté produis et deucment examinez et les depositions
diceulx diligentement redigez et mis en escript ; apres lesquelles
exhibitions et productions ainsi faites, et que la matere estoit en
estat de jugier, aucuns personnaiges se soient entremis et aient
priet et requis ausdites parties que leur plaisisse leurs dis differens
laissier traictier par amis et amiableté, mesmement quilz aient
esté de ce requis par notre tres redoubté seigneur et prince, dont
apres pluseurs continuations et delays pour ce faites et prinses,
tousiours sur espoir que lesdites parties laisseroient leurs dits
differens traictier en amiableté et que notre dit tres redoubté
seigneur avoit pour ceste cause et autre fait assembler notre dit
conseil aux freres meneurs, aveuc grant nombre de bons personnages, assavoir, mess. les eschevins de Liege, les commissaires
et autres pluseurs bourgois, pour cuidier (²) induire les dites
parties a amiableté et eviter righeur de proces, lesquels, apres
aiant oy bien et au long le vouloir et intention de notre dit très
redoupté seigneur, firent raport endit conseil le troizieme du
mois subscript, present la grace de notre dit très redoubté
seigneur, que pour mettre fin en ceste matere, que icelle se

(¹) Niant.
(²) Penser

deveroit faire et widier par nous maistres et conseil, selon lestat
enquel trouveriens lesdis procces estre disposez. Et fut par notre
dit très redoubté seigneur, pour ce faire, limité jour et terme au
sixieme jour dudit mois, auquel comparurent en la Violette, lieu
accoustumé, notre dit tres redoubté seigneur en sa propre personne aveuc son cancellier et autres seigneurs de son conseil, en
la présence de nous les maistres et jurés, de la pluspart des
trengte deux bons mestiers, en presence desquels furent bien et
au long lytes et publiées tous lesdis explois, prouvances, mons-
trances, debas, alligances, contremonstrances, replicques et
duplicques, par lesdites parties et chascune dicelles avant mis et
exhibueis, comme dit est, aussi oy et au long entendu ce quil
avoit la meismes lune et lautre plaisut par leurs parliers (¹) fait
dire et remonstrer de bouche, finablement le tout bien et au long
oy et entendu, et consideré ce que faisoit a considerer, mouvoir,
povoit et devoit, notre dit très redoubté seigneur et nous
avons dit et hors porté (²), disons et hors portons, que
ceulx des bons mestiers des cordewaniers et corbesiers de la
cité franchise et banlieue de Liege, usans lesdis mestiers
ou lung diceulx de la main en gaignant leur vivre et substance,
et non autres, porront dores en avant achater toutes sortes
de cuyrs poilhus, et non autres, soit hors du pays, aux
festes en la cité et audit pays, et iceulx cuyrs tanner de bonne
sorte et mouhon telle quil appartient, et que les tanneurs sont
tenus et doient faire les leurs par dit des ewardins et voir jurez a
ce commis; et apres que tanneis seront, les vendre à ceulx desdis
bons mestiers des cordewaniers et corbesiers usans de ladite
main en leurs maisons, point a stable sur le marchiet, en autres
lieux ne a quelconcques estraingiers, sur paine de faire acqueste
dudit bon mestier des tanneurs et de user leur mestier en la
maniere qu'ilz font; et au semblant, suyant loffre et presentacion
faites par lesdis deux bons mestiers ausdis tanneurs touchant

(¹) Avocats.
(²) Porter une décision.

louvrage partenant a iceulx dis bons mestiers, ilz, les dis tanneurs, en porront user sievant ladite presentacion a eulx faite,
assavoir, faire stivaulx et soleis, les vendre en leurs maisons,
sans en faire staple ne les vendre en publicque. Les choses dittes
entendu a la bonne foid. Et pour certaines considerations mou-
vantes a ce, les deux parties porteront leurs fraiz fait. Et finablement conclut li onzeme jour du mois de fevrier, lan quinze cens
et douze.

> Copié et collationné sur une copie authentiqué en parchemin,
> primitivement munic du sceau de la cité.

<h2 style="text-align:center">XVI</h2>

**RENONCIATION DE BIENS FAITE PAR GUILLAUME DATHIN EN FAVEUR
DU MÉTIER DES TANNEURS.**

27 NOVEMBRE, 1515.

A tous ceulx qui ces presentes lettres veront et oront le maire
et les tenans jurez delle court jurée delle halle des diex hommes
des biens parvenans de la sedition Wauthier Daltin et ses complices
notoires, salut et cognissance de verité. Sachent tuis que pardevant
nous comme pardevant court jurée susdite, comparurent en leurs
propres personnes pour faire ce que chi apres sensyet, Wilheme
Daltin, dune part, et honeste homme Henry delle Roche avant
parlier sy que renthier, partie faisant et ces presentes œvres accep-
tant pour, ou nom, aoez et au proffit du bon mestier des tanneurs
de la cité de Liége, d'aultre part. La meismes remonstrat ledit
Henry ou nom que dit est, comment, à la requeste et supplication
dudit Wilheme, ledit bon mestier, pour luy subvenir en ses affaires
et de grace speciaule, a moien de certain traitiet fait, luy avoit con-

cedeit certains deniers, lesquelz il confessoit dudit Henry, en tel
nom que dit est, estre paiet et satisfait; dont et par vertu de ce
que dit est, iceluy Wilheme fut si conselhiet et adviseit de sa pure
et lige vollenteit sains quelcque distrention, qu'il renunchat abso-
luement a tout tel droit, clain et action qu'il avoit ne avoir poioit
a tous tels biens cens, rentes et biens hiretables que a ly poroient
estre succedeit de ses pere, mere et predicesseurs et que ledit bon
mestier, suyant les parchons faites par les aultres trengte ung bons
mestiers, leurs confreres, poroit avoir, tenir et posseder et qu'ils
ont tenu du temps passeit, parvenans de ladite sedicion et les re-
portat sus en le main de Jaspar de Beautieu, maire pour le temps
de notre dite court juree; sy les werpit, quittat et y renunchat au
proffit dudit bon mestier, pour lequel ledit Henry en fut requerant
et auquel notre dit mayeur, a notre raport et ensengnement, en
fist sy avant que iceulx sont de notre jugable, don et vesture, pour
ledit bon mestier en joyr et faire a tous jours sa pure et lige volenteit
sy comme de leurs bons heritaiges, cens, rentes, biens hiretables et
vraye requeste, parmy telles ridvablités que iceulx sont tenus aux
courts et signeurs treffonssiers dont ils sont movans, sains fraude et
tout en telle manier le comandat ens notre dit maieur ban et paix,
adroit et a loy; lesquelles œvres et tout ce que preescript est, notre
dit mayeur mist en le warde de nous, les tenans jurez subescrips
la presens, qui bien nous drois en awiemes et notre dit mayeur
ausy les siens, assavoir summes : Jacob Malierbe, Anthone Hennec-
kin, Johan de Trois dis, Johan de Freres, Collart Cleynne, Johan
de Bernymolliu et Cloes de Freres. Et partant que ce soit ferme
choese et estable, sy avons nous, ledit maire et tuis les tenans jurez
desseur nommez, pour nous et chacun por ly, pendut ou fait appendre ad ces presentes lettres nous propre seelz, en signe de
verité. Sur lan de grace mille chincque cens et quinze, du mois de
novembre le vingte septieme jour. Ledit Anthone Henckin uze
de seel Piron de Retinne, notre clerc.

Copié et collationné sur l'original en parchemin; reste un sceau
fruste des 7 qui y pendaient primitivement.

XVII

SENTENCE PRONONCÉE PAR GER. DE POUSSEUR, CHEVALIER, J. BOUR-
LET, AVANT PARLIER, ARBITRES ÉLUS PAR LE MÉTIER DES COR-
DONNIERS ET DES CORBESIERS, J. LE BIERLIER ET J. DE BOIX,
ARBITRES ÉLUS PAR CELUI DES TANNEURS, POUR TERMINER LEURS
DIFFÉRENDS AU SUJET DE PRIVILÉGES, USANCES, ETC.

19 JUIN 1516.

Premier, poront lesdis deux boins mestiers, corduaniers et
corbesiers, achapteir cuirs poulhus partout la boin leur semblera,
et iceulx tanneir en boine sorte ensy quil appartiendrat par dict
de rewars; semblament, debveront ceuls dudit boin mestier des
tanneurs, tanneir leur cuers par dict de rewars comme il at par
cidevant esteit accoustummeit faire; lesquels rewars seront de
part notre dit tres doubté sengneur et burgimaistres de la cité
chusis et esluyts ensdis trois boins mestiers; cest asscavoir, deux
dung chacun desdis trois mestiers, affin que les rewars chusis en
ung chacun desdis mestiers ayent regarde sur lautre. Tiercement
pouseit lusance que puet avoer esteit parcidevant, etc., lesdis deux
boins mestiers, corduanniers et corbesiers, ne debveront dorsennavant tenir staple des cuers que par eulx seront tanneis, que
vendre solloient a ung chacun, ains sen debveront deporteir;
mais bin pouront iceulz vendre les ung oz aultres, chacun en sa
maison et non ailleurs; car quant aultrement se feroit par lesdis
des deux boins mestiers corduaniers et corbesiers, tel delinquant
et mesusant sieroit ou seroient tenus acquerir la racte desdis
tanneurs. Quartement az staples tenues parcidevant par lesdis
des boins mestiers corduanniers et corbesiers, de cuer soir ([1]) et

([1]) *Soir* probablement pour *sainé*. V. le glossaire.

tanneis, par eulx achapteis hors cité, franchiese et banlieu, qui vendre soloient a ung chacun publicquement sur le marchiet sievant les suytes et usaiges quilz disoit avoir lieu, etc., iceulz deux boins mestiers dors ennavant sen debveront deporteir et de non plus avant achapteir telz couers soirs et tanneis hors de ladite cité, franchiese et banlieu, pour en tenir staple ne les vendre a personne quelconque ens ne hors de leurs boins mestiers; se donc nestoit que aulcun coureur usant desdis deux boins mestiers euyse achapteit aucun cuer pour coureir, et ensy fuist que en iceulz cuers il y euyst aucuns deux qui facilliment lon ne puet coureir a craixhe (¹), pour quant adont tel coureur povoir iceulz dos vendre a aucun desdis trois boins mestiers (²) et non aultre part, sens pour ce lors aucunne choese four fair.

Quintement ou que les tanneurs pretendent lesdis corduaniers et corbesiers non povoir ou debvoir, pour leur personne particuleir achapteir cuer hors de la cité, franchiese et banlieue, sy non seulement a eulx, dont il seroit a veoir non estre le bien publicque, lesdis et chacune personne desdis deux boins mestiers corduaniers et corbesiers pour leur prouffit et utilité, aussy pour l'augmentation du bien publicque qui doit toute choese precedeir, pouront sil leur plaist toutes et quantes fois que boin leur semblerat achapteir, tant en Anwierps, Diest, Treich, Haske, que aultrepart, cuers soirs et tanneis, pour par chacun des achapteurs les povoir distribueir et mectre en œuvre en sa maison ou boutticque et point aultrement, et sens que tels achapteur ou achapteurs puissent tels cuers revendre a personne quelconcque, soit de son mestier ou daultre dedens ladite cité, franchiese et banlieu; entendu que quant tels cuers seront achapteis et aminneis en ladite cité, franchiese et banlieu, que les rewars debveront fair toute diligence et scavoir se iceulz cuers (⁵), affin de non folleir ledit boin mestier des tan-

---

(1) *Craixhe.* V. le glossaire.

(2) Doit pouvoir le vendre à un membre de ces trois métiers.

(3) Ce passage est tronqué, le greffier doit avoir oublié un membre de phrase.

neurs plus avant que raison , ne pouroit porteir sont de leurs ar-.
gent, mailles et deniers et quilhs ne les distribueront ne venderont
lunc a lautre, ains seulement les avoir achaptoit et pour en avoir
autretant que besongne leur sierat , mettre en œvre et distribuer
sans fraude et deception , sur peine d'acquerir la racte dudit boin
mestier des tanneurs par ceulx qui feront au contrair.

Sextement, que les personnes qui voront useir et tanneir desdis
deux boins mestiers, corduaniers et corbesiers , ne poulront ne
debveront alleir achapteir ne querir cuer pour mectre en œvre ne
distribueir, comme pouront fair les aultres de leur boin mestier ,
qui useir ne vouront de ladite tannerie , mais se tenir content des
cuers quils tanneront, en les mectant en œvre et distribuant a leur
meilheur et plus grand prouffit , comme dessus est declaré ; et
quand ils voroient laisseir la tannierie et point plus tanneir , que
adoncque ils puissent et poulront alleir querir et achapteir cuers
comme les aultres de leurs boins mestiers , ensy quil est dict
pareilhement cy devant.

Au sorplus, septement, pouront lesdis de boin mestier des tanneurs useir desdis boins mestiers des corduaniers et corbesiers
en faisant faire solleir , suyant leur usance, et aultrement nyent,
comme ils ont fait par cy devant sains fraude ou deception , affin
dorsennavant entre eulx useir de bonne foid et demoureir en
paix.

Item et touchant lesdis rewars esluyts et chusis comme dessus ,
sieront tenus fair seriment aux eschevicns de Liége de diligemment,
bien et leallement fair et exercer leurdit office, tant des cuers
tanneis en la cité banlieu, esdis trois boins mestiers comme daultres
achapteis hors cité et banlieu ; et la fault y aura , la denree sera
confisque et avec ce, trois florins damende, mis et convertis, tant de
ladite denree ainsy confisquee comme aussy de ladite amende, au
prouffit des trois membres, asscavoir la tierce part a notre dit seigneur et prince, lautre a la cité et lautre tierce part ausdis rewais.
Et ycelle luyt et public, ordonnons aussy par ceste presente sentence que les parties susdites debveront, des differens et aultres
susdites , demoureir et demourront les ung envers les aultres en

bonne paix union et concorde, sans fair serre (¹) , manupolle ou aultre en manire aulcunne prejudiciels a quelconcque desdis trois boins mestiers. Et ce ainsy faict, lesdictes parties nous remerciant des sollicitudes, peines et labeurs par nous sur ce faictes, ont icelle notre sentence et ordonnance laudeit, ratifficit, approveit et tenu pour bonne, ferme et estable.

Lettres approuvées par Erard de la Marck, dans sa maison de Serree sur Moese, lan 1516 le 7 juillet; suivent l'attestation et le monogramme du notaire Jean Anthoine de Lembourgh.

> Copié et collationné sur l'orig. très-difficile à lire, en parch., auquel pendent 3 sceaux dont un, celui de l'évêque, est renfermé dans une boîte en bois; les autres sont enveloppés dans des pièces de cuir cousues.

XVIII

RECÈS DE LA CITÉ TOUCHANT LA HALLE DES TANNEURS ET L'HÔTEL-DE-VILLE.

3 JANVIER 1576.

Proposition faite audit Conseil touchant la maison et halle aux grains encommenchie sur la Batte à la Goffe ; a esté ordonné et apointié que messrs les burguemaistres de la dicte cité deveront communiquer avec les officiers et compangnons de bon mestier des tanneurs de ceste dicte cité pour entendre deulx sils voroient faire quelque marchie ou eschange de leur maison et halle quilz ont sur le Marchie de ladicte cité pres et joindante à la maison dicelle condist la Violette, allencontre du desseur de ladicte maison et halle aux grains, affin ci après, en temps convenable et oportun, annexer ladicte maison et halle desdits tanneurs avec celle de ladicte cité.

(Registre aux recès du Conseil de la cité, 1575-1577, p. 56,

(¹) Coalition ?

XIX

ORDONNANCE DU CONSEIL DE LA CITÉ, DE MOUDRE LES ÉCORCES AU MOULIN BANNAL DU MÉTIER DES TANNEURS ET NON AILLEURS, SI CE N'EST EN CAS DE BESOIN.

19 JUILLET 1596.

Nous les bourgmestre, jurez et conseille de la cité de Liege, a tous ceulx qui ces presentes verront et ouiront, salut; scavoir faisons que ce jourd'huy, daulte en fin subscripte, sont pardevant nous comparus Collart de Cheratte et Jehan Gelette, ambedeux gouverneurs, Joannes Bomerchome et Jehan d'Othée, jurez, avec plusieurs compagnons et renthier du bon mestier des tanneurs de ceste cité, et en ceste endroit partye faisans pour la generalité d'icelui, remontrans comment ens ans quinze cens octante cincque et octante siex, aroit, pardevant les bourgmestre, jurez et conseil de lors, heu querelle et difficulté entre les bon mestiers des corduaniers et corbesiers de ceste dict cité, joinct avec eulx les representans feu Servais de Grez, Paulus de Grez et aultres leurs consors, compagnons et membre dudit mestiers des tanneurs, dunne, et les officiers avec lenthier rest dicceluy dit mestiers, d'autre, a faict de lexecution par lesdit corduaniers, corbesiers et adjoinct, pretendue dunne sentence, paravant par ledit conseil rendue, portante que, en deroguant a ung particulier status dudit mestiers, estoit permis et se donnoit liberté a tous et a chacun membres dicelui, daller mouldre leurs escorches, ausi en achepter partout ou bon les sembleroit, puis les employer et mettre en œuvres selon ses pouvoirs et moyens; a quoy les officiers des tanneurs avec la rest dudit mestiers s'aurroient opposé, en regard point seulement que en tous mestiers debvoit avoir reigle et ordonnance ausquelles ung chacun dicceulx debvoit obeyr, mais

aussi qu'a celui mestiers estoit partenant ung mollin entre bannal auquel chacun estoit obligé de mouldre, parmy quelques
honneste recognoissances pour son entretenance et satisfaire a
quelques particuliers charges dudit mestiers, et pour aultres raisons, particulierement par les acts sur ce agitée; qui auroient causé
pluseurs incident de haulte disputte et loingtaine cognoissances,
de sorte que, en parfin, iceluy dict conseil, pour le tout retran-
cher, aussi reunir lesdits partyes, mesmement abollir touttes
haynes, rancunes et discords quil avoint a l'occasion dictes lung
contre laultre, auroit pour bien de paix provisionelement et pour
durer tant que aultrement en serat ordonné, esté apoincté et
ordonné que tous et chacun tanneurs pouroit et pourroint a son
tour et oulne mouldre audit mollin douse moulnée, en payant
a effects avant dis, la deubte anchienement acostumé ou telle
que par bonne discretion seroit trouvé necessaire, avec condition, s'il astoit au future trouvé ledit mollin nestre bestant et
suffisant pour mouldre les enthieres moulnees desusdit, en sorte
que lesdit tanneurs fussent a ceste occasion astargiés en lexercice
de leurs praticque au prejudice de bien commun et publicque,
que, en prennans de ce attestation, pouldront aller mouldre
ailheurs. Or, comme en ceste ordonnance provisionelle et de telle
reconsiliation que dessus, ne soit adjoustée aulcunne peine contre
les contraventeurs, et que difficilement loix, status et ordonnance
se pourront maintenir sans menasses et limitation daulcunnes,
lesdit remonstrans ont a nous lesdit bourgmestre, jurez et conseille de ladicte cité humblement requis de vouloir, comme chef
des affaires politicque, y adjouster aulcunne peine à nostre discretion et tel quil nous semblerat convenir; dont sachant ceste
requeste nostre de raison esloignee et desirant le bien, prou-
flt et utilité de publicques, a ce que le pouvre puisse vivre
aussi bien que le riche, apres avoir sur le premis prins
bon advis et deliberation, avons ordonne et par ceste ordonnons,
voir pour durer seulement tant que aultrement en serat ordonné,
que le transgresseurs des susdits ordonnances provisionelle serat
pour le premier fois attaint dune amende de cincqs florins dor;

item pour le deuziesme fois le double et pour le troisiesme que sa
marchandise tomberat en confiscation , repartissable le tout ,
ascavoir : une tiers a lofficier de lalteze serenissime de monseigneur illustrissime et revendissime de Liege nostre prince : une
deuzieme a la fortification de la cité et la troisiesme audit mestier
et acusateur ; bien entendu toutte fois que par ce ne voullons et
nentendons en rien toucher a la jurisdiction et haultenité de
nostre dict reverendissime prince et seigneur , aussi de rien
alterer les droits et privileges des aultres mestiers, mais retenons
par expres le pouvoir et authorité , ou de cela appareroit, aussi
quil fusse prejudicyable a bien et prouffit et repos publicqs, de le
pouvoir corriger, moderer ou de le tous abollir selon quen droict
et raison serat trouvé convenir ; et auffin que au premis soit foy
adjoustée , nous avons ausditte presentes faict appendre le seel
aus legations de ceste dicte cité , le diex neufieme jour de mois de
jullet, mille cincqs cent et nonante siex.

Copié et collationné sur une copie authentique, insérée dans un
registre du métier des tanneurs.

FAUTES A CORRIGER

DANS LES DOCUMENTS DU BON MÉTIER DES TANNEURS

PUBLIÉS DANS LE LIVRE DES CHÁRTES ET PRIVILÉGES
DES 32 BONS MÉTIERS DE LA CITÉ DE LIÉGE.

T. II, p. 217.

Les documents inédits qui précèdent prouvent la négligence avec laquelle le recueil des *Chartes et priviléges* a été formé. De même que des pièces très importantes n'y trouvent pas leur place, de même le texte de celles qui y sont insérées a été mutilé à tel point qu'en maints endroits le sens est insaisissable; des centaines de mots sont tronqués ou complétement transformés ; des phrases entières sont omises, soit parce qu'on n'a pas su lire le parchemin, soit parce que la copie n'a pas été collationnée.

Ce livre, qui n'a pas de titre, fut imprimé en 1730 par ordre du Conseil de la cité. Pour le composer, on exigea des gouverneurs et des greffiers des métiers la communication de leurs chartes. Il paraît que les officiers ne mirent pas d'empressement à exécuter ce décret, car le 24 juillet, le Conseil publia un recès qui le rappellait et ordonnait de s'y conformer dans la huitaine « à peine que les
» *Chartes et priviléges* de tous tels défaillants, dont ils voudront se
» servir en jugement par devant ledit Conseil, seront réputés
» apocriphés et indignes de foy , aussi bien que tout ce qui se
» trouvera avoir été recollé desdites *Chartes et priviléges*, et que
» les greffiers et gouverneurs seront réputés réfractaires aux
» ordonnances du magistrat, etc. »

Voici les principales fautes que nous avons notées dans les documents relatifs aux tanneurs, en collationnant l'imprimé avec les originaux. Nous renonçons à signaler les différences d'ortographe et de style ; le copiste n'y a pas eu le moindre égard.

STATUTS ET ORDONNANCES ET RÉGLEMENT, ETC.,
DU 29 DÉCEMBRE 1418.

		Au lieu de	lisez	
P. 220, lig. 6.		*honorablement,*		*héritablement.*
8.	»	*le bien, profit,*	»	*le évident profit.*
13.	»	*assembleis et advys,*	»	*assembleis et aunys (réunis).*
18.	»	*(chi a) près préordinées,*	»	*(chi a) près escrites, ordinées.*
Id.	»	*plainement contenues,*	»	*plainement et overtement.*
32.	»	*ne aussy allencontre,*	»	*ne aussy aller allencontre.*
33.	»	*huctaige,*	»	*hiretaige* (héritage).
Id.	»	*souhaitons,*	»	*cauborons* (corroborons).
34.	»	*et aussi,*	»	*et ainssi.*
Id.	»	*concluons,*	»	*convoicons.*
P. 221, lig. 2.	»	*Partant,*	»	*premièrement.*
7.	»	*mestier, puclent,*	»	*mestier, ont, puclent.*
8.	»	*monnoye,*	»	*cungne* (coin).
Id.	»	*aux,*	»	*à notre.*
16.	»	*forvikaist,*	»	*sorviskast.*
20.	»	*avantment,*	»	*avant nient* (pas).
26.	»	*dont un,*	»	*dois vies* (deux vieux).
34.	»	*de nous,*	»	*de nos.*
38.	»	*ou être,*	»	*ne être.*
39.	»	*hantans et huyans,*	»	*vechans et levans* (original) *keichans et lovans* (c. du XVIᵉ siècle).

P.221,lig.39. Au lieu de	*outre,*	lisez	*entre.*
41.	»	*qui est.*	»	*qui fust.*
45.	»	*absous,*	»	*absentes.*
46.	»	*pour revenir,*	»	*sans revenir.*
53.	»	*aussi,*	»	*esquevin.*
54.	»	*le jeaune,*	»	*le jovene (le jeune).*
P.222,lig.12.	»	*ny prendre les af-fiches,* »	*ny porteront les offices.*
21.	»	*forche,*	»	*fous (hors).*
22.	»	*forfeist,*	»	*forfesist.*
24.	»	*feroient,*	»	*ferions.*
27.	»	*en particulier avec* »	*en palais ou en le vesque cour ou en loust.*
		ceux qui sont,		
28.	»	*espossages,*	»	*esposaiges.*

32. *Il y a dans le pli du parchemin une ligne illi-sible étant tout-à-fait effacée,* lisez : *quy ont releve nostre dyt mestyer ou quy relever poront de-dens le premier jours de moys de maye, devant poront bin relever nostre dyt mestyer dedens le terme que auront vint ans, parmy les soissante souls de parysis et les sys vyez gros payerat.*

33.	»	*vinte sens,*	lisez	*vint ans sans.*
Id.	»	*de lez en avant,*	»	*de la en avant.*
36.	»	*puissient,*	»	*puissiens.*
37.	»	*que si alcun,*	»	*que si li alcuns.*
41.	»	*et exercer,*	»	*et miner (mener).*
46.	»	*que doncque tout,*	»	*que donc teil.*
47.	»	*voront,*	»	*voroit.*
48.	»	*mestir et faire,*	»	*mestyer en loust et al-trepart, et faire.*
P.223,lig.3.	»	*meut,*	»	*nient.*
22.	»	*et si avlcun,*	»	*et se ons nelle.*
Id.	»	*dalcuns allast diffa-* »	*dont ons awist le scri-ment.*
		mer,		
23.	»	*cecy ou cela,*	»	*cely ou celle.*
Id.	»	*entendu,*	»	*escouverir.*
26.	»	*injustement,*	»	*et justement.*

P.223, lig. 28. Au lieu de *fours chy,*   lisez   *fours mis.*

       38.   »   *tandis,*   »   *toudis.*

       45.   »   *par argent,*   »   *pour argent,*

       46.   »   *lavées,*   »   *lannées.*

       52.   »   *fl. (florins),*   »   *livres.*

       Id.   »   *de corduwain,*   »   *de corduwain ou d'une antencuse.*

P.224, lig. 1.   »   *huitages,*   »   *hiretaiges.*

       2.   »   *et pour,*   »   *de nous.*

       4.-7.   »   *nos partenances des* »   *noustres xhourches (écorces).*

       7.   »   *pour ne aucun,*   »   *pou ne oncques (peu ni personne).*

       15.   »   *d'alcuns besoins de* »   *d'alcunes besoignes de moirs (morts).*
               nous,

       19.   »   *espossages, ma-*   »   *sposaiges, az moirs.*
               riaiges,

       24.   »   *se ce n'est nostre con-*   *que chu soit, estre puist.*
               sent,   »

       35.   »   *ne porons... procu-* »   *ne parcurrons... par-*
               reir,   *cureir.*

       42.   »   *en chu que ny excu-* »   *en chu querir excu-*
               sanche,   *sanche.*

       45.   »   *procureir,*   »   *parcureir.*

       47.   »   *ainsi, qui,*   »   *ainsi, chis de nous qui.*

       48.   »   *autrement,*   »   *entirement.*

       51.   »   *tourneit et reputeit,* »   *tenriens et reputeriens*

       Id.   »   *faulf,*   »   *fauls.*

       52.   »   *renonchant,*   »   *renonchons.*

       53.   »   *mouvantes,*   »   *mondauls (séculières).*

       54.   »   *syentes... bones*   »   *fyes (foi)... boige, cler-*
               charges,   »   *ges.*

P.225, lig. 9.   »   *sawerens,*   »   *salberens.*

       10.   »   *Bodechouk... Sor-* »   *Bodechoule... Sor-*
             »   *dalhe,*   »   *deilhe.*

       12.   »   *Kabot Gobard delle* »   *Babeit, Colaurd delle*
               Pleide,   »   *Scloite.*

P.225,lig.12. Au lieu de *Pleide,*   lisez   *Scloite.*
13.   »   *Hubiet de Molinierd,* »   *Hubien de Malmendie.*
Id.   »   *Gillca Defays,*   »   *Gilchons de Fous.*
14.   »   *Stas,*   »   *Scors.*
Id.   »   *Gilles Petit, Gilles* »   *Gilles Petit Cul, Colaurs Bidair.*
       Colinus Bidairt,
15.   »   *Stebert tous,*   »   *Stebert son seroge, tous*

Collationné sur l'original en parchemin, fort difficile à lire ; tous les sceaux sont enlevés.

LETTRE DE BASTARDISE, DU 27 MARS 1433.

P.225,lig.4. Au lieu de *aulcun prendroit* lisez   *alcun soy marioit et prendoit.*
7.   »   *eniant qu'a ames* »   *nous qui a nostre*
       loyales appartient: *loyal puioir.*
14.   »   *appertement,*   »   *a perpetuitet.*
15.   »   *sains que,*   »   *sains chu que.*
16.   »   *ainsi que s'en syet,* »   *teille qui s'ensiet.*
17.   »   *eussent... ains dit,* »   *ensy... nostre dit.*
19.   »   *tenir... auront,*   »   *teneir (tanner)... auroient.*
P.226,lig.2.   »   *assieges delle awe,* »   *assiese delle année.*
3.   »   *ou nos,*   »   *com nos.*
4.   »   *eussent,*   »   *ensy.*
Id.   »   *bastard, avoient,* »   *bastard ou a bastarde avoient.*
5.   »   *awe... qui pou,*   »   *année... qui pont (point).*
6.   »   *apprêtes,*   »   *a pris.*
8.   »   *asseurez,*   »   *asservis.*
12.   »   *bon,*   »   *dois (deux).*
14.   »   *Rhin a payer,*   »   *Rhin des queis a paier.*

P.226, lig.14. Au lieu de *celuy*,   lisez *cescun*.
  15. » *conste*, » *touist* (?).
  16. » *pour*, » *par*.
  18. » *vint a marit*, » *soie marie*.
  19. » *hommes*, » *heures* (hoirs, héri-
           tiers).
  25. » *un... cety*, » *dois... cescun*.
  30. » *avoit*, » *astoit*.
  31. » *d'eaws*, » *d'eaus*.
  37. » *et avons sur chu*, » *et avoicque chu avons*.
  39. » *de Four*, » *de Fous*.
  40. » *Roland... Urdeyle*, » *Colaur... Sordeilhe*.
  41. » *Stenevy... Bidor*, » *Stevenne... Bidair*.
  Id. » *de Berhu... Stevenet*, » *le Bechu... Stevenne*.
  Id. » *Detinne*, » *de Tilve*.
  44. » *Difreit... Pockus*, » *de Freres... Paro-
           chins*.
  46. » *Vaveit... Bliest*, » *Babeit... de Bliese*
           (Bilsen).
  Id. » *Mero*, » *Mers*.

Collationné sur l'original en parchemin, auquel pendent encore cinq sceaux de maîtres tanneurs, plus un fragment de celui du métier.

ACCORD POUR DIFFÉRENTS, D'ENTRE LES MESTIERS DES CORBESIERS ET CORDUANIERS ET LE MESTIERS DES TANNEURS.

P.227, lig. 5. Au lieu de *emeus*, lisez *et meus*.
  6. » *cet effect convenu*, » *ce esteit et commu-
           nicqueit*.
  11. » *segurteit*, » *sequele*.
  12. » *Brouliet*, » *Broncliet*.
  13. » *Henry Dewandre* » *Henrelet de Wandre*
     Comment, » *coureur* (corroyeur)
  14. » *Ransier*, » *Rausier* (Rahier).
  23. » *cestes fins pour ce eleu et* *ce estés et*.

P.227, lig.31. Au lieu de *arresté*,　　lisez　　*fermeit.*
　　35.　　»　　*soient,*　　　　»　　*seroient.*
　　37.　　»　　*ne faire peller gos-*　　»　　*ne faire faire solleis*
　　　　　　　　　seaux,　　　　　　　　　　*(souliers); hosseaulx*
　　　　　　　　　　　　　　　　　　　　　　(guettres).
　　38.　　»　　*dehors, ne tanner,*　　»　　*dehors pour revendre*
　　　　　　　　　　　　　　　　　　　　　　ne courrir (corroyer)
　　Id.　　»　　*cuirs en chaux,*　　»　　*cuirs en craixhe.*
　　42.　　»　　*alleyer,*　　»　　*allenchier.*
　　44.　　»　　*Rewars, si,*　　»　　*Rewars sans fraude si.*
　　45.　　»　　*stable,*　　lisez　　*staple.*
　　46.　　»　　*entre les mains,*　　»　　*entre leurs mains.*
P. 228, lig.4.　　»　　*voudront, ils,*　　»　　*voudront user de*
　　　　　　　　　　　　　　　　　　　　　　mestier, ils.
　　17.　　»　　*Brouliet,*　　»　　*Broncliet.*
　　20.　　»　　*dix septième,*　　»　　*dixième.*

Collationné sur l'original en parchemin ; sceaux enlevés.

ORDONNANCE DU MÉTIER DES TANNEURS, POUR SE CONFORMER AUX AUTRES MÉTIERS, DE L'AN 1464, LE 20 OCTOBRE.

P. 228, lig.4. Au lieu de *faittes,*　　lisez　　*saielées (scellées).*
　　14.　　»　　*bien posteit,*　　»　　*bien stoffeit (fournie).*
　　19.　　»　　*provocheir,*　　»　　*convokeir.*
　　22.　　»　　*soy,*　　»　　*s'en.*
　　28.　　»　　*pour que soient,*　　»　　*pourquoi peulent y*
　　　　　　　　　　　　　　　　　　　　　　estre.
P. 229, lig.1.　　»　　*ont iceux ordinez, ac-*　　»　　*ou ailhouze a dedens*
　　　　　　　　　cordez et statuez,　　　　　　*de la cité, statuons.*
　　3.　　»　　*iceux,*　　»　　*illeuque.*
　　4.　　»　　*sujets,*　　»　　*servants.*
　　5.　　»　　*voir entendu,*　　»　　*voir en ce entendu.*
　　10.　　»　　*et,*　　»　　*se.*
　　18.　　»　　*generallement,*　　»　　*generaliteit.*
　　21.　　»　　*cascun de nous,*　　»　　*cascun troveit.*

P.229, lig.22. Au lieu de *mandemens,* lisez *manires.*
    28,29. » *membre,* » *numbre.*
    29. » *arriveis,* » *arrinmes.*
    50. » *soyent,* » *seroyent.*
P.230, l.9, 25, 39, » *membre,* » *numbre.*
    33. » *par syele,* » parsuys(poursuivi).
    49. » *ne abuser,* » *ne embrisier.*
    52. » *ordinanches, alleir,* » *ordinanches anni-*
        celler (annihiler).
P.231, lig. 6. » *vingt,* » *ung.*
    9. » *avoir satisfaction de* » *n'avoir satisfait*
        cheaux, *cheaux.*
    17.-21. » *mandement,* » *manire.*
    17. » *permet ; et,* lisez *promettons et.*
    18. » *encore,* » *encovent* (convenu).
    23. » *toute... polroit,* » *contre... polrons.*
    28. » *Stiennon,* » *Stevenne.*
    30. » *Estienne,* » *Olivier.*
    32. » *Johan de,* » *Johan Willeme de*
    33. » *Cock,* » *Hocheporte.*
    34. » *Defour... Gerard,* » *de Hour... Hen-*
        rard.
    35. » *Vervier,* » *Vingnes.*

Collationné sur l'original en parchemin, très difficile à lire ; il ne reste plus que des débris des 35 sceaux dont il était muni.

ORDONNANCE DU BON MÉTIER DES TANNEURS, 1493.

Dans le recueil des *Chartes et priviléges,* ce document porte deux dates ; 1493 en tête, 1561 à la fin. Le réglement a été fait à la 1re date, renouvelé et modifié par les échevins en 1560 et en 1561. C'est ce que fait connaître le préambule suivant à la fois indispensable et curieux, et qui a été omis dans le recueil imprimé.

Copye faict par nous les eschevins de Liége exstraicte hors de nostre registre autenticque.

A tous ceulx ausquelles ces presente noz lettre parviendront, les mayeurs et eschevins de Liege, scavoir faisons que comme les gouverneurs, renthiers, officiers et plusieurs autres personne de mestiers des tanneurs de ceste cité, nous eussent cy devant presenté en escript pluseurs et grand nombre darticle concernant, premier : le faict de lentrée relief et acqueste de leurdit mestier et apres le régime, usance et gouverne et praticque dicelui pour selon ce chacun deulx se debvoir maintenir et user, reigler et gouverner pour le bon police, paix et accorde tant de leurdit mestier que du bien publicque; et fusme requis de par ledit mestiers de viseter et examiner lesdit article pour, en conformité dautre reigle et ordonnance de mesme mestiers par les anchiens cy devant laudablement uzées et praticquées, mesmement de pluseurs bons status et ordonnance que avoint les autre XXXI mestiers de la cité de Liége, iceulx aggreer, accorder et passer selon que justice et raisons porteroint; dont ayant par nous pluseurs et diverse jours vacqué et besogné sur lexamen et visitation desdit affaires, poinct et article et iceulx en partye modereis, restraind et y addé et reformé selon que de prime face nous sembloit equité et raison porter et que la saison du temps requeroit, avons finalement les poinct, reigles et ordonnances cy en bas descriptes passé, consentu et acordé estre enregistré en noz registre auctenticque et mis en warde de loy pour selon ce lesdit desdits mestiers et aultres ausquels peut et pourat competer, dors en avant uzer, soy conduire, reigler et gouverner et si en estions requis, dire, juger, condampner, sentenchyer selon justice et équité et raison, voir sur protestation et reservation expresse, a telles reigles, statuts et ordonnances estoint cy en apres en aucunne partye ou en tout deroguante ou prejudicyante a la haulteurs et juridiction de nostre R^{me} et Illx^{mo} seigneur et prince monsieur de Liege ou aus loix, franchiese, paix faicte, status, regiment et liberté de ladit cité et pays de Liege, mesmement au bien publicque, de les pouvoir moderer, adoucir, interpreter, corriger ou de tout casser et annicheler selon équité et justice et raison, comme il soy trouverat a cas apartenir; suyvant quoy et az condition dictes furent lesdit ordonances reigles et status par nostre dit mayeurs, a instances et requeste desdits officiers et pluseurs dudit mestiers des tanneurs, mis en warde de loy, sur l'an de grace de la saincte nativité nostre seigneur Jesucrist mille cinqcent et soisante de mois de jullet le neufvieme jour. Le contenu et tenneurs desdits ordonnances poinct et status dont devant est faict mention, sensuivent et sont tel.

P.231, lig. 2. Au lieu de *bourgeois de,*   lisez   *bourgeois natif de.*

       9.   »   *soisante-deux,*   »   *soisante-diex.*

P. 232. Les articles 3 et 4 n'en font qu'un.

     lig. 11 et 12, effacez *leur vie durante.*

       13. Au lieu de 5... *connoitre,*   »   *4... reconnoitre.*

       16.   »   *qui soit.*   »   *qu'ils sont.*

       19. Effacez 6 ; ce paragraphe fait partie de l'article 4.

       Id. Au lieu de *s'abusassent, ad-*   lisez   *abusassent en ce en*
                  mettans,   *admettans.*

       24.   »   7,   »   5.

       31.   »   *Item.*   »   6. *Item.*

       34.   » 8... *relevant de notre,*   »   7... *relevant fils de maî-*
                                          tre de notre.

       35.   »   *à l'officier,*   »   *aux officiers.*

       37. Effacez 9 ; ce paragraphe fait partie de l'art. 7.

       Id. Au lieu de *tous jours,*   lisez   *toutes fois.*

       38.   »   *le terme,*   »   *l'âge.*

       39. *Et qui soit natif de ce pays, comme dit est* doit être transporté à la fin du paragraphe, après *conversation.*

       40. Au lieu de *excède,*   lisez   *et excède.*

       42.   »   10,   »   8.

       34.   »   *duement,*   »   *tenu.*

       48.   *n'ayant ossy,*   »   *et ayant ainssy.*

P. 233, lig. 3.   » 11.. *ayant,*   »   9.. *avoir.*

       4.   »   *état serat,*   »   *état de viduité serat.*

       6.   »   *seconde foys ou troi-*   »   *second, troisième*
                        sième,   *ou quatrième.*

       12.   »   *double,*   »   *avec double.*

P.253, lig.13. Ce paragraphe, omis dans le réglement de 1560, a été ajouté
    dans celui de 1561 ; il fait partie de l'art. 9 , et il faut
    effacer 12.

16. Au lieu de 15,   lisez   11.
17.   »   *s'ils*,   »   *si elles*.
18.   »   *et soira*,   »   *et sera*.
19.   »   *de même... voir et*,   »   *du membre... voir*
                                           que.
20.   »   *banlieu*,   »   *banlieu un florin*
                                           d'or, et s'il est du
                                           dehors et surcéans
                                           du pays.
23.   »   14,   .   10.
31. Effacez 15 ; ce paragraphe fait partie de l'art. 10.
35. Au lieu de 16,   »   12.
40.   »   17,   »   13.
43.   »   *et*,   »   *y*.
45. Effacez 18 ; ce paragraphe fait partie de l'art. 13.
Id. Au lieu de *quelqu'un*,   lisez   *quelconque*.
47.   »   *conséquemment*,   »   *et conséquemment*.
48.   »   *ou lecture*,   .   *ou faisant lecture*.
49.   »   *ou après*,   »   *pour après*.
50.   »   *est, donner*,   »   *est et donner*.
52.   »   *téméraire, point*,   .   *téméraire et point*.
54.   »   *a dit officier*,   »   *as dis officiers*.
55. Effacez 19 ; ce paragraphe fait partie de l'art. 13.
P. 254, lig. 6. Au lieu de 20... *autre*,   lisez   15... *entre*.
13.   »   *exécution de justice*,   »   *exécution par loy*
                                           et justice.
14. Effacez 21 ; ce paragraphe fait partie de l'art. 15.
18. Au lieu de 22,   lisez   16.
20.   »   *daulte... lxxxviij*,   .   *daultée... lxxviij*.
22. Effacez 23 ; ce paragraphe fait partie de l'art. 16.
23. Au lieu de *y seront*,   lisez   *seront*.
24.   »   *d'un officier*,   »   *d'officiers, en lieu*
    et chambre ou on est accoustumé tenir congregations à heure
    de prime, à peine pour chascun défaillant de trois pattars

de brabant , au profit dudit mestier et d'estre privé trois ans enthiers de porter offices ny pouvoir avoir brivelette pour faire élection d'autres officiers.

P. 234, lig. 25. Au lieu de *cas legitime ou licence,* lisez *cause légitime de son absence ou licence.*

26. Effacez 24 ; ce paragraphe fait partie de l'art. 16.

Id. Au lieu de *userat,*   lisez   *viverat.*

28.   »   *ny pourat,*   »   *iceluy ne pourat.*

Id.   »   *voix sur,*   »   *voix , sieulte ne croye sur.*

29.   »   *porter office et election,*   »   *porter les offices électifs par les autres mestiers.*

33. Effacez 25 ; ce paragraphe fait partie de l'art. 16.

35. Au lieu de *sols,*   lisez   *florins.*

42.47.51. »   26. 27. 28,   »   17. 18. 19.

55. Effacez 29 ; ce paragraphe fait partie de l'art. 19.

P. 235, lig. 6. Au lieu de *del receupt à luy à faire,* lisez *des receptes par luy faites.*

Id.   »   *expositions,*   »   *exposita.*

11.22.34 »   30. 31. 32.   »   20. 21. 22.

14.   »   *pour faire,*   »   *pouvoir faire.*

20.   »   *pareille,*   »   *livrée.*

24.   »   *citeit, ou pour,*   »   *citeit ou pays.*

Id.   »   *qui en,*   »   *qui.*

27.   »   *mestier, le,*   »   *varlet ou le.*

28.   »   *en cas,*   »   *et en cas.*

38.46.55 »   33. 34. 35.   »   23, 24, 25.

48.   »   *debteurs,*   »   *debtes.*

Id.   »   *quiconque,*   »   *que quiconque.*

50.   »   *l'autre,*   »   *autrui.*

51.   »   *dit passer,*   »   *dit est passer.*

P. 236, lig. 3.   »   *que bienfait,*   »   *que don, bienfait.*

8. Effacez 36 ; ce paragraphe fait partie de l'art. 25.

10. Au lieu de *lire,*   lisez *faire lire.*

15. Effacez 37 ; ce paragraphe fait partie de l'art. 25.

P. 236, lig. 14. Au lieu de *le publicque,*   lisez *la chose publique.*

15.	»	*a eux statuer,*	»	*à statuer.*
17.	»	*faire en,*	»	*faire sà marchandise.*
19.	»	*monier,*	»	*en mouldre.*
Id.	»	*a dit,*	»	*au.*
20.	»	*luy vouloir astrendre,*	»	*le vouloir constraindre.*
21.	»	*telle amende,*	»	*tel monopolyateur.*
23.	»	*38,*	»	*26.*
Id.	»	*extants,*	»	*estans en.*
24.	»	*bonne ville,*	»	*borne.*
26.	»	*pide-cbaulds,*	»	*pieds chauds.*
24.	»	*condist,*	»	*sur le.*
28.	»	*mollin,*	»	*mollin aux escorches.*
29.	»	*couste de l'acte de deffence,*	»	*pourront estre ceux de l'isleau des febvres.*
31. 39. 42. 53.	»	*39. 40. 41. 42. 43,*	»	*27. 28. 29. 30. 31.*
35.	»	*cuirs, peauls,*	»	*cuirs pouilluz (poilus).*
36.	»	*marchiet,*	»	*marchiet comuns*
37.	»	*40 livres,*	»	*un florin d'or.*
40.	»	*mourie,*	»	*morie.*
43.	»	*veals, chevals,*	»	*vieulx chevals.*
Id.	»	*bœufs ou,*	»	*ou.*
48.	»	*saiwez,*	»	*sevueis.*
55.	»	*tannerie,*	»	*tanneur.*

P. 237, lig. 3. Effacez 44 ; ce paragraphe fait partie de l'art. 31.

6. Au lieu de *lieux voisins,*   lisez *villes et lieux voisins.*

7.   »   *déceptions,*   »   *d'exceptions.*

10.20.24.29.36.41. »   *45. 46. 47. 48. 49. 50,* »   *32. 33. 34. 35. 36. 37.*

P. 237, lig. 13. Au lieu de *cuirs dedens*,   lisez *cuirs poilhus dedens*.

    32.   »   *soubescripte*,   » *que l'escript sur ce fait porte exprimé*.

    Id.   »   *conduire le moulin*,   » *conduite et gouverne du moulin*.

    47, 55. Au lieu de 51. 52,   lisez 38. 39.

    50.   »   *vivre*,   » *estre servis*.

P. 238, lig. 2.   »   *ou en leur*,   » *ou leur*.

    3.   »   *pour moure*,   » *pour faire mouldre*.

    4. Effacez 53 ; ce paragraphe fait partie de l'art. 39.

    Id. Au lieu de *laissant*,   lisez *laissasse*.

    10. 17. 32.   54. 55. 57,   » 40. 41. 42.

    12.   »   *oufre et*,   » *ouvre sur et*.

    14.   »   *seichées*,   » *saichées*.

    Id.   »   *lesdits*,   » *tous*.

    19.   »   *pruse à l'autre*,   » *preste à autre*.

    19, 20. »   *enpronter plus*,   » *emprunter escorche moulue plus*.

    22, 23. »   *les dittes escorches*,   » *a ditte preste*.

    23.   »   *du l'oune premier*,   » *du premier*.

    Id.   »   *revenant*,   » *revenue*.

    26.   »   *tant l'empronteur*,   » *tant à l'emprunteur*.

    28. Effacez 59 ; ce paragraphe fait partie de l'art. 41.

    Id. Au lieu de *examiner*,   lisez *eulx adjourner*.

    31.   »   *oster*,   » *afin d'oster*.

    37.   »   *demeurer*,   » *estre attiré*.

Collationné sur l'original en parchemin ; sceaux enlevés.

STATUTS ET ORDONNANCES DES TANNEURS.

P. 238, lig. 4.	Au lieu de	*à bon pays,*	lisez	*en la cité et pays.*
	7.	»	*en ruine,*	»	*à ruine.*
»	9.	»	*que nous,*	»	*ainsi que nous.*
P. 259, lig. 6.	»	*vivre,*	»	*unir.*
	7.	»	*débat,*	»	*débattans.*
	8.	»	*a dit... devoient,*	»	*ens dit..deveront.*
	9.	»	*de chacun,*	»	*de dix aidans sur.*
	13.	»	*lesquels ont,*	»	*lesquels selon qu'ils ont.*
	18.	»	*liette,*	»	*lue.*
	22.	»	*pourat,*	»	*userat.*
	26.	»	*aront été,*	»	*l'aurat.*
	28.	»	*si avant,*	»	*voir si avant.*
	33.	»	*et ledit,*	»	*ne son.*
	35.	»	*ou ayt,*	»	*dudit mestyer ou ayt.*
	36.	»	*qui,*	»	*qu'il.*
	Id.	»	*femme,*	»	*femme aultre fille*
	37.	»	*lesquels,*	»	*lesquels quant adoncques.*
	40.	»	*devant,*	»	*ci dessus est dit.*
	41.	»	*fille fust natif du mestier et allast,*	»	*fille natif du mestier, allast.*
	43.	»	*feira,*	»	*serat.*
	53.	»	*mestier avenist qui prendissent,*	»	*mestier prendissent.*
P. 240, lig. 4.	»	*ens,*	»	*eux.*
	8.	»	*soyent,*	»	*les ayent toujours esteis.*
	17.	»	*souffre force... de,*	»	*fussent ne fassent... à.*
	21.	»	*monterat tenrelye,*	»	*monterat x terrelye.*

P. 240, lig. 25. Au lieu de *s'il avenoit doulne,*   lisez *s'il avenoit qu'aucuns soy voulsissent remonter d'aultretans d'oulne.*

26. Au lieu de *il ne se remonteroient,*   lisez *il soy remontera.*

29. »   *perdue sans,*   » *perdue qui viendra totalement à profit dudit mestier, sans.*

34. »   *des escorches autres plus,* lisez *plus d'escorches autres part.*

41. »   *appartenances,*   » *antencuses.*

49. »   *qui ne doit avoier en ung,* » *qu'il ne doit avoir en une.*

51. »   *Item ne nul,*   » *Item que nul ne nulle.*

Id. »   *sallez blanc, ne,*   » *sallez , blancs cuirs, ne.*

55. »   *retourner sur ce qui l'a enseigny,*   » *retournée a iceluy qui premier l'at enseignée.*

P. 241, lig. 2. »   *nul autre,*   x *autre confrère.*

Id. »   *étant, sur,*   » *étant sur la denrée, sur.*

5. »   *quelqu'un,*   » *quelconque.*

12. »   *tenassent,*   » *tanassent point.*

15. »   *de ce,*   » *ausy.*

16. »   *non autrement,*   » *costume anchienne.*

30. »   *maisons de,*   » *maisons et ouhines (ouvroises, copie) de.*

31. »   *oufrer,*   » *ouvrer.*

32. »   *livre, ne,*   » *livre ne vend, ne*

Id. »   *moulues ou es,*   » *moulues ny adresser es.*

33. »   *escorches,*   » *xhorches.*

55. »   *ou autre,*   » *quelconque.*

58, 59. »   *terassent,*   » *serassent.*

P. 241, lig. 41. Au lieu de *aussy pourront être terrez*, lisez *ainsy pouront être serrez.*

43. L'article 27 a été omis : 27. *Item , que on ne peut vendre ny priser le jour de halle devant et anchois que les rewards et gouverneurs ayent estés autours et buissiet (bouhiet, copie) le mailhet , sour peine et amende de iiij livres.*

Id. Au lieu de 27, lisez 28.

46. 50. 52. 55 »	28. 29. 30. 31.	» 29. 30. 31. 32.
47. »	*oufrir la halle et,*	*ouvrir la halle et pour.*
48. »	*vingt,*	» *ung vieux.*
50. »	*gouheliers,*	» *gorthiers.*
P. 242. lig. 1. 6. 12. »	52. 53. 54,	» 53. 54. 55.
2. »	*tinez,*	» *tuez.*
5. »	*les autres,*	» *aux autres.*
15. »	*ostelle,*	» *hostel.*
Id. »	*mains en,*	» *mains ne servir en.*
15.24.30. »	35. 36. 37,	» 36. 37. 38.
19. »	*survenir de,*	» *survenir au fait de.*
20. »	*tannez, peller ne harner,*	» *tannez ne scarner cuir ne peller.*
27. »	*longienne,*	» *longue.*
31. »	*congy,*	» *congy et licence*
37. »	*Item,*	» 39. *Item.*
Id. »	*trouvées,*	» *tenues.*
38. »	*sans,*	» *sans les.*
Id. »	*avons,*	» *avons nous.*
39. »	*à chacun personne,*	» *et chacune personne par luy.*
45. »	*tous,*	» *teils.*
48. »	*peine,*	» *miese.*
53. »	*en case,*	» *en cause.*
54. »	*licite et demy,*	» *loyale et demiese,*

P. 243, lig. 1. Au lieu de *pouvons,*   lisez *pouldrions.*

4.	»	*bourgeois, clercq,*	»	*bourgeoisie, clergie.*
12.	»	*Chingne et a nous*	»	*Chaisne et.*
		confrères à savoir,		
13.	»	*Collard et,*	»	*Collard Marie et.*
15.	»	*Ginet,*	»	*Gueit.*
16.	»	*Beaumons, Voulte,*	»	*Beauvais, Woltier.*
Id.	»	*Willanne,*	»	*Wilheame.*
17.	»	*Sassy,*	»	*Saulcy.*
18	»	*Mellent,*	»	*Melen.*
Id.	»	*Denlen,*	»	*Delin.*
Id.	»	*Beneral.... Berime,*	»	*Bevereal.. Bartholomé.*
19.	»	*et plait et qui.. autre*	»	*plaise et qu'il... eaulx.*

Collationné sur une copie du XVIᵉ siècle.

APPROBATION D'ERARD DE LA MARCK, TOUCHANT UN JUGEMENT RENDU POUR LE MÉTIER DES TANNEURS CONTRE LES CORBUSIERS ET CORDUANIERS, L'AN 1513 LE 22 JUIN (p. 243).

Cette approbation ne se rattache ni au document qui précède, ni à celui qui suit ; par elle même elle n'offre aucun intérêt et peut être supprimée.

SENTENCE POUR LES TANNEURS CONTRE LES CORDONIERS ET CORBESIERS.

P. 243, lig. 3. Au lieu de *ut,*				lisez *et.*	
P. 244,	25.	»	*Bencevcau,*	»	*Bevereau.*
	35.	»	*nostrum,*	»	*earum.*
P. 245,	51.	»	*cassationis,*	»	*excomunicationis.*
	50.	»	*vel,*	»	*neve.*
P. 252.	9.	»	*et,*	»	*ad.*

SENTENCE MISE EN GARDE DE LOY LE 7 AOUST 1559.

P. 253, lig. 1. Au lieu de *Gret,*				lisez *Grez.*	
	7.	»	*l'écrit,*	»	*leur.*

P. 255, lig. 16. Au lieu de *Trechet,*   lisez *Trecht* (Maestrecht).
    18.   »   *sur ce donner,*   » *sur ce vouloir donner.*
    Id.   »   *seaullé,*   » *sieulle.*
    20.   »   *seallé,*   » *siculle.*

SENTENCE RENDUE PAR LES BOURGUEMAITRES etc, 1569.

P. 254, lig. 2. Au lieu de *ès droit,*   » *ens loix.*
    8.   »   *et banlieu,*   » *et banlieu de Liége.*
    11.   »   *il... c'estoient,*   » *ils s'estoient,*
    18.   »   *pour eulx... d'user,*   » *pour par eulx... user.*
    19.   »   *jour... desdits arti-* » *tour... des susdits actes*
               cles.
    22.   »   *Meyers... Basseinge,*» *Meers... Bassenge.*
    24.   »   *huit jours prochain* » *huit jours... sur être.*
               ...sur iceux être, »

P. 254, lig. 26.   »   *faire,*   » *fait.*
    31.   »   *ferme,*   » *forme.*
    43.   »   *si que est, partie,*   » *si que partie.*
    44.   »   *dissensions,*   » *tant sur le fait princi-*
    pals, mandemens d'attemptatz, que autrement l'un
       allencontre de l'autre par et à l'occasion des
       quelz soy polsissent entre iceluy dit bon mes-
       tier et parties respectivement engendrer ran-
       cunnes, discors et discoutions.
    46.   »   *partie respectivement* lisez *parties susdites bonne*
               amitié.

P. 255, lig. 2.   »   *ferme,*   » *furnir.*
    3.   »   *dicté,*   » *dict.*
    11.   »   *en grand,*   » *et grand.*
    27.   »   *consentant taxative-* » *consentantes ou taci-*
            ment ou expr.,   *tement et expr.*
    28.   »   *ainsy,*   » *ossy.*
    33.   »   *les raisons,*   » *ces raisons.*
    43.   »   *unicquement,*   » *iniquement.*

P. 255, lig. 48. Au lieu de *ainsy permis,* lisez *ainsy n'estoit permis.*

49. » *nos adjournés, et n'es-* *non adjournes, et n'es-*
tant parti formel, *tantes parties for-*
melles.

52. » *ensuivant,* » *ensuivies, déclarant.*

55. » *pour en donner,* » *pour en ordonner.*

P. 256, lig. 4. » *janvier,* » *janvier dernier.*

8. » *houky.* » *huchiés* (appelés.)

Collationné sur l'original en parchemin ; sceaux enlevés.

EN CONSEIL DE LA CITÉ, etc., 19 FÉVRIER 1579 (p. 256).

Nous n'avons retrouvé ni l'original, ni même une copie de cette pièce intéressante ; il en est de même de la sentence du 8 mars 1580, par laquelle Gérard de Groesbeeck permet aux tanneurs de moudre pendant six mois où bon leur semblerait. Il est regrettable que le recueil des *Chartes et priviléges* ne nous ait pas conservé cette dernière.

RECÈS DE NE RETENIR LA MESURE , etc., 1ᵉʳ AOUST 1589.

P. 259 , lig. 5. Au lieu de *jour à l'endroit,* lisez *jour ; la même pour évi-*
ter les abus qui se comettent de jour en jour à l'endroit.

ORDONNANCE MISE EN GARDE DE LOI L'AN 1597, 11 FÉVRIER, POUR NE MOUDRE, etc. (p. 259).

Ce titre induit en erreur ; le document complet se compose de la sieulte tenue le 9 juillet 1596, de la mise en garde de loi du 11 février 1597 et d'un renouvellement ou d'une confirmation du 12 avril 1633, parce que, à cette époque, l'original était perdu.

LETTRE TOUCHANT LES RECOUPEURS, etc.

P. 261. Dans le titre au lieu de 1597 , *le 27 aoust,* lisez 1598, *le 29 aoust.*

lig. 2. Au lieu de 28, » 29.

56. *cuirs,* » *cuirs poilhus.*

57. *florins... la tirce,* » *florins d'or... par*
tirce.

JUGEMENT POUR LE MÉTIER CONTRE MANIGAR, 1629.

P. 263 , lig. 34. Au lieu de *manoir*,   lisez *ni avoir*.
   46.   *l'obeissance*,   »   *l'observance*.
   48.   *les autres*,   »   *les acteurs*.

RÉGLEMENT CONTRE LES RECOUPEURS DE L'AN 1676, p. 267.

Cette pièce est la même que celle qui suit, moins la mise en garde
des échevins; elle est donc parfaitement inutile et on peut la biffer.
Le *réglement contre les recoupeurs de l'an 1677 passé par les
maîtres et conseil*, est de nouveau une répétition du même document, qui se trouve donc reproduit trois fois.

ORDONNANCE DE S. A. S. E. SUR LES DEUX SUPPLIQUES PRESCRITES, p. 272.

Cette pièce est aussi reproduite deux fois, p. 272 et p. 273; on
peut biffer celle-ci (¹).

S'ENSUIVENT LES ARTICLES TIRÉS HORS DU RÉGLEMENT, etc. (p. 284).

Ce document peut encore être biffé; c'est la répétition textuelle
de l'ordonnance de 1493, p. 231.

ABRÉGÉ DE DIVERSES ORDONNANCES, etc.

Document inutile, ne faisant que répéter ce qui est dit plus
explicitement ailleurs.

ON NE DOIT ACHETER ÉCORCES EN CREPPE, etc. (p. 287):

Même document qu'à la page 275.

MAXIMILIEN HENRI, (etc. p. 288):

Répétition du *Réglement additionnel*, p. 275.

ORDONNANCE DU CONSEIL IMPÉRIAL, etc. (p. 290).

Cette explication de l'art. 19 du réglement général qui se trouve
p. 280, devait suivre immédiatement celui-ci.

MAGNIFIQUES SEIGNEURS, etc. (p. 294):

Traduction de la pièce latine, p. 292.

(¹) Tout ce qui est compris entre les pages 276 et 297 (jusqu'aux mots
à Son Altesse), est la reproduction littérale d'une petite brochure in-4, de
40 pages, imprimée chez Louis de Milst.

TABLE DES MATIÈRES.